東アジアとの対話

―国境を越えた知の集成―

松原孝俊 監修

金珽実・呉先珠 編

花書院

Preface

　本書は、『植民地満洲における遺産としての日本語教育：東アジアとの対話－国境を越えた知の集成』（科学研究費　課題番号：19K00711）として日本・韓国・中国・アメリカ・カナダの研究者の研究成果をまとめたものである。他地域・他大学から様々な発想と問題意識の持つ研究者の多様な視点からの研究成果を掲載することによって、国や地域、組織を超えた連携研究、教育活動への羅針盤を与えることを目的とする。本科研の申請から本書の企画に至るまで九州大学松原孝俊名誉教授のご指導が欠かせなかった。松原孝俊教授が平成28年3月より九州大学を定年退職してから令和5年3月で8年を迎えている今日、松原孝俊教授と関わってきた山下達也先生（明治大学）、全京秀先生（ソウル大学＆前貴州大学）、Hyung Gu Lynn 先生（University of British Columbia）、金斑実（商丘師範学院＆九州大学）、李鎭漢先生（高麗大学）、John B.Duncan 先生（UCLA）、鄭美京先生（福岡大学）、武藤優先生（北海道大学）、朴明圭先生（ソウル大学＆光州科学技術院）、朴泰均先生（ソウル大学）、朴素瑩先生（韓国学中央研究院）、岩渕秀樹先生（文部科学省）、呉先珠先生（培花女子大学）、John Lie 先生（University of California, Berkeley）からの玉稿を加筆・修正したものである。

　山下達也論文「植民地朝鮮で「学校」はどう教えられたのか―教育を通じた「学校観」形成についての試論―」では、植民地朝鮮において「学校」という存在が朝鮮人児童たちにどう教えられていたのかという点について論じるものである。具体的には、おもに1910〜30年代の普通学校修身書に見られる「学校」の描写とそれに基づく指導内容に着目することにより、日本が朝鮮で図った学校観形成の様相に迫るための試論としている。個々人によって異なったであろう学校観という漠たるものの形成については、決して単一の方法や過程によって説明できるものではない。そもそも、個人の学校観が何によってどのように形作られたかということを明らかにすること自体困難な作業である。ただ、学校においてまさにその「学校」がどのような存在なのかについて教えていたとすれば、その内容は、当時の社会で図られた学校観の形成に関して重要な知見を含むものといえると結論付けている。

　全京秀論文「植民地経験は一度始まると終らない：我が家系に刻まれた帝

国の遺産」は、一つの家族の生の中に、帝国という巨大な経験の陰影が烙印されていることを示そうとするものであった。家族史の内容は、一種のマイクロエスノグラフィーとして認識することができる。帝国という巨大な問題に対して微視的に接近する方法の一つとして、家族史というテーマを選択し、子守歌を論理展開の中心として選定した。子守歌というのは、「文化伝承＝教育」という次元で考えてみると、学校という二次組織で学習というものが展開される前に、嬰児を対象として注入される一種の教育材料である。政策意図が介入する制度的な教育が影響力を及ぼす前に作動する家庭の教育内容として、子守歌の特徴を指摘することができる。子守歌は反復的に続く歌であり、子守歌を聞く子どもにとっては強力な教育効果を発揮しうる。したがって、子守歌という歌は集団記憶の産物として、文化伝承というメカニズムによって次世代に引き継がれる。子守歌に関する具体的な事例の状況を整理して、植民地経験という問題に結合させると、興味深い仮説を提起することができる。我々の日常生活の中に内在又は潜在している植民地経験に対して否定することは、究極的には「私」を否定する結果を生むことになってしまう。否定するのではなく、存在するものの理由について、深度をもってきちんと省察する過程が先行せねばならないであろう。

　Hyung Gu Lynn 論文「移民学理論と帝国日本内の農業移民―「東拓モデル」を中心に―」での研究目的は、日本国内から植民地への移住がどのような形と思想構造内で行われたのかを国策会社、東洋拓殖株式會社（通称、東拓）の事例を通じ、分析することであるとしている。東拓は、日本の「人口過密」地域へ在住する農民の韓国への移民を促進することを使命とされ1908年に設立された。東拓は入植者の誘致と派遣で非常に限られた「成果」を収めた後、持株会社として発展した。東拓のケースを通じて、植民地を広大で空疎で肥沃で十分に活用されていない空間として描写することと相まって、日本国内の農村部と貧困に苦しむ「人口過剰」に関する懸念が、植民地期朝鮮だけではなく、帝国内の他の植民地にも適用されていく過程、すなわち、マルサス人口論に立って始まった「東拓モデル」を、労働力の需要・供給、またはネットワークを重視してきた従来の移民学理論の観点との比較を試みたものである。

　金斑実論文「満洲に設立された鉄嶺日語学堂について」では、満洲研究史料にはよく出てくるものの、実態の不明な「鉄嶺日語学堂」を取り上げて、

主に鉄嶺県誌等と銀州文史史料の回顧録を使ってその実態を探ったものである。日露戦争後、満洲に進出した日本は鉄嶺に於いて、通訳養成のために1910年9月に鉄嶺日語学堂を設立するが、その後、実業教育の一環として、鉄嶺商業学校に変え、日本の経済侵略に役立つ人材育成に乗り出した。この学校では、国旗掲揚式、東京方向の天皇に向かって礼拝、新京方向の皇帝に向かって礼拝、国民訓唱和、講師講話などを重視し、また日本語教育を中心に、精神的にも言語的にもあくまでも日本への忠誠心を培うことを優先とした。また太平洋戦争の最中、学生は勤労奉仕という名目で戦争協力に駆り出され、勤労奉仕に明け暮れていたことが本研究によって明らかになった。

　李鎭漢論文「高麗周邊地域の人々の來獻と宋商往來」では、10-20世紀、高麗を中心とする東北アジア国家と民族が宋商の貿易によって有機的に繋がっていたことを解明したものである。高麗前期（918-1170）女眞人たちや日本人たちは皆獨自的に文化水準の高い宋に行けなかったので自然に近い高麗を訪れたが、宋商が高麗に来て貿易していた。彼らは最初に偶然出会ったが、八關會のときに宋商、女眞、日本などの儀禮參與が常例化され、特定の時期には必ず会ったし、漸次宋商が常時往來しながら女眞と日本の商人たちはある時期に高麗に来て、相互間の交易が可能になった。宋商の常時的である高麗王來と女眞と日本の來獻はお互いをもっと往來するようにした。これに高麗は宋・女眞・日本など周邊國使節と商人が集まる交易の場となり、東アジア貿易の中繼地となった。その一証拠が忠南馬島海底沈沒船と博多で共通に発見された「綱」が書かれた粗質の磁器だったと考えられる。

　John B. Duncan 論文「The Hideyoshi Invasions: Popular Memories and Ethnic Consciousness」では、秀吉侵略に関する歴史的な記憶と、それが19世紀末から20世紀初頭にかけて西洋の帝国主義やナショナリズムが浸透する以前の朝鮮半島の人々の集団的な民族意識、「国家」意識をどの程度反映しているかを調査することを目的としている。1876年の開国前の数年間、壬辰録が伝えた記憶には、朝鮮の非エリート層が、自分たちが近隣諸国とは異なる社会的・政治的集団であることをある程度自覚した上、彼らの生活において国家が果たす役割について、否定的ではあるが、ある程度認めていたと考えられる。19世紀末から20世紀初頭にかけての朝鮮半島の近代化や民族主義的な宣伝活動家にとって最大の問題は、朝鮮半島の住民の間にアイデンティティの共有という感覚を作り出すことよりも、近代化された国家朝鮮が彼らにとって利

となるものであることをエリート層に納得させる ことであったかもしれない
と指摘している。

　鄭美京論文「明治期の大衆メディアの中の韓国小説―新聞連載小説『鶏林
情話　春香伝』と『夢幻』を中心に―」は、『鶏林情話　春香伝』と『夢幻』
を対象に、原作と比較しつつ翻案・翻訳方式、新聞小説の特徴、作家の創作
意図、読者について考察したものである。『鶏林情話　春香伝』は当時の日本
読者の側面から見れば、不慣れな韓国の小説、特に、具体的な物名、俗語、
なまりなどが多いパンソリ系の小説を、まともに理解するには難しさがあっ
たと思われ、また、大阪で連載されたため、全国的には普及できなかったと
考えられる。『夢幻』は好評を得られず結局未完で終わったがその原因は、『九
雲夢』は哲学性に基づいた複雑な構造をなす長編小説で、『春香伝』と違って
一般読者には難解な作品であり、当時は日清戦争が始まって、新聞連載小説
も戦争物の人気が高く、韓国にも高い関心か向けられていた時期だったにも
関わらず、『夢幻』は当時の情勢とは全く関係ない古典的な物であったと結論
付けている。

　武藤優論文「『朝鮮雅楽』と日本公演―一九二四年京都公演を中心に―」
では、1924年における雅楽部員の京都派遣について、「日本公演」と第56回
「都をどり」という大きく２つの事象に着目し、その上で、主に「皇太子の婚
儀奉祝」と朝鮮との関係に焦点をあて、李王職ならびに朝鮮総督府における
雅楽部員の京都派遣の背景とその実態について明らかにしようとするもので
ある。植民地期朝鮮において活動した李王職雅楽部は、1920-40年代にかけて
宮廷の祭祀・宴礼楽をはじめとする「伝統」的な演奏活動のほかにも、ラジ
オ放送・活動写真・野外演奏など植民地期に開始された幅広い演奏活動に従
事することとなる。このように、雅楽部の活動の領域が様変わりしていくな
か、新聞報道では雅楽部による「御前公演」待望論が幾度か報じられた。し
かし、その活動の歴史の中において日本での公演が実施されたのは、1924年
１月の２日間の京都公演のみであった。朝鮮全土をあげて皇太子婚儀を奉祝
せんとする雰囲気が醸成されるなか、雅楽部員は「朝鮮雅楽」を日本の観客
の前で初披露することとなる。しかし、その「朝鮮雅楽」を見つめる鑑賞者
のまなざしは、「朝鮮雅楽」に日本の雅楽の淵源を求め、その資料的価値を見
出そうとするものであった。

　朴明圭論文「脱植民過程에서의歴史解釈：記憶，知識그리고権力」は、三

一運動をめぐる対立を観察することで、脱植民地化の過程で現れる文化対立の性質を検討したものである。三一運動の記念式典をめぐって左右に展開された解放空間の対立は、韓国の国民化の過程で重要な社会的議題がなぜ、どのような過程を経て縮小されたかを物語っている。三一運動の記憶を通じて、民主主義の原理や民族のつながり方など、さまざまな争点を際立たせることができ、政争の中で埋もれてしまった。資本主義と民主主義の関係とは何か、国際強国と新生国との適切な関係とは何か、親日派とは何か、どう対処すべきか。土地改革はどのように理解するかなど多くの問題を十分に議論していない中で、解放と建国の過程を示した。植民地下に形成された学界の遅れの争点にも重複する部分がある。脱植民地化過程におけるこのような制限性は、南北が米ソ軍政に分裂せざるを得ない外部条件の一時的要因であるが、それ自体がその後の韓国の分裂体制形成過程で持続的な影響の足かせとなったからであると結論付けている。

　朴泰均論文「80周年を前にしたカイロ会議の再考」では、カイロ宣言80周年にあたる2023年のカイロ宣言の意義を改めて考察したものである。カイロ宣言はサンフランシスコシステムの起源であった。それは後にテヘラン、ヤルタ、ポツダムにつながり、戦後のアジアシステムの枠組を形作った起源と原則として機能した。韓国にとって、カイロ会議とカイロ宣言も非常に重要である。これは、第二次世界大戦中の大国による韓国の独立を約束する最初の宣言であった。しかし同時に、それは韓国に対する信託統治を考慮した物議を醸す宣言であった。特に、信託統治の提案は、8月15日以降、韓国で賛成派と反タク派の旋風を引き起こした重要な問題であった。問題は、韓国ではカイロ宣言を見るとき、「韓国の独立」の問題とそのタイミングと方法の議論に主に注目が集まっていることである。カイロ宣言は、その短い内容に非常に多くの重要な問題を含んでいる。特に、2023年は米中対立、中台対立、日本の国交正常化など、カイロ宣言に始まるサンフランシスコ体制の継続か再編かが問われる重要な転換期である。2023年は休戦協定の70周年でもある。本論文では、カイロ宣言に先立つ1943年のケベック会議を皮切りに、カイロ宣言の意義について考察し、特に、朝鮮問題だけでなく、当時の日本の植民地や占領地への対応の問題も含むため、1945年以前の帝国主義体制の移行と戦後の戦勝国の扱いの問題を検討した。

　朴素瑩論文「日本教科書に表れた韓国文化コンテンツ変化様相の分析」で

は、日本の学生が履修する必修教科目の中で＜小学校6年の社会＞と＜中学校の地理教科書＞を対象に、1980年代から最近に至るまで約30年間の韓国文化に関する内容変遷の考察を目的としている。教科書から取り扱われている韓国文化コンテンツを基本的、独創的、時代反映的な要素のように分類し、さらに各要素を伝統と現代、表層と深層に再分類し考察を行った。韓国の伝統衣装、キムチ、オンドル、高層アパート、食事のマナーのような衣・食・住をはじめ、首都ソウルなどの表層的・基本的な文化要素がもっとも多く取り扱われている。また、時期にとらわれず、教科書に登場する内容は衣・食・住文化のような基本的な文化要素に比重が置かれている。時代反映的な様相であるソウルオリンピック、日韓ワールドカップ、韓流などについてもその時期の教科書により充実に紹介されている。韓国文化に関するコンテンツは2010年代に近いほど内容と範囲が拡大する現象も見える。また、これらのコンテンツの表現方式も最近の教科書でより具体的な説明と視覚資料を共に提示している。

　岩渕秀樹論文「貿易理論（重力モデル）を用いた日韓研究交流・留学生交流に関する一考察」では、我が国全体の研究交流・留学生政策の企画立案・分析、各大学・研究機関における国際交流政策の企画立案・分析に資するため、日本と各国との間の研究交流や留学生交流の相手国別の交流パターンを計量的に分析することを試みたものである。国際経済学（貿易理論）から典型的な計量モデルである「重力モデル」を援用し、距離的に近い日韓間において、研究交流や留学生交流が量的に大きな規模で行われることが「重力モデル」において説明できることなどを確かめた。

　呉先珠論文「韓国における日本語教育の現況と展望―教育段階別推移と学習者数減少の要因を中心に―」では、2006年度から2018年度までの韓国における日本語学習機関数、教師数、学習者数の比較と共に日本語学習者数減少の要因を探ったものである。少子化による学齢人口の減少や英語重視の教育風潮、高等教育においてもNCS教育の拡大、理工系人材育成政策、大学力量評価に基づく定員縮小、融合型人材育成により日本語学科の学科数・入学定員は年々減少しつつある。また日本語需要の推移としては歴史や政治を巡るトラブルにより日本からの訪韓観光客数が増減を繰り返している反面、日本以外の国からの訪韓観光客が増えていることにより、観光・サービス産業の現場で多方面に対応できる融合型人材が求められていることを確認した。し

かしながら、韓国全体の日本語学習者数比初・中等教育における日本語学習者数の割合がそれほど減少していないことや大学の日本語学科の定員縮小にも関わらず日本語学科の志願者数が近年増えつつあること、訪韓観光客の動向から近年は国同士の関係と個人旅行を切り放して考える傾向が見えている。従来の日本語教育が日本語コンピテンシーのみ重視してきたことを反省し、日本語教育の新たなパラダイムを構築すべきであるとされている。

John Lie 論 文「The Divergent Trajectories of South Korea and Japan in the Twenty-First Century:A View from Popular Music, or Girls' Generation vs AKB48」では、ポピュラー音楽は、より大きな文化、社会、さらには政治・経済を映し出す窓を提供することができることから、日本と韓国の代表的なガールズグループであるAKB48と少女時代を取り上げ、日本と韓国の文化や政治・経済における最近の乖離を説明している。しかしそれは避けることのできない大きな波であり、両グループの音楽の背景となる日韓両国のジェンダー認識や恋愛観など、他にも考慮されるべき要素が多々あると述べている。また、環境的制約と経済的に安定している国では、第二次世界大戦直後のような高度経済成長を再現することは不可能に近く、実際、現代日本社会は、持続可能な未来社会の原型とも見られる。従ってポピュラー音楽を政治・経済と分離されたただの音楽ジャンルと位置付けることは適切ではないと結論付けている。

編集者一同

Contents

植民地朝鮮で「学校」はどう教えられたのか
─教育を通じた「学校観」形成についての試論─

山下　達也

（明治大学）

はじめに

　本稿は、植民地朝鮮において「学校」という存在が朝鮮人児童たちにどう教えられていたのかという点について論じるものである。具体的には、普通学校修身書に見られる「学校」の描写とそれに基づく指導内容に着目することにより、日本が朝鮮で図った学校観形成の様相に迫るための試論としたい[1]。

　1910年の「併合」以降、朝鮮半島での日本による社会的、文化的、経済的な施策の多くは、おもにその制度的外形と数量的な側面から朝鮮の近代化を進める「発展・開発」政策としての「正当性」を帯びたものであった。当時の土地調査事業の実施や金融制度の整備、工業化、鉄道や港湾、ダムの建設・整備等に対する積極的な見方は、そうした「正当性」を文字通りに評価するものであり、現在でもいわゆる植民地近代化論の中に散見されるものである。

　しかし、法や制度、インフラ等の整備が事業として進められたにせよ、それが何を志向したものであったか、また、それらの一部が収奪や搾取の上に成り立つものであり、施策の「恩恵」を体感・享受できた人々が空間的、民族的、階層的、性的に限定されていた点を見落とすことはできない。つまり、植民地朝鮮における「近代化」については、その制度的外形と数量的な面からのみ評価できるものではなく、「近代化」の方向性やその内容を質的に問うことが不可欠となる。

　本稿で注目する学校やそこでの教育活動も、植民地における「近代化」の文脈で頻繁に論じられるテーマのひとつである。教育関連法規の制定や学校

1　本稿は、拙稿「日本統治期朝鮮における学校観形成の一側面─普通学校修身書にみる学校の描写と指導の変遷─」（『韓国文化研究』第11巻、2021年、27－56頁）に加除・修正を施し、再構成したものである。

の設立、そこでの教育内容をもって、「近代教育の形成と展開」がなされたと評するか否かという点は、日本による朝鮮植民地支配の本質にも関わる重要な論点だろう。例えば、朝鮮人を対象とした初等教育機関たる普通学校の設立・増設は、日本による朝鮮「近代化」の象徴としての「正当性」を帯び、推進された。そうした中で求められたのは、「併合」前の既存の教育機関からの置き換えを「発展」とし、日本が設立する学校の優位性を支える新たな学校観の形成であった。

　では、そうした学校観の形成は当時どのように図られたのだろうか。個々人によって異なったであろう学校観という漠たるものの形成については、決して単一の方法や過程によって説明できるものではない。そもそも、個人の学校観が何によってどのように形作られたかということを明らかにすること自体困難な作業ともいえる。ただ、学校においてまさにその「学校」がどのような存在なのかについて教えていたとすれば、その内容は、当時の社会で図られた学校観の形成に関して重要な知見を含むものといえるだろう。

　そこで本稿では、植民地朝鮮の普通学校で学校そのものがどのような存在として教えられていたのかを、おもに1910〜30年代の朝鮮総督府編纂修身書に見られる学校の描写と指導内容の変遷に注目して明らかにする。1910〜30年代の普通学校修身書に注目する理由は、普通学校が朝鮮独自の教育機関であり、そこでの教育活動の対象が朝鮮人児童であると判別可能な点にある。普通学校は朝鮮人児童を対象とした初等教育機関として日本が設立した学校であり、在朝日本人を対象とした小学校とは異なる機関であった。ただし、普通学校が制度としてその名称を残すのは1937年度までであり、それ以降は在朝日本人を対象とした学校と同じ小学校となる。小学校となってもなお、いわゆる「内鮮別学」状態は続いたが、名称の統一により、それ以前に比べて教育活動の対象を民族別に精確に判断することが困難となる。本稿では学校観を形成する主体を朝鮮人に限定するため、また、イメージを形成するという事象の性質上、中等以上の教育機関ではなく、比較的早い段階での教育活動に注目するために1910〜30年代の普通学校修身書をおもな分析対象とした。加えて、修身書には、学校そのものについての記載が多数あり、他の科目に比して児童たちの学校観形成に関わる教育活動が豊富に含まれていることも注目する所以である。また、指導の目的、指導要項、訓示資料、説話資料、参考資料について詳述された教員用の指導書にも注目し、学校観の形成

を図る教育活動について教員側の意図や指導上の留意、工夫を踏まえて検討することも可能である。

　以上のことを踏まえ、本論では次の3点について論じることとする。

　第一に、「併合」前後の修身書の中に学校に関する事項がどのように記載され、また、教えられていたかを明らかにする。その際、特に1910年の「併合」前と後でその内容や特徴にどのような変化がみられるかという点に注目したい。

　第二に、1920〜30年代の修身書での学校に関する指導内容とその変化を明らかにする。教員用の指導書にも注目し、各時期において学校に関する事項がどのように教えられたかという点に迫ることがここでの課題である。

　第三に、1934年から一部の普通学校に付設するかたちで運営された簡易学校での学校観形成に関する教育活動に注目し、普通学校との比較も交えて朝鮮における学校観形成の企図について検討する。簡易学校は普通学校とは異なる機関であるものの、朝鮮人児童を対象としていること、また、そこでも学校観の形成に関わる教育活動が行われていたため注目する。

1.「併合」前後の普通学校修身書にみる「学校」の描写と指導内容

　ここでは、「併合」前後の普通学校修身書の中で学校そのものがどのように描かれ、また、教えられたのかという点についてみていきたい。

　まずは、1907年に発行された学部編纂の『普通学校学徒用修身書巻一』（東京三省堂書店印刷）に注目してみよう。同書には、テーマごとにその教育内容に沿った挿絵と説明文が記載されており、【図1】のように、説明文は漢字とハングル交じりの文字によって記さ

【図1】1907年普通学校修身書の「学校」のページ

（学部『普通学校学徒用修身書巻一』1907年、1−2頁。）

れている点が特徴的である。

　同書の第一課、すなわち、はじめに学ぶ事項として「学校」が登場する。そこには、服装から朝鮮人児童と判る２名の子どもが通学している様子が描かれており、学校は「善い人」になるための場所であると説かれている。また、教員についても、「先生はよいお話をしてくれ、おもしろい遊びを教えてくれる」ことや、学校で「いろいろな子どもたちと一緒に学び、遊ぶことは楽しい」こと、「毎日早く起きて学校に行くことが正しい」こと、「めんどうだと感じ、学校に行かない者は怠け者で将来を望めない者」であるといった説明が確認できる。この修身書が発行されたのは「併合」前であるが、ここでの「学校」に関する説明の内容は、当時、朝鮮半島に存在していた教育機関すべてを念頭に置いたものではなく、あくまで日本が設立した普通学校についてのものである。また、「併合」後、朝鮮総督府が1911年３月に発行した『普通学校学徒用修身書巻一』でも、第一課に「学校」が設けられ、その内容は説明文、挿絵ともに1907年学部編纂修身書のそれと同一のものである。これもまた、日本により設立された普通学校および教員等についての説明に限定されている。

　こうした修身書の内容に変化が生じたことを確認できるのは、1913年に発行された朝鮮総督府編纂『普通学校修身書巻一生徒用』である。同書の第一課が「学校」であることは従前の修身書と共通しているが、それに続く第二課では「先生」、第三課では「キョウシツ」、第四課では「ウンドウバ」という構成になっており、学校そのものについての理解を深める項目が増加している。加えて注目すべきは、それまでのものには存在していた文字による説明がなく、【図２】のように教育内容に関する絵のみが載せられている点である。

【図２】1913年修身書の「学校」（右）、「先生」（左）のページ

（朝鮮総督府編纂『普通学校修身書巻一生徒用』1913年、1–2頁。）

　1907年、1911年の修

身書には漢字とハングル交じりで記述されたような本文が存在しておらず、実際の教育活動では、修身書に掲載された絵に加えて、教員による口頭での説明が行われたと考えられる。では、教員によって加えられた説話、指導はどのようなものだったのだろうか。

　この点について検討するため、朝鮮総督府によって教員用に編まれた『普通学校修身書巻一教師用』（以下、『教師用』）に注目してみよう。ここで注目する『教師用』は、1913年発行の修身書に対応したものである。

　『教師用』の緒言には、「本書ハ普通学校第一学年修身科ノ教師用ニ充ツルモノニシテ、生徒用普通学校修身書巻一ヲ教授スルニ当リ、参考トナスベキモノナリ」とある。ここでは「参考トナスベキモノ」という曖昧な表現に留まっているが、同書には、各課の目的、教授要領、注意、設問、備考について具体的かつ詳細な記述が確認できる。各課の目的、教授要領、注意、設問、備考がそれぞれどのようなものであるのかについての説明は、【表1】のとおりである。

　なお、本書の記述は日本語と朝鮮語によってなされている。

【表1】教師用に示された各課の目的、教授要領、注意、設問、備考についての説明

目的	各課ノ主眼トスル所ヲ示シタルモノナレバ、教師ハ常ニ其ノ主眼点ヲ失セザル様、教授スルヲ要ス。
教授要領	教授スベキ事項ヲ大体叙説シタルモノナレバ、教師ハ之ニ依リテ生徒ニ説話スベシ。
注意及ビ備考	教授上特ニ注意スベキ諸点ト参考トナルベキ事項トヲ掲ゲタレバ、教師ハ之ニ依リテ教授上遺憾ナキヲ期スベシ。
設問	生徒ニ課スベキ問題ヲ掲ゲタルガ、教師ハ、適宜、之ニ附加スルモ妨ナシ。

（朝鮮総督府『普通学校修身書巻一教師用』1923年を参照して筆者が作成したもの。）

　また、各課の教育活動を行うにあたっては、設問や問答を交えることや挿絵、掛図等を利用すること、地方の状況等に応じて必要な事項を適宜補説すること、国語読本をはじめ、他の教科書との関連性にも留意することが「緒言」として示されている。

　では、朝鮮人児童たちの学校観の形成に関連するテーマである、「第一課　学校」、「第二課　先生」、「第三課　キョウシツ（教室）」、「第四課　ウンドウバ（運動場）」の指導についてはどのように記されているのか、それぞれ確認してみたい。

　児童用の修身書の「第一課　学校」には前掲の【図2】（右）のような絵が載せられているのみである。これに対し、『教師用』には、まず同課の目的について、「学校ハ生徒ヲ教育シテ、善イ人ニスル所ナルコトヲ知ラセ、併セテ学校ニ於ケル大体ノ心得ヲ授ケルノガ、本課ノ目的デアル」と説明されている。では、児童用修身書の絵をもとに教員はどのような説明を行ったのか。『教師用』には、「教授要領」として同課における説明の文言を具体的に掲載しており、そのすべてを順に追って確認したい。

　まずは、「此ノ絵ハ普通学校ノ生徒ガ登校スル所デス。中ニ父ヤ母ニ伴ワレテ居ルノハ、今日、始メテ入学スルノデス。皆嬉シソウニ勇ンデ来マス」と、描かれた絵そのものについての説明から始まっている。続いて、「始メテ入学シタモノハ、学校デ守ルベキ心得ヲ、能ク聴イテ置カナケレバナリマセン。学校ハ何ヲスル所デスカ。皆サンハ知ッテ居マショウ。学校ハ生徒ヲ善イ人ニスル所デ、先生ガ行儀・作法ヲ教エタリ、書物ヲ読ムコトヤ、文字ヲ書クコトヲ教エタリ、又、算術ヤ其ノ外、大切ナコトヲ教エマス。色々ナコトガ分ル様ニナルト、誠ニ楽シイモノデス」と、学校という場についての基本的な説明がなされている。「善イ人ニスル所」という説明は、同課の目的に沿ったものであり、「併合」前後の児童用修身書に見られた説明文とも共通していることが分かる。続く、「オ父サンヤオ母サンハ、何ノ為ニ、皆サンヲ学校エオ入レニナッタノデショウカ。言ウマデモナク、皆サンヲ善イ人ニシタイト思ッテ、入レテ下サッタノデス。皆サンハ学校エ入ルコトガ出来テ、誠ニ仕合デス。世ノ中ニハ、学校エ入ルコトノ出来ナイ、不仕合ナ人モ少ナクアリマセン。ソレデスカラ皆サンハ、常ニオ父サンヤオ母サンノ心ヲ忘レナイ様ニシテ、能ク先生ノ教ヲ守リ、学校ノ規則ニ従イ、学問ヲ励ンデ、善イ人ニナラナケレバナリマセン」という文章は、日本による朝鮮での学校教育政策に関わって注目すべき表現を含んでいる。具体的には、学校に入学することができる子どもは「仕合」であり、そうでない子どもは「不仕合」としている点である。これは、単にあらゆる教育機関への就学／未就学について述べているのではなく、あくまで、ここでの学校として想定されている普通学校への入学を「仕合」、そうでないものを「不仕合」という含みを持っているからである。当時、朝鮮の伝統的教育機関として存在していた書堂や普通学校以外の私立の教育機関との関係の中で、普通学校への入学が優位に位置づけられていたことを窺わせる説明といえよう。そして、説明の最後には、「皆サ

ンハ、一日デモ、欠席シナイ様ニ、シナケレバナリマセン。病気トカ、拠ナイ用事ガアレバ、仕方ガアリマセンケレドモ、少シバカリノコトデ、休ム様ナコトガアッテハナリマセン。欠席シタ後ハ、先生ニ教エテ頂イテモ、分ラヌコトガ多クアリマス」と通学を継続することの重要性を強調している。以上のような説明文がこの課を担当する教員に対して共通に示され、「此ノ外必要ナル事項ハ、便宜、之ヲ補イ授ケルコト」とされた。

　また、教員はこうした説明を行うばかりでなく、児童に対して以下のような質問をすることにより、朝鮮人児童たちの学校観が「正しく」形成されたかの確認を行うこととされている。

　　一、学校ハ何ヲスル所デスカ。
　　二、学校デハ、ドンナコトヲ教エマスカ。
　　三、父母ハ、何ノ為メニ、子供ヲ学校エ入レマスカ。
　　四、学校エ入学シタラ、ドンナ心掛デ、居ナケレバナリマセンカ。
　　五、欠席スルノハ、ナゼ悪イノデスカ。

　いずれの問いも先に見た教員による口頭での説明文の内容を順に確認するようなものとなっていることがわかる。こうした営みは、朝鮮人児童たちの学校観形成を図るための極めて基本的な教育活動として位置付けることができよう。

　第一課「学校」に続く第二課では「先生」について教えることとなっているが、児童用修身書に載せられた絵は前掲の【図2】（左）のとおりである。『教師用』には、この課の目的について、「先生ニ対スル心得ヲ授ケルノガ、本課ノ目的デアル」と明記されている。

　また、授業を担当する教員は修身書の絵を使いながら、次のような説明をすることとされている。

　　先生ノ前ニ、生徒ガ二人立ッテ居マス。ゴランナサイ、二人トモ衣服ヲ正シク着テ居マス。ソウシテ一人ハ丁寧ニ礼ヲシテ居マス。コレハ先生ニ何カ用事ガアッテ、ソレヲ言イニ来タノデショウ。又、一人ハ姿勢ヨク立ッテ居マス。コレモ先生ニ用事ヲ言イニ来テ、前ノ生徒ノ用事ガ済ムノヲ待ッテ居ルノデショウ。

　これは挿絵の状況についての説明であることが分かるが、『教師用』には、さらに指導上の「注意」として、「直立ノ姿勢ト礼ノ仕方トヲ授ケテ、実習セシメルコト」とある。つまり、挿絵の中の児童が教員に対して「礼」をしている様子に注目をし、それを「実習」させたということである。続く説明文では、「皆サンハ学校エ来タ時ヤ、帰ル時ニ、先生ニ逢ッタラ、礼ヲシナケレバナリマセン。又、授業ノ始ト終トニモ、礼ヲスルノデス。ソレカラ先生ノ前エ行ッテ、モノヲ言ウ時ヤ、言イ終ッテヒク時ヤ、途中デ逢ッタ時ナドモ、同ジコトデス」とあり、学校における教員に対する基本姿勢を説いたことが分かる。

　また、説話には、「先生ハ生徒ヲ善イ人ニシタイト思ッテ、色々心配シマス。生徒ガ善イコトヲスレバ褒メルシ、悪イコトヲスレバ叱リマス。ケレドモ決シテ生徒ヲ憎ンデ、叱ルノデハアリマセン。ソレデスカラ、ムヤミニ先生ヲオソレタリ、先生ニ物事ヲ隠シタリナドシナイデ、能ク其ノ教ヲ守リ、命令ニ従ッテ、善イ人ニナル様ニ心掛ケナケレバナリマセン」とあり、学校における教員と児童との関係性についても説明されている。最後には、「先生ニ対スル心得ヲオ話シナサイ」という設問が準備されており、ここでの教育活動を通じた「望ましい」教員観の理解・形成の確認がなされることになっている。

　続く第三課では、「キョウシツ（教室）」がテーマとなっている。ここでは、「教室デ生徒ノ守ルベキ心得ヲ授ケルノガ、本課ノ目的デアル」とされ、次のような説話から始まる。

　　此ノ絵ハ教室デ、生徒ガ姿勢ヲ正シクシテ、先生ノオ話ヲ聴イテ居ル所デス。皆サンモ、教室デハ、此ノ様ニ姿勢ヲ正シクシテ、居ナケレバナリマセン。姿勢ノ悪イノハ、失礼デアルバカリデナク、又、体ノ為メニモヨクアリマセン。

　説話にある「此ノ絵」とは、【図3】（右）に示した絵のことである。これは、教室で教員が話をしている場面を描いたもので、説話ではまず、教室内での子どもたちの姿勢に触れている。

　また、「教室デハ能ク気ヲツケテ、先生ノ教ヲ聴イテ居ナケレバナリマセン。耳語ヲシタリ、脇見ヲシタリ、又、悪戯ナドヲシテハナリマセン。又、

外ノ生徒ガ先生カラ命ゼラレテ、本ヲ読ンダリ、話ヲシタリシテ居ル時ナドハ、能ク其レヲ聴イテ居ナケレバナリマセン。其ノ時、自分ニハ用ガナイト思ッテ、注意シテ居ナイノハ、悪イコトデス」と教室内での態度や注意点について説くほか、「先生ニ物ヲ尋ネタイ

【図3】1913年修身書の「教室」（右）、「ウンドウバ」（左）のページ

（朝鮮総督府編纂『普通学校修身書巻一生徒用』1913年、3-4頁。）

時ヤ、其ノ外、何カ用ガアル時ハ、手ヲ挙ゲテ、先生ノ許ヲ得ナケレバナリマセン。席ヲ離レタイ時モ同ジデス」という教室内での振る舞いに関する指導も確認できる。

　続く、第四課では、「ウンドウバ（運動場）」が扱われる。ここでの目的は、「運動場ニ於ケル心得ヲ授ケル」ことであった。

【図3】（左）の絵を使用し、「コノ絵ヲゴランナサイ。多クノ生徒ガ、運動場デ、面白ソウニ遊ンデ居マス。先生ハ生徒ノ遊ブ所ヲ見テ居マス。此ノ生徒等ハ教室デハ能ク勉強シ、運動場ニ出テハ、コンナニ元気ヨク遊ビマス。スベテ生徒ハ能ク学ビ、能ク遊ブコトガ大切デス」と説かれることになっている。また、運動場での注意事項として、「校舎ニ落書ヲシタリ、塀ヤ壁ヲイタメタリ、樹木ヲ折ッタリ、濫リニ石ナドヲ投ゲタリ、運動場ノ外ニ出タリスルノハ、皆悪イコトデス」という指導があるほか、喧嘩をしないこと、危ない遊びをしないこと、着物を汚さないこと、授業時間になったらすぐに遊びをやめて整列することなどが説話の中に確認できる。

　以上のように、「併合」前後の普通学校修身書には、いずれも学校に関する教育項目が見られ、その内容は「併合」の前後で大きく変わらないものの、1913年の修身書では、従来の「挿絵＋漢字とハングル交じりの説明文」というスタイルから、「挿絵のみ」に変わり、関連項目が増加したことが分かる。また、修身書に描かれる学校が共通して普通学校に限定されていることもその内容から確認できる。

２．1920年代以降の普通学校修身書にみる「学校」とその指導内容

　次に1920年代以降の朝鮮人児童に対する「学校」関連の教育内容を明らかにするため、1922年に発行された『普通学校修身書巻一』とそれに対応した教員用の指導書、1930年に発行された『普通学校修身書巻一』とそれに対応した教員用の指導書に着目し、それぞれの内容および特徴について検討する。

２．１　1922年『普通学校修身書』

　1922年の朝鮮総督府編『普通学校修身書巻一』でも、学校に関わる課では、絵のみを掲載するという1913年以降のスタイルを踏襲している。先述の1913年発行の修身書の絵と1922年発行の修身書の絵を比較してみると、多少の違いがあるものの、各課に掲載された絵は類似している。例えば、学校に通学する様子を描いたものには朝鮮の服を着た子どもの姿が確認できるほか、教室で児童らが授業を受ける様子はいずれもその特徴が共通している（【図４】）。普通学校ではこうした修身書の挿絵を活用し、学校観の形成に関わる教育活動が展開されていたわけであるが、その内容についてより具体的に明らかにするため、1922年発行の修身書に対応した『普通学校修身書巻一教師用』（以下『教師用』）に注目してみよう。

　『教師用』の緒言には、「本書ハ普通学校修身科ノ教師用ニ充ツルモノナリ」とあり、1913年の『教師用』と基本的な性格は同じであるが、1923年発行の『教師用』には、「各課ヲ教授スル際、土地ノ情況及ビ生活ノ情態ニ応ジ、児童ノ日常経験セル事実ヲ引用シテ理解ヲ容易ナラシメ、且児童ノ日常生活ニ適切ナラシムベシ」とあり、朝鮮における教育実践であることに留意するよう説かれていることが確認できる。ちなみに、後述する「学校」の課で朝鮮の衣服を着用した

【図４】1922年修身書の「学校」（右）、「教室」（左）のページ

（朝鮮総督府『普通学校修身書巻一』1922年、1-2頁。）

人々が描かれていることや学校の看板に普通学校の文字が確認できるのも、修身書の内容そのものが朝鮮という「土地ノ情況及ビ生活ノ情態」に応じていた結果と見ることができる。

また、各課の指導についての説明に入る前に、「新入学児童ニ対スル教師ノ心得」が記されているが、これも1913年発行のものには見られなかった新しい特徴である。そして、この「心得」で記述されている内容は、朝鮮人児童の学校観形成に関わる重要な内容を含んでいる。まず、心得の「一」として、「児童入学ノ当初、教師ノ為スベキ訓示中ニハ、学校ハ児童ヲ教育シテヨキ人トナス所ニシテ、児童ノ両親・兄姉ソノ他先輩等ノ中ニモコヽニテ教育セラレシモノアルコトヲ知ラシメテ愛校ノ念ヲ起サシメ、又ヨク教師ノ教ヲ守リ、同級ノモノトハ仲ヨク交ルベキコトヲ説キキカスベシ」とある。普通学校に入学してくる児童たちに対して、まず学校がどのような場所であるのかについて説くことの必要性が示されている。つまり、児童たちが学校に通う経験を通じて学校という場を理解するのにまかせるのではなく、そもそも学校がどのような場であるのかを入学時に教え、愛校心に関わることや教員、他の子どもとの関係についても「説キキカス」ことを求めているのである。

心得の「二」では、「児童入学ノ当初、教師ハ児童ヲ率ヰテ学校ノ出入口・廊下・履物置場・運動場・便所ソノ他携帯品ノ置場等ヲ一通リ目撃セシメ、場所ゴトニソノ心得ノ要点ヲ簡明ニ諭スベシ」とあり、「近代学校」という存在について施設面から理解させることに加え、「三」では、「教室ノ出入、学校用具ノ整頓、腰ヲカクルトキ、立ツトキ、歩ムトキノ姿勢、敬礼ノ仕方並ビニ手ノ挙ゲ方等ヲ簡易ニ教ヘ示シテ実習セシムベシ」といった学校での基本的所作に関する指導についても言及されている。

こうした新入児童に対する全般的な指導の心得に加え、授業で扱う課にも、その序盤で学校観の形成を図る内容が準備されていた。児童たちが手にする修身書の最初の課は「併合」前後のものと同様、「学校」であり、【図４】（右）に示した絵が掲載されている。『教師用』では、この課の目的や説話内容、設問、留意点等について説明されている。

『教師用』によれば、「学校」の課の目的は、「学校ハ生徒ヲ教育シテ善イ人ニスル所デアルコトヲ知ラセ、併セテ学校ニ於ケル大体ノ心得ト先生ニ対スル心得トヲ授ケル」ことであった。1913年の同課の目的と比較してみると、「先生ニ対スル心得」が加わっていることが分かる。これは、1913年の修身

書では、続く第二課で「先生」が扱われたのに対し、1923年の修身書には「先生」の課が設けられていないことが響したものと考えられる。そのことを踏まえ、同課での教員による説話についてみていきたい。

　まず、教員による説話は、「コノ絵ヲゴランナサイ、コレハ普通学校ノ生徒ガ学校ニ来ルトコロデス」と始まり、その後の説明は先に見た1913年のものと同様である。異なっているのは、課の目的にも示されていたように、「先生ニ対スル心得」が説話に加わっている点である。例えば、「先生ハ常ニ慈愛ノ心ヲ以テ皆サンニ修身ノ話ヲシタリ、行儀作法ヲ教ヘタリ、書物ヲ読ムコトヤ、文字ヲ書クコトヤ、算術ヤソノ他大切ナコトヲ教ヘマス。又面白イ遊モ教ヘマス」といった説明のほか、1913年の「先生」の課で説かれていた内容が確認できる。意図は定かではないが、「学校」と「先生」の課がひとつにまとめられ、その後に独立した課として「教室」、「運動場」が続いている。

　「教室」の課では、児童用に載せられた絵と『教師用』に明示された目的、説話要領に1913年のものと若干の違いがある。載せられた絵は【図4】（左）のとおりであるが、目的は、1913年のものが「教室デ生徒ノ守ルベキ心得ヲ授ケルノガ、本課ノ目的デアル」といったものであったのに対して、1922年のものでは、「学校生徒タルモノノ心得トシテ、教室ニ居ル時ハ、ヨク学バナケレバナラヌモノデアルコトヲ教ヘルノガ本課の目的デアル」となっている。1913年の「教室」の課の説話にも見られた、姿勢や行儀を正しくすることや教員の話をよく聞くことについて説かれている点は共通しているが、注目すべき変化は、『教師用』に、この課の「備考」として、教室での起立時の姿勢と着席時の姿勢についての具体的指導内容がイラスト付きで示されていることである。これは、「本課ニ因ンデ姿勢ニ関スル心得ノ大要ヲ教へ、且之ヲ実習サセルコトガ必要デアル」という同課の「注意」と関連している。具体的には【図5】に示したものであるが、「一、立ッテ居ル時ノ姿勢」として、「上体ヲ真直ニシ、口ヲ閉ヂ、両足ヲ揃ヘ、手ハ自然ニ垂レ、眼ハ前方ヲ正視セナケレバナラヌ」とあり、「二、腰ヲ掛ケタ時ノ姿勢」として、「上体ハ立ッタ時ノ姿勢ト同様ニシ、腰ヲ深ク掛

【図5】『教師用』に示された指導のためのイラスト（教室での起立時と着席時の姿勢）

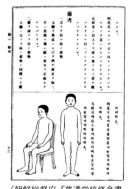

（朝鮮総督府『普通学校修身書巻一　教師用』1923年、13頁。）

ケ、足ヲ正シク床ノ上ニ揃ヘ、両手ヲ膝ノ上ニ置キ、又ハ軽ク組ミ、眼ハ前方ヲ正視セナケレバナラヌ。但シ前ニ机・卓子等ガアル場合ニハ、之ニ軽ク両手ヲカケテモヨイノデアル」とある。実際の授業では、こうした指示に沿った「実習」を通じ、近代的な学校や教室での生活に適応した身体、姿勢の定着が図られたことがわかる。

　また、「運動場」の課では、1913年のものに比して、運動場が休憩時間に遊ぶ場であることがより強調されるかたちになっているものの、学校の一部として重要な場所であると教えられている点は共通している。

　ここまでは『普通学校修身書巻一』すなわち、普通学校に入学したばかりの第一学年の児童を対象とした教育内容を見てきたが、同時期の『普通学校修身書巻六』すなわち第六学年の児童に対する教育内容にも学校観の形成に関わるものがみられるため、参考までに確認してみたい。1924年発行の『普通学校修身書巻六』の第二十課のテーマは「教育」であり、そこでの説話には、「学校は皆さんをよい人に育て上げる為に設けられたものであつて、皆さんのお父さんやお母さんもまた皆さんをよい人とする為に学校に入れたのであります」と、第一学年の児童に対する学校の説明と同様の文言がみられる。また、日本における「近代学校」設置の経緯に触れた後、朝鮮における普通学校の増設について以下のような説話が確認できる。

　　朝鮮で始めて普通学校が設けられるやうになつたのは、明治三十九年のことで、同四十四年八月朝鮮教育令が発布になり、同十月には教育に関する勅語が下つて教育の大方針がきまりました。その後大正十一年に新教育が発布になり、普通学校が各地に設けられることになつて、児童があまねく就学することの出来るやうになりましたのは、誠にわが半島教育の為によろこばしいことであります。

　『教師用』の備考欄には、朝鮮における官立普通学校の増加状況を示すグラフが掲載されており、授業では、朝鮮における学校の設置・普及を「よろこばしいこと」として説くための資料として利用されたと考えられる。また、上記の説話に続く文章には、「世界の文明諸国は皆教育の制度を整へ、競うて其の内容を整備して、一般国民の向上に努めてゐます。これ一国の文明の進歩も産業の発展も一にかゝつて其の国民の教育の程度如何にあるからであり

ます」とあり、近代国家にとっての教育の存在意義という視座から学校観の形成を図ったこともわかる。すなわち、近代社会において学校はどのような存在であるのか、加えてその学校が朝鮮社会において日本によりどのように「整えられた」かということについての理解が図られた内容となっている。同課の「主要なる設問」として挙げられている、「教育を受けるとどんな人になれますか」、「朝鮮の教育はどんなに進歩しましたか」、「世界の文明国はどんなに教育を重んじてゐますか」といった問いは、こうした教育内容に込められた意図を象徴的にあらわしている。この時期には、普通学校の増設政策がすすめられ、いわゆる「三面一校計画」の量的目標を達成しており、そうした状況とも歩調を合わせた教育内容となっていることが分かる。

２.２　1930年『普通学校修身書』と教員用の指導書

　次に、1930年に発行された『普通学校修身書巻一』とそれに対応した教員用の指導書に注目し、1920年代との異同について検討する。

　1930年の『普通学校修身書巻一』の学校に関する課は、第一課の「学校」と第二課の「先生」である。第三課には「親の恩」、第四課には「兄弟」と続き、1913年発行の修身書に設けられた「先生」が独立した課として復活した一方、1922年発行の修身書では独立して設けられていた「教室」、「運動場」の課は削除されている。

　児童用の修身書には絵のみ載せるというスタイルは継続しているが、その絵は【図６】のようなものであり、1922年発行修身書の挿絵とは異なる。

　1930年発行の『教師用』によれば、第一課の「学校」の目的は、「教室に於て、行儀をよくして一心に勉学し、運動場に於ては、活発にして友達と仲よく運動すべきことを知らしめ、なほ欠席遅刻等の濫りにすべからざることを悟らしむ」というものであった。課の名称こそ「学校」であるが、実際には、教室や運動場の説明およびそこでの振

【図６】1930年修身書の「学校」のページ

（朝鮮総督府『普通学校修身書巻一』1930年、1頁。）

る舞いに関する具体的な指導を主としており、1920年代の「学校」の課に見
られたような、「学校ハ生徒ヲ教育シテ善イ人ニスル所デアルコトヲ知ラセ」
るといった、学校そのものについての理解を図る目的が文言としては削除さ
れている。同課の「指導要項」として挙げられた３点も、「一　教室に於て姿
勢を正しくすべきこと。行儀をよくし、側見や私語を為さず、静粛を旨とす
べきこと。質問応答の作法をよくし、言語を明瞭にすべきこと」、「二　運動
場に於て友達と仲よくして活発に運動すべく、弱きを苦しめ、他人の遊を妨
ぐるなどすべからざること。石を投げ砂を飛ばし、竹片木片や紙片を取散ら
し、楽書を為し、花園に入り、運動場の外に出るなどの悪戯を為さゞること」、
「三　濫りに欠席・遅刻・早退すべからざること」であり、教室、運動場、欠
席等に関する具体的な指導が想定されたものとなっている。「指導の実際」に
示された教員の説話には、教室や運動場の「指導要項」に入る前に、入学そ
のものについての次のような説明がある。

> 皆さんが入学したから、お父さんやお母さんは何と思はれるでせう
> か。………さやう。うれしく思はれるのです。何故でせうか。………
> さやう。皆さんがだんだんと学問ができ、身体が丈夫になり、良い
> 人になることができるからです。学校では、お稽古の時には修身の
> お話を聞かせ、国語や算術や唱歌を教え、又運動場ではおもしろい
> 遊戯を教へます。皆さんが先生の教をよく聞いて、勉強もし運動も
> したら、きつと良い人になることができるのです。良い人になるこ
> とができたら、お父さんやお母さんは何と思はれるでせう。………
> さやう。嬉しく思はれるのです。先生も嬉しく思ふのです。

「良い人」になることができるという従来からの学校に通う意義について簡
単に触れられているものの、その後はすぐに挿絵を観察させたうえで、教室
についての説明に入る。具体的には、「この上の絵は何処を描いたものです
か。………さやう。学校の教室です。自分たちの教室と比べてごらん。これ
は何ですか。………さやう。黒板。これは、………先生は何をして居られま
すか。………生徒たちはどうして居ますか。………生徒たちはどうして居ま
すか。………さやう。よく勉強して居ます。姿勢はどうですか。………さや
う。立派です。皆さんと比べてどうですか。………此処は皆さんと同じ一年

生の教室です。皆さんとこの子どもたちは同様に、姿勢も正しく、お行儀も
よくして勉強して居ます」というものである。こうした説明のほか、教室で
勝手に離席することや教員の話を聞かないと学問ができなくなるばかりでな
く、他の児童にも邪魔になること、また、人に迷惑をかけることは「大そう
悪いこと」、教室では姿勢をよくすること、出入りを静かにすることなどにつ
いて説かれる。

　また、運動場についても、場についての説明に続き、石を投げたり、喧嘩、
花園に入るものを「悪いことをする子ども」とし、その他にも弱いものを苦
しめること、他の子どもの遊びを妨げること、落書きすること、ごみを散ら
かすこと、運動場の外に出ること、汚いところで遊ぶことが「悪いこと」と
して説かれている。

　このように、「学校」という課ではあるものの、ここでの主眼は、学校がど
のような存在であるかという点についての基本的な理解を図ることよりも、
教室や運動場での適切な姿勢、言動が具体的にどのようなものなのか、とい
う点についての指導に置かれていることがわかる。何よりも「学校ハ生徒ヲ
教育シテ善イ人ニスル所デアルコトヲ知ラセ」ることを目的としていた1920
年代までの「学校」の課とは明らかに性格が異なっているが、その理由は、
1930年の『普通学校修身書巻一、二編纂趣意書』にも明確には記されていな
いため不明である。ただ、こうした変化の背景には、1910年代末からの普通
学校増設政策の展開があり、特にこの時期は、1929年からの「一面一校計画」
により、さらなる量的拡大が進められ始めた時期であったことも見落とすこ
とができない。こうした量的拡大が進められる中で、普通学校へ通う人数が
増加したことに伴って、朝鮮社会における学校の存在やイメージもある程度
定着し、学校（あくまで普通学校）という存在そのものについての説明の必
要性が以前に比して低下したと考えることもできよう。

　次に、第二課の「先生」の内容を確認してみよう。児童用の修身書の挿絵
は【図7】のとおりである。『教師用』によると、同課の目的は、「教師の恩
を大切に思ひ、よくその教に従ひ、これを尊敬すべきことを教ふ」というも
のである。「指導要項」には、「一　教師は父母に代りて児童を教へ導くもの
なれば、その教に従ひこれを敬ふべきこと」、「二　敬礼の仕方………教師に
対し、先輩に対し、友だちに対し。（姿容・距離・注目・会釈）」、「三　師恩
を大切に思い、よく反省自重すべきこと」の３点が挙げられている。教員の

説話もこの３点に沿ったものとなっており、「先生はお父さんやお母さんに代つて、皆さんをよく教へて、良い人にしようとされるのですから、皆さんはよく先生の教を守つて、これを敬はなくてはならぬのです」という内容がみられる。

　また、【図７】の絵を使った教育活動では、教員への挨拶、敬礼について説くとともに、「実演」を交えた指導を行うこととされていた。例えば、教員の説話には、次のようなものがある。

　　この二人の子どもの敬礼の仕方をよくごらんなさい。どんなにして居ますか。………さやう。こんなにして、（模範を示す）やさしく丁寧に敬礼して居ます。すべて先生その他目上の人に会うた時は、こんなに正しくやさしく敬礼すべきものです。（児童をして実演せしめて指導す）敬礼の距離はニメートル程が適切です。そして先生をよく注目してから敬礼するのです。余りに先生や目上の人の前に進み出て、その前を塞ぐやうにしてはなりません。

　説話の中に、（模範を示す）、（児童をして実演せしめて指導す）とあるように、教員に対する敬礼を「実演」しながら、その方法について指導を行ったと考えられる。また、『教師用』に記載された同課の「注意」には、「朝鮮式の敬礼と内地式の敬礼とは、対手と場合に応じて為すべきことを知らしめるがよい」とあり、朝鮮人児童を対象とした指導であるがゆえの独自性を窺うことができる。「備考」には、「普通立礼」と「最敬礼」についての詳細な説明が記載されており、教員が示す模範、児童たちの実演のための参考資料となっている。

　このように、1930年の修身書では、「学校」や「先生」といった、学校に関連する課が設けられていたが、その目的・内容は従前のものに比して、学

【図7】1930年修身書の「先生」のページ

（朝鮮総督府『普通学校修身書巻一』1930年、2頁。）

17

校という場そのものについての説明と理解を主たるものとせず、学校での過ごし方、言動、所作に関する具体的かつ実践的な指導に注力するものとなっている点が注目される。

３．簡易学校における「学校」観の形成

　植民地朝鮮では、朝鮮人児童を対象とした初等教育機関として普通学校が設立されたが、1934年には、これに「付設」するかたちで新たに簡易学校が運営されるようになる。簡易学校は農業教育の比率が高い２年制の初等教育機関で、当初、制度的には普通学校に接続しない「完成教育機関」であった。制度が導入された1934年には384校であったが、その後の初等教育普及政策との関連の中で1942年には1,680校にまで増加している[2]。

　本稿でここまで着目してきた普通学校とは異なる機関であるものの、朝鮮人の子どもたちを対象としていること、また、そこでも修身教育が行われ、その中に学校観の形成に関わる教育活動が含まれていることから、1930年代に発行された『簡易学校修身書巻一（教師用）』における当該部分に注目してみたい[3]。

　まず、簡易学校においても第一課で「学校（ガッコウ）」が扱われることになっており、この点は普通学校修身書と共通している。同課の目的は、「学校は人の心身を磨き鍛へる所であるから之に親しみ之を愛すべきこと」とされているほか、続いて示された「指導要項」も、同時期の普通学校におけるそれとは異なっており、簡易学校での指導としての独自性を帯びている。具体的には、以下の４項目が「指導要項」として挙げられている。

　　一　学校は人の心身を磨き鍛へて、人として国民としての資格を与
　　　　へる所であること。
　　二　山間僻地の子弟にも学校教育の及ぶ聖代の余沢に感激すべきこ

2　簡易学校については、その制度導入の前史から展開、終末までを対象時期とし、日本統治期朝鮮における初等教育全体の中に位置づけた古川宣子の論考（「植民地期朝鮮の簡易学校―制度導入とその普及を中心に―」『大東文化大学紀要〈社会科学〉』第55号）がある。また近年、簡易学校について論じたものに、舎숙정の論考「일제강점기 간이학교 제도에 관한 고찰」、『일본문화학보』87）がある。
3　簡易学校設置当時、児童用の修身書はなく、『教師用』のみが発行された。

と。

三　学校生活の正しい仕方。人物となることを旨とすること。空理
　　空論に走らず、実地によつて学ぶべきこと。

四　自家の境遇と自己の能力とを考慮して学校を選らぶべく、徒ら
　　に上級学校への入学を望むも却つて益なきこと。

　特に「二」の学校教育普及に関すること、「三」の実地によって学ぶという
こと、「四」の境遇と能力を考慮した学校の選択については、普通学校ではな
く、あくまで簡易学校に通う朝鮮人児童に対する指導という点で注目される。
以下、これらの指導項目について、教員の訓示を確認することによってその
内容を確認したい。

　まず、学校教育の普及に関連する「指導要項」の「二」については、次の
ような訓示がある。

　　聖代の余沢は隈なく及んでこのやうな僻陬地にも汝等の為に学校が
　　設けられた。従来はこのやうな施設がなかつたので同じ人間に生ま
　　れながら、人の道の何たるかを弁へることもできず、同じこの皇国
　　に生まれながら皇国民たるの名誉を感ずることもなく、小にしては
　　一身一家の福利をはかる道を明らかにすることもなく、磨かれざる
　　玉の如く、自然に放任されてゐたのである。之を思ふと汝等は現在
　　の身の幸福を感謝しなければならない。

　「磨かれざる玉の如く、自然に放任」されていた朝鮮の子どもたちが、日本
による学校の設置により、また、それが「僻陬地」にまで及んだことにより、
就学可能となった「幸福」に感謝するよう説く内容である。これに続く訓話
では、「従来も心ある私人の手で書堂その他の教育機関が経営され、今尚経営
されつゝあるが、その内容を見るに、古い書物にのみ拘泥して概ね言語・文
字の末に走り、今の世に処する人間を養成するには甚だ不足を感ずる点が多
い」と、朝鮮における伝統的教育機関である書堂における教育の「不十分さ」
を指摘している[4]。その一方で、「一般に簡易学校に配置される教師は新時代

4　無論、書堂における教育が「不十分」との評価は、あくまで当時の朝鮮総督府によるもの
　であり、朝鮮における教育の近代化や普及について検討するうえで、書堂の果たした役割
　や功績を見落とすことはできないが、この点については別稿にて検討したい。

の教育を受けたものであり、忠良な国民としてはっきりした意識と信念を持つた者であり、且現代内外の情勢にも一通り通じ、小にしては農業上の技術及び部落改善に関しても一通りの見識と抱負を持つてゐる筈であるから、簡易学校に学ぶ者にとつてはこの上ない仕合はせである。一般に簡易学校に限らず、新教育を受ける人々にはその幸福がある」という説明があり、旧来の伝統的教育の否定と日本による「近代的」教育普及の「恩恵」の強調というコントラストによって説話が構成されていることがわかる。

　次に、「指導要項」の「三」に示された実地によって学ぶという点について確認してみよう。教員の説話には、文字や文章の読み書きを本領とすることは誤りであるとしたうえで、次のようにある。

> 　文字や文章は飽くまでも実行の補助の為に学ばれ、実地の指示の為に学ばれなければならない。更に進めて言へば、ほんたうの教育は文字や文章即ち書物よりも実地・実習が先に立たねばならない。実地に働きながら考へると、その中によいことを発明・発見するものである。かうしてゐる中、言はんとして言ひ得ず行ひ得ざる境地に逢着した時、手引の書物を繙いて見るといふのがほんたうの学問の仕方である。吾々の学校もこの精神を大いに発揮して行かねばならぬのである。

「文字や文章即ち書物よりも実地・実習が先」といった教えには、農業実習を主とする職業教育を重視した簡易学校での教育方針が色濃くあらわれている。この時期の普通学校については、朝鮮教育令で「児童ノ身体ノ発達ニ留意シテ之ニ徳育ヲ施シ生活ニ必須ナル普通ノ知識技能ヲ授ケ国民タルノ性格ヲ涵養シ国語ヲ習得セシムルコトヲ目的トス」とされていたのに対し、簡易学校では、「国語の習得」だけでなく、「地方の実情に最も適切なる職業陶冶に重点を置くこと」を目的に含んでいたことが、こうした指導につながったといえる。

　続いて、「指導要項」の「四」に示された、境遇と能力を考慮した学校の選択についての指導に注目する。教員の説話では、簡易学校以外にも、朝鮮には普通学校や小学校、各種中等学校、専門学校、帝国大学が存在することを紹介し、多くの学校が設置されたことにより、「朝鮮は益々開けて行きつゝあ

る」と説明されている。ただし、その一方で、「人はその境遇に応じて学校を選ばないと不幸を見る」とし、山間地域に住む者が都市部の普通学校に入学を希望することの不便や親の負担に触れ、「却つて一家の不幸を招くおそれがある」と説くことになっている。ここでの説話は、「簡易学校を出ただけでも、心がけさへよければ、この部落に落着いて一家を整へ、部落の改善をはかり、以て国の恩に報いることができるのである」という一文で締められており、簡易学校に通う子どもたちの向学・進学欲の抑制を図ろうとする姿勢が窺える。

　簡易学校の修身では、「学校（ガッコウ）」に続いて、「教師（センセイ）」についても教えることになっており、その目的は、「人の向上に師を要する所以を知らしめ、師を敬愛すべきことを知らしめるにある」とされた。

　ここでの「指導要項」としては、「一　人の生長発達に師を必要とする所以」、「二　師に対する敬愛の念を強く持つ程自己の修養が高まること」、「三　師は之を敬遠せず、相親しんで隔意なく物事を尋ね常々指導を受けるやうつとむべきこと」、「四　李退渓がよく師を敬愛し、研学修養の著しく進んだことを明らかにして感激せしむべきこと」の4点である。前述した、「教師の恩を大切に思ひ、よくその教に従ひ、これを尊敬すべきことを教ふ」ことを目的として、教員に対する挨拶や敬礼を実演を交えながら教えた1930年代の普通学校での教育活動とは、細かい点で性格を異にしている。特に、「二　師に対する敬愛の念を強く持つ程自己の修養が高まること」の説話の中にある、「幸に汝等は唯一人の教師によつて二箇年通じて学ぶことができるので各学科の知識や技能にもよく纏りがつき、汝等を有為な人物たらしめるにはまことに都合よく仕組まれてゐる。この点では規模が大きくて、多くの教師からまちまちな指導を受け、又受持教師を替へられるような普通学校に学ぶものよりも或意味で幸福である」という内容は、簡易学校ならではの教員と児童の関係性を踏まえたものといえる。「規模が大きくて、多くの教師からまちまちな指導を受け、又受持教師を替へられるような普通学校」とは異なり、「唯一人の教師によつて二箇年通じて学ぶことができる」ことを「幸」と捉えさせる内容には、明らかに簡易学校での説話としての独自性を見てとれる。

　教員の人数については、簡易学校の場合、「一校一人とし公立普通学校訓導の定員を増加して之に充て当該簡易学校所在地に定住せしむること」とされており、上記説話のとおり、簡易学校に通う子どもたちは、原則として在校

中の２年間は、ひとりの教員から教えられるという状況であった。加えてその一人の教員は学校所在地に定住するということであったため、一般に普通学校に比して教員と児童との関りは深く、それゆえ、「師には親しめ」という教えが強調されていた。また、教員と子どもという関係だけにとどまらず、子どもの家庭や地域との関係にまで広げてその存在について説いた点も注目される。具体的には以下のような説話である。

> 幸ひ簡易学校の教師は汝等の教師であると同時に父兄の教師でもあり、学校の教師であると同時に部落の教師でもあるのであるから、汝等は假令家に帰つて部落の人となつてゐる場合でも教師が出かけて汝等の部落を見るやうなことのある場合には、よく父兄と共に心を開いて迎へ、何かと指導を乞ふことを忘れてはならない。

　当時、初等教員は、「地域社会の教化」を担う存在として位置付けられ、朝鮮人児童の家庭や地域住民の指導にあたるものとされていた。簡易学校が設けられる以前から教員が日常、服膺すべき必須の事項について規定していた「教員心得」（1916年）の中には、教員が「社会教化」に従事すべきであることに関する次のような心得がある。

> 教師ハ同僚相親和シ進ンテ父兄郷党ニ親ミ之ヲ教化スルノ覚悟アルヘシ
> 教育ノ事業タル関係スル所大ニシテ独力其ノ効果ヲ挙ケ難キモノナレハ教師ハ同僚互ニ親和一致シ好意ヲ以テ忠告善導シ優良ナル校風ヲ扶植シ最善ノ訓化ヲ生徒ニ及ホサムコトヲ期スヘシ其ノ他教師ハ父兄郷党ト親睦提携シ相呼応シテ教育ノ事業ヲ成就セムコトヲ計ルト共ニ社会ノ先覚ヲ以テ自ラ任シ之ヲ教化誘導スルノ覚悟アルヲ要ス

　この「心得」は、「父兄郷党ニ親ミ之ヲ教化スルノ覚悟」について説かれているものであるが、「教員心得」が公布された当時、総督府内務部長官を務めていた宇佐美勝夫は、この心得、特に「社会ノ先覚ヲ以テ自ラ任シ之（父兄郷党─山下註）ヲ教化誘導スルノ覚悟アルヲ要ス」という部分について、次

のような解説を付している。

> 教師は、父兄郷党の間にありては、一の先覚者たり。朝鮮の現状を観察するに、朝鮮人の文化未だ全く洽からざるを以て地方に在りては、教師は確かに其の先覚者たるの位置に立てるものなり、故に教師は自重自在して、其の社会を教化誘導するの覚悟あることを要す。普通学校長の如きは、今日頗る此の点につきて尽力しつつあるを認むれども未だ足れりとすべからず、益進みて学校に於ける余力を用いて、其の社会郷党を教化するの中心となり蒙を啓き、善を奨め以て国家の良民たるに至らしめんことを努むべきなり。

　このように、教員は1910年代から地方の「先覚者」として、その社会の「教化誘導」を担うものとされたが、特に1930年代に設けられた簡易学校の教員にはこうした役割が強く期待されており、先に見た、子どもたちに対する「教師（センセイ）」に関する教育内容には、それが如実にあらわれている。

　以上のように、1934年から各地に設置された簡易学校では、普通学校と同様に修身教育の中で学校観（教員観含む）の形成に関連する指導が行われることになってはいたものの、その内容には異なる点が確認でき、対象者の実態に応じた学校観の形成が図られていたことを示唆している。

おわりに

　本稿では、普通学校に加え一部、簡易学校における修身の教育内容に着目することにより、植民地朝鮮で「学校」がどのように教えられたのか、また、学校観の形成がどのように図られたのか、その一面を明らかにすることを試みたものである。

　植民地朝鮮において普通学校の新増設は1910年代から重要かつ「急務」とされ、「三面一校計画」、「一面一校計画」を通じて、1910年に100校であった公立普通学校は、1937年には2,503校に増加した。その後も「第二次朝鮮人初等教育普及拡充計画」によって僻地での学校設置とともに「学齢児童就学歩合の向上」が図られた結果、決して十分とはいえないものの、朝鮮社会の

中で学校の存在感は漸次増していった。

　こうした背景を踏まえ、本稿ではまず1910年の「併合」前後、1920～1930年代の普通学校における「学校」に関する教育活動に注目した。いずれも日本が設置した学校に対する積極的な捉え方を前提とし、学校は児童たちを「善（良）い人」にするための場所であるという認識の定着が図られていたという共通性を有していた。しかし、その一方で、漢字とハングル交じりの説明文が削除され、挿絵と教員からの説話によって授業が行われるようになるという教授スタイルの変化や学校そのものに関する説明の量が減少し、学校の施設についての理解、学校での望ましい言動や所作に関する具体的かつ実践的な指導に重点が置かれるようになるという時期的な違いも確認された。つまり、学校という存在そのものについての基本的な理解を図る指導から、それに加えてモノや身体に結び付けた学校観の形成を図る指導への緩やかな力点の移動があった。

　また、1910年代には、学校に入学することができる子どもは「仕合」であり、そうでない子どもは「不仕合」とする教員の説話が確認されたが、これは、単にあらゆる教育機関への就学／未就学のことを指すものではなく、普通学校への入学を「仕合」、そうでないものを「不仕合」という含みを持っており、当時、朝鮮の伝統的教育機関として存在していた書堂や普通学校以外の私立の教育機関との関係の中で、普通学校への入学が優位なものとして位置づけられたことを示している。特に「併合」前後の時期は、その後の時期と比して相対的に、日本によって設置された新しい「近代学校」というものについての新規イメージの形成、あるいは一部既存の学校観の転換を図ることに重点を置く必要があったためと考えられる。

　この点については、1934年に運営が始まった簡易学校での教育内容にも共通性を見出すことができる。簡易学校の修身教育では、「書堂その他の教育機関」における教育内容を、「古い書物にのみ拘泥して概ね言語・文字の末に走り、今の世に処する人間を養成するには甚だ不足を感ずる点が多い」と評し、簡易学校に通うことを「幸福」としている。僻地の学校設置が課題となっていた時期の簡易学校では、1910年代に普通学校でみられたような、朝鮮における伝統的教育機関という旧来のものからの脱却と日本による「近代教育」の「恩恵」を対比させることによって学校観の形成が図られていたことがわかる。

　また、簡易学校では通う学校の選択について、「人はその境遇に応じて学校を選ばないと不幸を見る」、「普通学校に学ぶものよりも或意味で幸福である」といった教員の説話が示されており、そこに通った児童やその家庭に対して図られた学校観の形成は、普通学校に通った児童に対するそれと質的に異なっていた。つまり、朝鮮人児童を対象としたという点では同じであっても、普通学校と簡易学校という異なる機関においては、その性格に応じた学校観の形成が図られたことも明らかとなった。

　普通学校と簡易学校での教育活動を踏まえると、日本統治期朝鮮における学校観の形成は、日本による「近代的」教育機関の優位性とそこに通うことのできる「幸福」を説きながらも、他方では朝鮮人児童の向学・進学の抑制を図りながら行われた面があり、「同化」と「差異化」を志向した植民地教育政策の特徴を顕在化させるものとして捉えることもできる。

　ただし、冒頭でも述べたように、そもそも人々の内面で築かれる学校観は多様であり、また、複雑なプロセスを経て形成・変容するものであるため、本稿で得られた知見は、学校観形成の一側面を指摘するものに過ぎない。朝鮮総督府が普通学校、簡易学校での教育活動の中でどのような学校観の形成を図ろうとしたのかという点に限定されている。では、こうした学校観形成のための教育活動は、日本「内地」でのそれとどのように共通し、異なっていたのか。また、同時期の朝鮮半島に存在していた在朝日本人の子どもたちに対して行われた小学校での学校観形成と比してどうであったか。こうした視点からも検討し、植民地朝鮮における学校観形成の諸相を明らかにしていくことが今後の課題となる。

◆**参考文献**◆

<図書・論文>
古川宣子「植民地期朝鮮の簡易学校─制度導入とその普及を中心に」、『大東文化大学紀要〈社会科学〉』第55号（2017年）、大東文化大学、129－144頁。
────「朝鮮における普通学校の定着過程─1910年代を中心に─」、『日本の教育史学』、第38集、（1995年）、教育史学会、174－191頁。
山下達也『植民地朝鮮の学校教員─初等教員集団と植民地支配─』（九州大学出版会、2011年）。
송숙정「일제강점기 간이학교 제도에 관한 고찰」、『일본문화학보』87、（2020년）、

241－262頁。

＜官報・雑誌等＞
朝鮮公論社『朝鮮公論』（1919年2月、1928年1月）。
朝鮮総督府『朝鮮教育要覧』（1915年）。
─────『朝鮮総督府官報』（復刻版、韓国学文献研究所）。
─────『朝鮮施政に関する諭告、訓示並びに演述集（一）』（1937年）。

＜教科書類＞
学部『普通学校学徒用修身書巻一』（1907年）。
朝鮮総督府『簡易学校修身書巻一教師用』（1935年）。
─────『普通学校学徒用修身書巻一』（1907年、1911年、1913年、1922年、
　　1930年）。
─────『普通学校修身書巻一教師用』（1913年、1923年、1930年）。
─────『普通学校修身書巻一、二編纂趣意書』（1930年）。
─────『普通学校修身書巻六教師用』（1924年）。

植民地経験は一度始まると終らない：

我が家系に刻まれた帝国の遺産

全　京秀

（서울大學校 & 前貴州大学）

１．緒言：微視と感性

　本稿の論理は、人間の生を観察して、認識し、整理するに際して、考慮せねばならない方法に関する四つの方向への問題意識を結合させて展開する。一つ目は、マイクロエスノグラフィー（微視民族誌）についての問題である。小さなものの中に大きな正体を見つけようとする試みである。二つ目は自伝的家族史という問題であり、三つ目は子守歌に関連する植民性の文化伝承の問題である。最後の四つ目は感性の問題である。理性だけでは接近することができない人間の問題が、厳然として存在することに対する人類学的方法の省察である。

　家族史の内容は、一種のマイクロエスノグラフィーとして認識することができる。帝国という巨大な問題に対して微視的に接近する方法の一つとして、家族史というテーマを選択した。一つの家族の生の中に、帝国という巨大な経験の陰影が烙印されていることを示すのが本稿の意図である。そして、その家族史は人類学者が慣れ親しんでいる他人の家族ではなく、まさに自らの家族であるという点で特別な意味を有する。つまり、方法論上で考えるならば、自省（reflexivity）の問題を方法論の前面に押し出すという話だ。「広く考えれば、自省というのは自身について自ら顧みるということ、すなわち自己照会（self-reference）の過程であると言える。社会的な研究の脈絡で、自省は研究生産物が研究者と研究遂行過程から影響を受けるという問題について、最も即時的且つ明白なレベルで照会してみることである」（Davis 1999: 4）。これまで多くの他人の家族史を聞いて分析を行ってきたまなざしで、今回は自らの家族史を見つめる機会を持ってみたいと思う。その結果が、どれくらい客観的な様相を呈しているかという問題は、結果的に読者の共感をどれく

らい得られるかという問題に帰結するであろう。これまで見てきた人々の家族から得た知識と方法が、私を照らす鏡として作用してくれるであろうという自信もある。

　本稿で子守歌を論理展開の中心として選定したのには特別な理由がある。子守歌というのは、「文化伝承＝教育」という次元で考えてみると、学校という二次組織で学習というものが展開される前に、嬰児を対象として注入される一種の教育材料である。政策意図が介入する制度的な教育が影響力を及ぼす前に作動する家庭の教育内容として、子守歌の特徴を指摘することができる。子守歌は反復的に続く歌であり、子守歌を聞く子どもにとっては強力な教育効果を発揮しうる。したがって、子守歌という歌は集団記憶の産物として、文化伝承というメカニズムによって次世代に引き継がれる。子守歌に関する具体的な事例の状況を整理して、植民地経験という問題に結合させると、興味深い仮説を提起することができる。

　植民地経験のある社会では、伝統的な子守歌の伝承がどのように行われているのかという問題がある。植民地経験のある地域で、伝統的な子守歌がきちんと伝承されていなければ、それは植民地経験の強度が、家庭の奥深い所まで浸透した証拠であると解釈することができる。制度化された植民地経験が、伝統的な子守歌の自然な文化伝承を妨害するという仮説を考えることができるのだ。

　私は、キルギスタンの著名な児童文学家であり、童話作家である60代の男性と一週間共に旅行したことがある。私は彼にキルギスの伝統的な子守歌を歌ってくれるように頼んだが、子守歌を歌おうと試みた彼は結局、ロシアの子守歌しか歌えないと告白した。彼はキルギスの子守歌があるということも知っていたし、その内容をおぼろげに覚えてはいたが、他人に歌って聞かせることはできないということを確認させてくれた。1864年に帝政ロシアの一部となったキルギスは、強度の高いロシア化（russification）を経験し、その結果、キルギスの知識人は、キルギスの子守歌を歌えなくなったという結論を得ることができる。つまり、ロシアの支配による植民地経験のために、キルギスの伝統的な子守歌をきちんと伝承することができなかったという経験的資料がある。ロシアから独立した以降も、文化植民性が持続していることは否定できない。逆に、植民地経験のない日本の場合は、伝統的な子守歌が地方によってしっかり残されているということをよく示している。子守歌と

いうテキストを選定することにより、植民性の文化伝承の程度と文化植民性の程度を同時に推測することができるという仮説を提示できる根拠となる。

　第二次世界大戦後、米国中心の人類学では文化とパーソナリティというテーマが流行していた時期があった。これは、かなりの程度で心理学の影響圏内で進められ、「国民性」（national character）研究というジャンルも開発された。1960年代以降、人類学における文化とパーソナリティ研究はひっそりと影を潜め始め、心理人類学という傾向が台頭したりもしたが、心理人類学は構造と象徴の網から抜け出ることができなかった。しかし、文化ではなく、人間に向かった人類学者の目は、文化の論理から無視された人間の姿に対する追究が必要であると考えるようになった。心理人類学者は現在、この部分について積極的に研究結果を生み出している。私はこのような現象に対して、理性を基盤とした人間理解の限界が生んだ自然な結果であると理解している。理性を通じた人間に対する理解の様式が、排除又は無視してしまった感性の問題が台頭していると考えているのだ。

2．帝国が烙印された私の家族史

　私は、1949年（昭和24年ソウル生まれ。朝鮮戦争のため、釜山に避難して釜山で育った）生まれで、私が成長した時期は、日本語を学ぶこと自体が「親日派」であるとして罵倒される雰囲気であったのみならず、国民学校と中高等学校時代には、制服の左胸に布の先端にハサミで切り込みを入れた小さなリボンを着用しなければ、正常に登校することが難しかった。二つのリボンを並べて付けたのだが、リボンは白色であり、黒い字で一つは「反共」と記し、もう一つには「反日」と書いた。ある時は、一つのリボンに「反共反日」と縦に並べて書いたものを付けて通ったこともあった。それを付けなければ、校門に立っている規律部の先生に摘発され、体罰を受けることになっていた。「反共」は北朝鮮を始めとした共産主義に対する反対、「反日」は日本を対象とした抵抗の象徴であった。十二年間の教育期間の間、最も深く脳裏に刻まれた単語が「反共」と「反日」であると言える。

　父の勧めで、考古学を勉強するために大学へ進学した。ソウル大学校文理科大学考古人類学科に入学し（1967年3月）、学科研究室（旧京城帝国大学法文学部の建物）に入ると、四方の壁に陳列された本棚の中に、「人類學雜

誌」と「考古學雜誌」が数十冊ずつ並べられていた。本を取り出して開いて
みると、全て日本語で書かれた本であった。そこで、4月1日から開講され
る私設の日本語学院に登録した。雨の降る4月2日、大学の近くにある学院
で、朝8時から45分間日本語を学び、大学の講義時間に合わせて9時になる
直前に登校したところ、二年上の先輩一人と偶然に出会った。彼の口からは
酒の匂いがぷんと漂った。先輩が「お前、何で一年なのにこんなに早く来て
るんだ？」と尋ね、私は「日本語学院に行ってきたんですけど……」と答え
た。先輩は突然腹を立てて「この野郎、こっちを見ろ。正気じゃないようだ
な。どこで日本語を習ってるって？」と言い、拳が空を切った。私も戸惑っ
た。二年前の高校時代に「韓日会談」反対デモのために走り回っていたこと
を突然思い出した。1965年の韓国と日本の国交正常化のための外交会談とそ
れに対する挙国的なデモの雰囲気が頭に浮かんだのだ。私自身もびっくりし
た。「そうだ、私がこうしていてはいけないじゃないか」私は、私設日本語学
院の受講を一日でやめて、半月分の下宿費にあたる受講料を棒に振った。

　当時は、日本語を学んだり、日本に留学するということは想像もできない
ことであった。留学はアメリカに行くのが当然であり、飛行機に乗って東京
とハワイを経由して、太平洋を渡りながらも（1978年）、日本が存在すると
いうことさえ意識しなかった。私の認識の中で日本は「反日」の対象であり、
「小さな島国の日本のクソ野郎」が住む所であった。国民学校時代から中高等
学校まで学校の先生が教室で教えてくれた用語そのままであった。

　1994年秋から、私は『韓国人類学の百年』を整理する必要性を感じ、この
作業に取り掛かった。解放五十周年に備えるためであった。一年余り資料を
整理してみると、学史の内容は解放以降ではなく、植民地時代に遡った。日
本語で書かれた書籍と資料が突然降って湧いてきたのだ。五十年ではなく、
百年の歴史を整理する作業の始まりを感じさせられた（全京秀　1999.12.25）。
アメリカのジョージワシントン大学で予定していたサバティカルを突然日本
に変える決断を下し、朝倉敏夫先生と杉田繁治先生の助力を得て、一年間大
阪の国立民族学博物館の世話になることになった。

　私が初めて日本語を独学で学習し始めたのは、沖縄の琉球大学にある津波
研究室で一ヶ月間（1997年3月）過ごした時であった。1997年4月から1998
年3月まで国立民族学博物館の客員教授として赴任する前に、3月に沖縄で
一ヶ月間片仮名と平仮名を覚えた。そして、大阪へ向かい、「AIWA」という

商標の付いた小さなトランジスタラジオを購入し、イヤホンを耳に挿して一年を過ごした。一日二十四時間イヤホンを耳に挿して、寝て食べて読んで歩いた。イヤホンから流れ出るラジオの音が耳に慣れることを期待するしかなかった。49歳の時のことであった。まともにできるようになるわけがなかった。その後、私は日本語を勉強するために、正式に文法書を購入せねばならないと繰り返し言いながらも、一度も実践できなかった。

　資料を収集するために日本で長期滞在したり、一年ずつ居住しながら、私は少しずつ亡父がどのような人間であったのかを知ることになった。父は、到底理解しがたい生活スタイルで暮らしていた人で、それこそ独特な性格の持ち主であった。私は畳の部屋がある「敵産家屋」で青年期を過ごしたのだが、広い庭園を手入れする父の姿が独特であった。いつも長い鋏で木の枝や葉を切って丸く剪定していた。我が家を訪ねた私の友人は、このような光景を見ては不思議がっていた。今考えてみると、「大正７年生まれ」であった亡父は、生活スタイルや思考方法という点では、ほとんど日本人と変わりない人だった。母が作るキムチは辛い唐辛子を使用しない白キムチだったし、いつも大根おろしに醤油をさして食べていた。1997年に大阪で祖父江孝男先生に出会った時や、2000年に台湾大学の宋文薫先生にお目にかかった時も、私の父に対して抱く感じとほとんど違わなかった。私は半島で暮らしながら、亡父のような人に出会ったことがない。父のような心性は、列島でよく見られる人の持つものであった。「石橋を叩いて」も渡らない人だったのだ。

　彼は咸鏡南道の端川出身であり、13歳で東京へ留学し、1946年28歳の時に当時の米軍政下で公務員の職を得て、東京からソウルに帰国したという。日本での滞在中、父は角帽の制服を着た大学生として故郷を一度訪問し、「大和（やまと）無線」の職員として内蒙古を往来して、もう一度故郷を訪問したことがあるという。このような事実も、私は父から直接聞いたのではなく、遠い親戚（朝鮮戦争中の「一四後退」に際して、南側に避難した人）から聞いた。

　母（1929年生まれ、済州島出身）が2000年にまず亡くなり、父は2002年に亡くなった。母の遺言により、父と二年間生活する間に、私は次のような経験をした。父は夕食後にほぼ毎日テレビでNHKを見た。12月8日のニュースで真珠湾攻撃について報じられた。父の口から意味のわからない「あ」という嘆声が出た。私が「お父さん、この時どこにいたのですか」と質問する

と、父は「張家口にいたよ」と答えた。私がまた「そこで何をしていたので
すか」と聞くと、父は「放送局にいたよ」と答えた。父は「大和無線」の職
員として、張家口（内蒙古）に放送局を創設する要員として張家口へ行って
おり、当時、張家口放送局で無線を通じて、真珠湾攻撃の知らせを受けたの
だという。一般人はまだその知らせを知らなかった時であったそうだ。そし
て、張家口の特務機関がどれほど怖い所であったかについて少し語った。
また、ある日はNHKニュースを見ながら、父が「あぁ、あの時死にかけて
助かったんだ」と言った。米空軍機による3月10日の東京空襲に関するニュー
スであった。私が「この時はどこに住んでいたのですか」と質問すると、父
は「渋谷」と答えた。私が再び「渋谷で何をしていたのですか」と質問する
と、「下宿先がそこにあったんだ」と答えた。私がまた「渋谷に住んでいた時
の話をしてくださいよ」と言うと、父は手を振りながら「これ以上話すこと
はない」と短く言葉を終えた。次の日の朝、父は弟の家に住まいを移し、そ
の二カ月後、84歳で弟の家で亡くなった。

　父は日ごろほとんど話さなかった。また、私の具体的な質問に対して、拒
否感を抱いていたようだ。過去にもあったと思われる父子間の緊張感が、私
の具体的な質問によって増幅したように思われる。私は2003年から2004年に
かけて、東京大学文化人類学教室に一年間滞在する機会があった。その時に、
伊藤亞人先生に私の父に関する話をしたことがあった。私の話に対する伊藤
先生の冗談がまだ衝撃として残っている。伊藤先生は「XX大学出身の壮健
な朝鮮青年を日本女性が放っておくか？　渋谷の近所をよく探してみたら、
全先生のお兄さんがいるかもしれないな（ハハハ）」と言った。この冗談は衝
撃の極みであった。東京に滞在していた一年間、私は妻と共に白金台にある
東京大学の宿舎に住み、駒場まで毎日歩いて往復した。速足で約40分かかり、
毎日南恵比寿を通り過ぎた。ある日、帰り道の電信柱に貼られた白い紙に黒
い字で書かれた「お知らせ」が目に入った。店舗を修理するため、当分の間、
後ろの建物に移って営業するという内容と案内地図であったのだが、その紙
に大きな字で「麟」という字が記されていた。居酒屋の名前が「麟」だった
のだ。その字を見た瞬間、私は本当にびくっとした。父の名前の字に、その
字が含まれていたからだ。そこで、案内文に書かれていた移転先へ行ってみ
た。どうしても戸を開けて入ることができなかった。それから一ヶ月余り、
私はその店の前を深く考え込みながら通り過ぎた。これ以上、私が父の後を

深追いするのはやめた方が、あらゆる意味でよいであろうと自らを慰めた。

　私が、それほど「麟」の字が付いた店の名前にびくっとし、伊藤先生の冗談に衝撃を受けたもう一つの間接的な理由がある。国立民族学博物館にいた一年間、私は当時済州島（私の外家が済州にある）に住んでいた両親にずっと大阪を訪問するように勧め続け、母は非常に大阪に来たがっていた。済州・大阪間の直行便もあったし、博物館が提供した箕面の宿舎には、余分な部屋もあった。しかし、父は微動だにしなかった。母は朝鮮戦争中に避難していた時期を除いて、一度も父のもとから離れたことがなかったので、一人で大阪に来ようとはしなかった。伊藤先生の冗談を聞いてから、私は父が日本に来ようとしない明白な理由があるはずだと考えるようになった。私のアメリカ留学中に、父は母と共に一ヶ月間ミネソタを喜んで訪問し、私の弟が留学していたミシガンには半年住んだ。海外旅行に抵抗のない人が、なぜ近い日本を訪問することをそれほどまでに拒否したのか。伊藤先生の冗談は、本当に底意のある冗談なのか。冗談のなかに真実があるという諺にますます湧いてくる実感を否定できなかった。

　私が執筆した書籍の中に『孫晋泰の文化人類学：帝国と植民地の間で』（全京秀　2010.11.10）というものがある。孫晋泰（1900−1965 ？）は、早稲田大学の西村眞次教授から人類学を学んだ。朝鮮人として最初に大学で人類学を専攻した人である。彼は、「東洋文庫」の司書職をやめて、京城の延禧専門学校（延世大学校の前身）へ転職したが、すぐに普成専門の図書館長として奉職し、朝鮮民俗に関する多くの研究業績を残した。彼が東京で生活したのは、1920年から1934年の間であり、記録を辿ってみると、大部分の居住先は下宿であったと思われる。彼は東京に留学する以前に結婚したことがあり、1934年に京城で梨花女専出身の女性と再婚した。彼は朝鮮戦争の時に北側に拉致され、北朝鮮でも結婚したものと伝えられている。彼が東京での生活を清算し、京城に移住した当時、彼の同僚であった金素雲が孫晋泰を非難する記事を書いた。孫晋泰は、東京で下宿していた高橋氏の家を離れたが、金素雲がその関係について、孫晋泰を非情な人間であると非難したのだ。孫晋泰と高橋氏の関係について、具体的な言及をこれ以上発見することはできないが、金素雲の大っぴらな非難から考えて、孫晋泰は高橋氏と第三者が認知できる程度の男女関係を維持していたものと推測される。参考として、金素雲は日本にも夫人がいたし、京城へ行った後に朝鮮でも家族を作ったため、日

本の子女と朝鮮の子女が毎年一度、父親の忌日に会同するという話を聞いたことがある。金素雲の息子のひとりは、筆者のソウル大学の同期生でもある。

　韓国と日本の人類学史を整理する過程で知ることになった以上のような個人史を総合すると、伊藤先生が私に投じた冗談は、単に聞き過ごすことのできない事件として、私の脳裏で渦巻くことになった。半島の植民地経験は、多くの個人による両方向への移動を含んでおり、個人の移動による植民地経験は日常生活の中で伝承されているのだ。

３．子守歌の帝国経験

　私には現在満８歳の孫がいる。この子がちょうど満１歳になった時のことである。その時、私は長寿の研究をするために、スペインのピレネー地方にあるウエスカという村に滞在していた。インターネットを容易に利用できる場所ではなかったため、ごくたまにホテルで接続できるインターネットを通じて嫁からのメールを見た。二度にわたる内容の要旨は以下の通りである。息子（1974年生）が会社で休暇を取れることになったのだが、赤ん坊（私の孫）の世話をしてくれる人がいなくて悩んでいるので、この問題をどうにかして一緒に解決したい。私たちにまかせたいという下心が見え隠れしていた。嫁の意図に対して妻はとんでもないと拒否したが、紆余曲折を経て、私は十日間の「子守り」を自ら志願した。当時、妻はパリに滞在しており、私は予定より日程を短縮して帰国した。息子と嫁はすぐに孫を私に預けて、ベトナムへと休暇に旅立った。しかし、十日間の孫との生活は想像を絶するほどに大変なものであった。

　人が眠って、寝床から起き上がって、一日の生活を正常に始めようと思うと、最低限先行せねばならない三つのことについてもこの時初めて気が付いた。朝起きて、トイレに行って用を足し、顔を洗い、朝食を食べて、一日を始めるということが、どれほど幸せなことであるかをこの時確実に気付かされた。そして、母と妻に対する感謝の気持ちも益々新たになったのも、この時の経験のおかげである。この三つの基本的な行為をまともにできないのが、１歳の孫との共同生活であった。睡眠をまともに取れないのは当たり前であった。一日の日課は、夢うつつの間に過ぎていった。哺乳瓶を煮沸して、おむつを替えて、赤ん坊をお風呂に入れて、服を着替えさせて……。この過程で

私が習得したのは、できる限り長い時間、孫を眠らせることであった。赤ん坊が寝ている時間こそ、私自身のために何らかの行為を行うことが可能になるということを知ったのだ。そこで、私はできる限り赤ん坊を寝かせつけようと努力し、その結果、私は想像だにしていなかった驚くべき経験をすることになった。

　何日が過ぎたであろうか。ある日、赤ん坊を抱いて寝かせつけようとしていたのだが、こいつが体を揺らして反抗した。余りにも長く寝かせ過ぎると抵抗するためのもがきだったのだ。この瞬間、私はびっくりした。私が子守歌を歌っていたのだ。私が子守歌を歌うという行為に対して驚いたのではなく、私が歌っていた子守歌の出自を認識した瞬間、驚かずにはいられなかった。もっと驚いたのは、私の子守歌に抵抗する孫の反応を認知するに至ったということである。つまり、1歳の孫が退屈に繰り返される子守歌に抵抗したのだと私は思った。私の父の生家は咸鏡道であり、母の生家は済州島であったため、母の生家の生活様式に慣れている。私が済州島式の「エギクドク」（揺り籠）で育ったということを亡き母からよく聞かされたものだ。

　済州島式のエギクドクは、竹で編まれた長い籠であり、籠の真ん中の少し下にあたる所に麻布をぴんと張って段を作る。麻布の段がベッドの役割をするのだ。籠の底は、完全な平面ではなく、かすかではあるが曲線を描いている形態である。籠の底と麻布の間に空間を作り、風が通うようにして、麻布の上に寝かされた赤ん坊の背中が暑くないようにしてある。「ムルレギ」（赤ん坊）をエギクドクに寝かせて、足で揺らしながら「ウォンイジャラン」という子守歌を歌う。しかし、この子守歌のテンポは少し速い。手で仕事をしながら足でエギクドクを揺らすため、事実上、済州島の子守歌は一種の労働歌のようなテンポである。孫が生まれた時、済州島の韓林花先生が贈り物としてエギクドクを送ってくれたのだが、赤ん坊の「サイズ」が大き過ぎて入らなかったので、それはそのまま私の研究室に蒐集品として保管してある。

　おそらく十日間の孫との生活期間に、私の家にエギクドクがあったら、私は済州島式のウォンイジャランを歌ったかもしれない。しかし、私は「ねんねこ」を歌ったのだ。よくは知らなかったが、それは日本式の子守歌であった。私の記憶では、私が意識的に学んだこともない日本式の子守歌を歌い、繰り返される私の子守歌に飽きた孫が抵抗しようともがいたのだ。驚かないわけにはいかなかった。意識の中を意図的に掘り返して記憶を辿った。子守

歌に関する二つの内容が浮かんだ。末っ子の弟と私は十歳差である。末っ子の弟が赤ん坊だった頃に、父が弟を抱いてねんねこを歌っていた姿が浮かんだ。そして、私の息子が幼かった頃、釜山の家にいた時、また父が孫（私の息子）を抱いて、ねんねこを歌っていた記憶を思い出した。記憶を辿って見つけた二つの場面が、私のねんねこを担保するわけではないという結論が出た。結局、私が赤ん坊だった時、当時の大人たちが私を寝かせつけようと歌っていたねんねこが、私の記憶の中に眠っていたという結論に達するほかなかった。私が覚えていた歌は次の通りである。「ねんねこ　ねんねしいな　ねんねしいな　ねんねこや　ねんねしいな　ねんねしいな」もちろん、これが偽物であるということはおぼろげに推測していた。その後、私は九州大学で三カ月間客員教授として過ごした時期があった。当時、九州大学の老教授たちと夕食を共にした席で、私は私の子守歌に関する話をした。その人たちの前で、私が知っている子守歌を歌い、私の子守歌がどのように間違っているのか指摘してくれと頼むと、目をそっと閉じて、私の子守歌を聞いて次のようなコメントをくれた。私が歌った子守歌のメロディーは本来のものにかなり近いが、歌詞が完全に違うということであった。元の歌詞のある一部分だけを取って繰り返しているという指摘だった。この子守歌は福岡から近い大分県の山奥で生まれ、日本全国へ最も広く伝播した子守歌であろうとの説明も聞くことができた。

　それ以降、私は日本人の教授に会うたびに、この話をするようになり、ついには山口県立大学の安渓遊地教授夫妻の前でこの歌を歌う機会があった。すると、安渓先生は親切なことにこの子守歌の元の歌詞をきちんと教えてくれた。本来の歌詞はこのようなものであった。「ねんねん　ころりよ　おころりよ　ぼうやは　良い子だ　ねんねしな　ぼうやの　土産に　何もろた　でんでん太鼓に　笙の笛」私が孫に歌った子守歌の歌詞は、それこそ単純な一つの単語（「寝ろ」）のみを反復したものであったのだ。

４．結語：記憶の移動

　人類学的な現地研究の作業において、その生産者は基本的に人類学者である。フィールドワークを行って、民族誌を生産する人類学者がどのような背景を持っており、どのような成長過程を経て、どのような考えを持っている

人間かによって、その民族誌はかなり大きな影響を受けることになる。民族誌と人類学者の関係を完璧に排除することは不可能であろう。記憶が資料収集の重要な対象である場合には、その記憶の過程に参与する人間が、資料構成に少なくない影響を及ぼしうる。人類学者自身の記憶が対象である場合には、多くの影響を表れるであろうと思われるため、自省は人類学的方法論の重要な位置を占めているという認識が必要である。本稿は、方法論として自省の問題が極大化する事例の一つであると言える。

父と私の関係に機能や構造という概念を適用することもできるであろうが、これらだけでは説明が十分ではない。その説明が十分ではないのは、理性のみで接近すると発生するしかない問題であると考える。私の内面ですでに育っている私の個人心理学と、私からの具体的な質問を受けて父の心中に渦巻く歴史性と、複雑な社会的関係による感情の問題は、理性という枠組だけでは手に負えないのが当然だ。今、人類学者は理性だけでは扱いきれない感情の問題から挑戦を受けている。記憶には理性の範疇も含まれるが、それは強力な感性の範疇に属してもいる経験的な実体なのである。

孫が幼かった頃のある日、妻（慶尚道慶州出身）が孫を寝付かせようと、自身が知っている韓国の子守歌を歌った。すると、孫がすぐに手を振りながら、「違う、おじいちゃん、ねんねこ」と要求した。私が歌った偽物のねんねこで眠ることを要求したのだ。驚くべき事実である。私の父から始まった植民地経験は、私を経由して、私の孫に至ったのだという事実を発見した。これは、潜在意識又はそれ以上の次元に潜伏する記憶であろう。これが「植民地経験は一度始まると終らない」という私の認識である。植民地経験は、一度始まると終わらないのだということを主張したい。それは、記憶というメカニズムを通じて伝承され、個人心理学の潜在意識や集団無意識に至るまで関係しうるという可能性を示している。大分の子守歌が、東京を経て、ソウルに移動して、釜山で作動するという経験をしたのだ。

1918年生まれの私の父から続く子守歌の植民地経験は、私（1949年生まれ）と私の息子（1974年生まれ）を経由して、2005年生まれの私の孫まで、四代にわたって伝承されている。この孫が5歳になった時に「なぁ、ビヌ。ねんねこを歌ってやろうか？」と意図的に聞いてみたことがある。孫は「いい、僕は赤ちゃんじゃないもん」と拒絶した。ところが、しばらく前に久しぶりに私の家を訪問した8歳になった孫に「なぁ、ビヌ。ねんねこを歌ってやろ

うか？」とまた意図的に聞いてみた。孫は私の質問に反応を示さなかった。記憶に関する心理学は、潜在意識とそれ以上の次元で再考するべき問題であると改めて考えるようになった。人類学者は個人心理学と感性の問題が提供する課題を抱くことになったのだ。社会的記憶（social memory）だけで、記憶の問題に関する談論を吐き出すことには再考の余地がある。人類学者が綿密な観察を行わねばならない対象は、潜在意識とそれ以上の次元のものをも含むであろう。理性の領域だけでは追跡が不可能な経験というものを実感するようになるわけだ。

　したがって、我々の日常生活の中に内在又は潜在している植民地経験に対して否定することは、究極的には私を否定する結果を生むことになってしまう。否定するのではなく、存在するものの理由について、深度をもってきちんと省察する過程が先行せねばならないであろう。植民地と植民母国を用語から分離した構図で、事件と事物について考える傾向がよく見られる。この構図は、出発点から間違っていると指摘したい。最低限、帝国という一つの場で作動しているのが、植民地経験であるという点を確認しておきたい。もちろん、帝国内で作動している中心と周辺の力動的な関係については、次の段階で議論せねばならない論題である。

　時間と空間が提供する座標の脈絡で、生を論じることが望ましいと考える。それが理性と感性が力動的に交わっている経験の実体でもある。政治的な意図によって区分された地域や区域で閉ざされた意識が作動する生に対する観察と判断が、歪曲の出発点になっているということも指摘しておきたい。

◆参考文献◆

全京秀　1999.12.5 "한국인류학 백년"（韓国人類学の百年）ソウル：一志社.
全京秀　2010.11.10 "손진태의 문화인류학"（孫晋泰の文化人類学）ソウル：民俗苑.
Davis, Charlette A. 1999 Reflexive Ethnography London: Routledge.

移民学理論と帝国日本内の農業移民
―「東拓モデル」を中心に―

Hyung Gu Lynn
(University of British Columbia)

はじめに

> 「僕には稲妻のようにアスピリンとアダリンが思い浮かんだ。
> アスピリン、アダリン、アスピリン、アダリン、マルクス、マルサ
> ス、マドロス、アスピリン、アダリン。」―李箱「翼」『朝光』1936
> 年9月

　土着の住人が強制退去させられたり大量殺害されたりしたオーストラリア
やカナダのような英国の定住植民地における成り行きとは異なり、日本の二
つの大きな植民地である台湾と朝鮮では日本人移民者が全人口の大部分を占
める結果には至らなかった。たとえば植民地期朝鮮では、日本人総人口が全
人口において3％を超えた年は一度も無かった。1940年にある観察者が指摘
しているように、大衆的な移民排斥運動の大きさと移民によって引き起こさ
れた外交上の危機の多さを考え合わせると、これまで世界の他の地域へ移り
住んだ日本人の総数は驚くほどに少ない[1]。

　しかしながら、日本の植民地支配下の朝鮮半島における「土地」に関する
政策、特に、東洋拓殖株式会社（以下、東拓）により実施された用地取得と
移民計画による土地の不当な取り上げの関する研究は、数多くある。東拓関
連の多数の考察のうち、一方の極には、「土地収奪」、すなわち、東拓の事業
における搾取の側面を強調した「収奪論」を唱える研究者がおり[2]、もう一
方の極には、東拓を「思い出の職場」として懐古する東拓の元職員がいる[3]。
近年では、東拓を「国策会社」としての実態と失敗[4]、および、「植民地政策
の論理」と「経営の論理」の複雑な関係を象徴していた東拓の「帝国日本」
全体の中での役割が構造的に分析されてきている[5]。また、本論で筆者が行

うように、移民史の中における東拓の重要性を強調する研究者もいる[6]。

　本論は、東拓の創設と事業の展開を細部にわたって実証的に論じるよりも、移民研究における従来の研究手法では大抵は等閑視されている、移民形態の一モデルとしての東拓の意義に焦点を当てることにする。したがって、本論は一般的によく知られている実証的な背景を扱うが、同時に、より広い理論的な移民研究へとつなげていくために、東拓の歴史の意味と東拓とマルサス人口論の関連を分析する。すなわち、マルサス人口論に立って始まった「東拓モデル」を、労働力の需要・供給、またはネットワークを重視してきた従来の移民学理論の観点との比較を試みる。このようなアプローチは、近年生じてきた、領域横断的かつ地域間の関連性を重視する日本植民地主義の研究手法の急激な増加と呼応しているものでもある[7]。

第1章　理：移民学理論と「東拓モデル」

　これまで移民研究は国境を越えた移民を説明する上で様々な研究手法を生み出してきた。本稿が扱う東拓モデルは、従来の研究では見過ごされてきた角度からの分析を提示するものである。すなわち、このモデルが或る組織（国策会社）を通じて実体化された人口統計学的思考の重要性を浮き彫りにするとともに、この移民プロジェクトが朝鮮では失敗に終わった事実にも関わらず、帝国日本内の他の地域へ適用される程の魅力を持っていたということを示す。

　最も一般的な研究手法は経済的要因を強調する傾向にあり、しばしば「人口は貧しい国から豊かな国へ移動する」という「移民の法則」としてまとめられる。たとえば、新古典主義経済に基づく「プッシュ・プル（push-pull）」モデルは、労働力が不足している地域は賃金がより高く、余剰労働力がある地域は比較的賃金が低いということを前提としている。賃金格差が低賃金の地域から高賃金の地域へと労働者を動かすというわけである。このモデルでは、個人は予想利益のある新しい労働市場へと移る犠牲を比較検討する合理的な主体とされる。さらに、同モデルでは、受入国の労働市場、労働力需要の増加、生活環境（移民を受け入れる［pull］要素）と、飢饉や政変、送出国における失業、宗教弾圧、高い出生率（移民を押し出す［push］要素）の相互需給効果で移住者は倍々に伸張するとされる[8]。このモデルの変形には、

移民についての新経済的なアプローチがある。このアプローチは、移民は個人として活動しているという見方や収入の増加が最も重要な要因となるという説に訂正を加え、代わりに、移民は家族単位で決断を下すものであり、また、相対所得の増加のほうがより重要であるとする[9]。また、経済構造論は、移住は第一に「プル（受け入れ）」要因によって決定されると説く。資本主義の構造そのものが非熟練労働力の慢性的な不足を生み出すというわけである。開発によって国際的・地域的な賃金格差が生まれるばかりではなく、価値も変化する。このため、人はより低収入の非熟練労働の仕事を得ないように努める傾向があるというのである[10]。

　政治的な側面に焦点を当てた説明では、国内法規と国際的な政治制度の両方にわたる政策の衝撃を強調する。国家間の人口の流れを統制する国際的な協定や条約は20世紀を通じて存在してきた。さらに、政府も、国家の支援無しで行われた個人的あるいは家族的な移民とは全く異なった、公的な移民や契約労働者、その他の形式の組織的な移民について取り決めを定めてきた。近年では、「難民」の規定と人的往来を止めようとする試みが国連や新しく到着してきた移民たちを統合する国家的政策に関する議論において主流となってきている[11]。

　移民のより社会的な側面に注目している理論もある。中でも、女性移民に関するものと移民を通じたジェンダー規範の構築・維持の研究を含む、ジェンダーに焦点を当てたアプローチを採る考察が増えてきている[12]。社会関係資本論、またはネットワーク論と呼ばれる説では、移民を深く社会的に根付いた決定とみなしている。すなわち、移民とは、労働や賃金への関心だけによって動機付けられるものではなく、生活条件や子供の教育への関心、また、現存する移住者のネットワークに基づいて動かされるものでもあるというのである[13]。また別の関連するアプローチでは、移民におけるライフ・サイクルの重要性を強調し、人生の段階としばしば一続きであったり、関連したりしているということを指摘する[14]。

　これまで、これらの研究手法とモデルは、国家間の移民を促進する力学の理解の改善に不可欠のものとされてきた。ところで、そもそも東拓は植民地期朝鮮における最大の地主であり、また、その投資が帝国日本の隅々にまで行き渡るほどの巨大金融組織であった[15]。しかしながら、従来の研究手法には、移民についての概念とイデオロギーの影響力を十分に認めてこなかった。

本論では、東拓の移民プロジェクトという特定の事例を分析することを通じて、移民の要因の一つに人口統計学の概念という一項目を付け加えたい。

　この「思想モデル」（「東拓モデル」）の特徴は、次の五つの独特の段階によって特徴付けられる。最初の段階は「恐」、すなわち余剰人口問題の発覚およびジャーナリスト・政治家・研究者らによるこの発見の流布である。次が、ある幻覚が発見される段階である。言い換えるならば、余剰人口を吸収するに足る肥沃で未開発状態の土地、すなわち「植民地像」の構築である。三番目は、錯覚による解決の段階。ちょうど李箱の詩にあるように、「翼」が東拓の創立によって立ち上げられる。そして第四番目の段階では、移民プロジェクトが実行される。この試みは目標に到達せず、計画よりもずっと早く打ち切られてしまう。第五の段階では、余剰人口の簡単な解決方法を植民地に見出すという誤りとこれらのプロジェクトの物質的な失敗にもかかわらず、1930年代において同じモデルが新しい領土や人口に応用されていく。これらの五段階、特に第五番目の段階は、人口統計学の考えと実際の計画およびその失敗の関連性と、新しい状況に同じパターンを駆り出していくマルサス主義的悪夢の力を浮き彫りにしている。

第２章　恐：「人口問題」の発覚

　1876年に韓国・日本間で江華島不平等条約が締結された時期、韓国には54人の日本人しかいなかった。その全ては釜山の交易所／大使館に居住していた。1910年に植民地化された際には、日本人人口は17万1543人にまで増加していた[16]。この期間における韓国における日本人人口の増加は、両国の政治的経済的関係の変遷およびそれに伴う土地所有法の改正と大きく関わっていた。1883年の韓英修好通商条約によって開港場とその周辺地域での土地の外国人への売却が合法となった。1906年に統監府が設置されると、日本の官僚は日本人による韓国の土地所有を容易にするための様々な法律を導入した[17]。日本のいくつかの農業系の会社が韓国の広範囲にわたる土地を獲得し、1907年には広大な農地を所有する日本人地主が百余名出現していた。

　政治的・法的変化は在朝日本人人口の増加に必要な条件を生み出したが、移民の実態とまではいかずとも、少なくとも移民という概念が普及するには、さらなる要因も必要とされた。特に、人口過剰の恐れとこの悪夢の解決策と

しての移民の浮上が新しい開拓計画の範囲と量の増加につながっていった。言うまでもなく、マルサスは、1798年に次のような仮説を初めてうち立てた。すなわち、社会が繁栄するにつれ富は等差級数的に増加するが、他方、人口は等比級数的に増加するので、次第に枯渇していく土地における土地収穫の逓減点に到達する。これは、飢餓・病気・戦争などによる収穫減に対する自然な反応を必然的にもたらす。したがって、何らかの人口「圧力弁」が用いられるか出生率が抑制されない限りは、人口の圧力は一人当たりの所得を必要最低限の低いレベルに抑えるという説である[18]。本論の冒頭で引用した李箱の詩に暗示されているように、マルクスはマルサスの見解を、明らかにいかんともしがたい自然の法則として搾取の構造を隠蔽しただけであり、また、資本主義は常に余剰労働の供給を必要としているという点を無視しているとして、激しく非難した[19]。

　さて、これまで19世紀後半から20世紀初頭の日本における社会ダーウィン主義の普及に関する研究はあるが、その底流にあるマルサス的悪夢については学術的な注意が十分に払われてこなかった[20]。要約ではあるものの日本語における最初のマルサスの翻訳は1877年1月に出版されたが、既にそれ以前、1871年には早くも人口に関するマルサスの見解の最も重要な部分が日本語で紹介されていた[21]。過剰人口に関する社会問題の調査、マルサスの思想を論じた書籍や研究会、その他の様々な媒体が1880年代から1890年代にかけて政治家や知識人の間にマルサスの見解の流布に貢献した[22]。確かに、北は韓国、中国、樺太、南は南洋に向かって領土拡大を求める日本人知識人の声はあった。さらに、北海道への開拓民を誘致しようという政府の試みや、1870年代や1880年代前半の主に農場労働者としてハワイやカリフォルニアに向かった契約移民のように具体的な計画もあった[23]。しかしながら、この当時のどの事業も、また、関連する文書も、移民と余剰人口を結びつけようという真剣な試みを行ってはいない。むしろ、当時主流だったのは、軍事上、政治上、短期的な経済上の関心事や、防衛の補完人員あるいは代用の国境警備員のような雇われ人の役目を埋める国境沿いの開拓民、といった言葉であった[24]。

　表面的には過剰人口が原因で起こったように見える様々な社会問題と移民が関連付けて論じられるようになったのは、1880年代後半のことであった。とりわけ、松方財政の影響以降、失業や農村部の窮乏などが、社会問題として取り上げられた。貧しい者や失業者を北海道あるいは海外に移送しようと

唱える出版物や組織の激増が1887年に始まり、この流れは1890年代から1900年代にわたって増加し続けた。大量移民を主張する者たちはこの時期に数多くの本を出版し、移民を「人口問題」の解決法として擁護した[25]。1893年には、都市部の失業者の集中を緩和するために海外への移民を促進するというはっきりした目的をもって、榎本武揚が殖民協会を創設した。徳川期の日本では都市部で社会的問題が起こる際に、過剰人口が問題の原因とみなされることはなかった。1890年代以降になって初めて、都市化と都市部の貧困が例外なく人口問題と結び付けられるようになったのである[26]。

　このような問題は、日本だけに限られたことではなかった。ドイツでも、1800年代半ばより海外及び国内の移住者の統制方法がかなり議論されていたし、フランスも1870年代からの人口の減少と、同時に、チュニジアやアルジェリアなどの植民地に送るためにいかに開拓民をひきつけるかという難問に直面していた[27]。韓国では、マルサス理論の最初の翻訳が日本語の教科書を介して1907年に初めて翻訳されたが、これは、マルサスの人口統計学の考えの普及が日本よりもかなり後に生じたということを示唆している[28]。

　日本の人口増加率については数多くの相容れない計算結果が出ているが、同時期のフランスとは異なり、日本では主に死亡率の低下により1890年代か1900年代に人口増加率が顕著に増したということは明らかである。政府は都市部の失業を問題視していたが、都市化の比率は1890年から1910年の期間は概してそれほど高くはなかった。さらに、耕作地の総面積も長期間にわたって増えており、また、米の生産量も増加していた。それにもかかわらず、こうした状況の進展は、日本が1897年より米の永久的な純輸入国となることを防ぐには十分ではなかった。これは、同じ時期のアメリカ合衆国の人口増加率（部分的には大規模な移入民によるものであったが）や英国の人口増加率と比べるとかなり低いものであったが、日本の人口密度のほうはこれらの国々よりも高かった[29]。加えて、農村の貧困と人口過剰は全く改善の兆しを見せず、主要な都市部の中心地の周辺に雨後の筍のように林立してきた近代的な工場にいずれ過剰人口は吸収されるという見解を揺るがしていた。

第3章　幻：朝鮮の「発見」

しかしながら、多くの点で、日本の―さらに言えば韓国においても―人口統計学的な現実は日本の移民擁護者には無関係だった。実際の「人口問題」があったかどうかというよりも、むしろ、「人口問題」がある、そしてそれに対する理想的な解決方法が存在する、という認識のほうが重要であった。その近接性と日本の軍事的な焦点が北進論に傾いていったために、朝鮮半島は日本の過剰人口の潜在的な吸収地の中心としてすぐに浮上してきた。広大かつ低開発な土地で、まったくもって後進的な先住民だけが住んでいるものの、多くの人口を支えるに足るだけの天然資源を有しているという、南北アメリカのマルサスによる新植民地の描写は、1890年代後半から1900年代にかけての日本における韓国の描写として猛烈な勢いで生まれ変わったのである[30]。

植民地化と移民に焦点を当てた組織の一つが東洋協会であった。東洋協会は、台湾における新しい植民地事業を支援するために、1898年に合法的に株式会社化された。もともとこの組織の設立のきっかけを作ったのは台湾総督府の官僚たちであったが、協会員は植民地の公務員・政治家・実業家と広範囲にわたっていた[31]。1900年にはこの協会は農商務省の技術顧問であった加藤末朗を理事に据え、韓国における土地使用に関する報告を書かせている。加藤は1901年に自分の旅についての報告書を出版し、その中で、人がまばらにしか住んでいない、低開発の耕作地が豊富にある土地として韓国を描いている[32]。このイメージは後の様々な書物の試金石となった。たとえば、1902年、農商務省農務部の官僚であった栄生常昭と大蔵省の長森東吉朗は別々に韓国に派遣されたが、二人とも、帰国後、加藤の報告は確かに正しかったと報告した－韓国は日本の食糧不足と過剰人口の問題を解決してくれるというのである[33]。

これらをはじめとするこの時期の韓国に関する出版物は、都合のよいように韓国人の存在を無視していた。韓国人の存在が認められる出版物も少数ながら存在してはいたが、その場合は、韓国人は増加する日本人移民者から恩恵を受けてゆくことになる後進的な人々として、かなり大雑把に描かれていた。1904年のある本では、著者は中小規模の自作農の移住の成功例として北海道を上げ、韓国では、韓国と日本の社会的なレベルの差の故に、「日本人といへば、彼等には神佛の如く敬はれ、英雄の如く恐れられ」ていると公言し

た[34]）。また、1907年の著書で伊藤清蔵は次のように述べている。「現今の日本は、国民の接息して居る土地が比較的に多いのに、人口は非常に多きを以て、国家は勿論各個人と強とも殖民問題には大いなる注意を払はねばならないと思ふ」[35]）。この定式では、老朽化した韓国経済は半島中に分散した日本人入植者を通してより優れた農業技術と生活習慣が注入されることによってのみ改善されうるということになる。1909年、青柳網太郎は、韓国の商業的・農業的・社会的発展は「面積の割合に比較すれば、人口甚だ少な」いため、日本人移住者が必要だと断言した[36]）。

　観察者の中には、日本人移民についてより洗練された議論を展開する者もいた。たとえば、1908年の神戸正雄の著書は、マルサス説の欠陥を利用したものであった。すなわち、農業生産性の拡大の加速化―「緑の革命」―は、急激な人口増加を補いうるというものである。日本人農民が韓国人に「合理的で近代的な」農法を教えることによって得られる収穫増により、韓国は「過剰な人口を吸収」するようになり、同時に、日本の限られた天然資源の需要を緩和すると彼は主張した[37]）。神戸正雄によれば、さらなる人口を吸収できる韓国の都市は現在のところ限られている。したがって、農業移民が促進されるべきであり、これは収穫と生産性を上げるので、やがては韓国は都市部と地方の両方においてさらに多くの日本人移民者を受け入れるようになる、という。このような言説は植民地化の後にも続いた。たとえば、田口春二郎は、「比較的人口希薄な地方に向いて国内人口周密の部分又は内地人の農民を移し拓殖の事に」従事させるべきであると1911年に書いている[38]）。

　これは、街角で売られているマルサスの翻訳を日本人知識人一般が読んでいたということを全面的に意味するわけではないし、また、全ての官僚がマルサス流の人口問題が移民によって解決されると納得していたということでもない。政治家の中には、人のいない潜在的に肥沃な植民地としての巷間の朝鮮イメージは粗雑な調査と誤った前提に基づいている、と断言する者もいた。早くも1891年には実業家の浜田健次郎が過剰人口は一時的な問題であり動揺する必要は全く無いと述べている。浜田は、貧者と失業者は海外ではなく北海道に移転させるべきであると論じた[39]）。1902年には、西原亀蔵が20日間の韓国視察後、「コロンブス発見当時の米国又は北海道のやうな、拓地殖民に有望な話」を韓国に結びつけるのは間違った前提に基づいた全くの「迂説」にすぎないと批判した[40]）。

　同様に、大半の学者は、講義・講演・研究会や論文でマルサスの人口増加の分析の問題点を指摘した。数例を挙げると、経済学の大衆化を推し進めた立役者の一人である田口卯吉は、1898年にマルサス批判を提示している。また、主導的な経済学者であった河上肇は、1915年に出版した自身初の論文の中で、マルサス理論およびその1877年の翻訳の批判を行った[41]。1900年代と1910年代を通して、経済学者や人口統計学者はマルサス理論の欠点とその人口統計学に対する意義についての活発な議論を行っていた[42]。

　こうした批判にも関わらず、絶え間無いマルサス的悪夢の鎮痛剤としての韓国・朝鮮のイメージは1900年代には東京の政界に深く浸透していった。こうして、1920年代・1930年代には、「北海の果てに樺太に、斧鉞入らざる森深く、北斗輝く蝦夷の地に、金波なびかぬ野は広し、金剛聳ゆる鶏林に、未墾の沃野我を待つ」と「植民の歌」が抒情的に移民を誘うようになる[43]。

第4章　「翼」：東洋拓殖株式会社

　こうなると、マルサスの悪夢から想像の夢の農業植民地へと海峡を越えて移民を移送する組織という「翼」さえあれば、十分であった。東拓はこの「翼」になった。それも、ちょうど李箱の詩の主人公の翼のように、失敗に終わる運命にある夢幻の。1907-1908年に北米への日本人移民を制限する紳士協定を結んだ後、日本政府は余剰人口の「圧力弁」を探すようにという要求のさらなる高まりに直面した。外相 小村寿太郎が1909年に日本の朝鮮・満州への拡張（「満韓移民集中論」）こそが移民をめぐって米国との間で大きくなりつつある外交摩擦の解決策であると公表すると、この考えはアメリカの官僚の共感を呼んだ[44]。1911年の朝鮮にはアメリカよりも多くの日本人が見られるようになり、「人口問題」をカリフォルニア以外の土地への移民によって解決しようとする日本の試みをアメリカの政策が支援できることを知って、ホワイト・ハウスはほっと息をついた[45]。

　1908年に東拓が創設されたのは、韓国へ移民を送ろうという要望が最高潮に達したちょうどその頃であった。1907年5月、東洋協会副会頭 小松原英太郎は、新しい拓殖会社の可能性を査定するべく満州と韓国への視察に赴いた。帰り際に、小松原は同協会の組織委員会の長をつとめ、委員会はこの新会社の計画に夏を費やした。創設時の青写真は、予想通り、日本の食糧問題の観

点からすると日本人農業開拓民を朝鮮へ送ることは最善の解決策であると力説した[46]。1907年10月、東洋協会会頭 桂太郎は、大韓帝国総理大臣 李完用と韓国内閣の大臣を務めていた宋秉畯を訪れ、東拓設立の合意を取り付けた。

　一方、韓国では、10万を超える日本人開拓民が韓国へ押し寄せてくると新聞が警鐘を鳴らした[47]。ところで、桂にとって政治的により直接的に重要であったのは、彼の長年の政治上のライバルである日本の韓国統監伊藤博文が東拓の設立案に反対していたということであった。伊藤は新渡戸稲造と後藤新平に拓殖・開拓会社の可能性の調査を依頼してあったが、二人は、ポーランドへのロシア移民・ボスニア＝ヘルツェゴヴィナへのオーストリア＝ハンガリー帝国の移民・その他のヨーロッパ内の例を分析して、ともに、拓殖会社は有益であろうと結論付けた[48]。伊藤は韓国を保護国として押さえておく手段として自分の計画した拓殖会社をとらえ、桂は韓国の完全なる植民地化を促進するための手段として東拓をとらえていたという違いはあったが、事実上、桂は伊藤を出し抜いたのであった[49]。伊藤は、東拓は大韓帝国と日本の法律に則って設立されるべきだと主張し、結局、桂がこれに折れることとなった[50]。

　83人の日本人と33人の韓国人から構成される合同設立委員会が設けられ、日本の第24回帝国議会は東拓のために特別会社法を発布した。1908年8月27日、東拓法が第63号法令として公布され、朝鮮では統監府が韓国東拓法を同じ日に布告した[51]。東拓の初代総裁である宇佐川一正は、1909年に本社を設立するために80名の社員を東京からソウルへ連れていった[52]。東拓の株が市場に出されると、あまりの需要の高さに応募者35名あたりたった1名の割合でしか同社の株を取得することはできなかった[53]。しかしながら、韓国の言論による韓国政府の「安売り」批判は会社設立以降も衰えずに続いたため、朝鮮側の応募者は全応募者中ほんの1.9％にすぎなかった[54]。

　韓国における継続的な反対のために、会社の名前はもともと計画していた「韓国殖産」から「東洋拓殖」に変更されたが、「土地収奪」の可能性に関する挑戦側の懸念は高まり続けた[55]。ここで、この会社の通称の英語訳はやや誤解を招くものだということに注意しておきたい。というのも、キー・ワードである「拓殖」とは「拓地殖民」、すなわち、土地を開拓し民を移住させることを意味しており、英語におけるように "development"―経済的発展や産業化・工業化―を意味しないのである。

　ここにおいて重要なのは、東拓は半公共的な「国策会社」であったということである。北海道では、1880年代にこの島を植民する試みのために大規模な公社が使われたことはなかった。また、1945年までに28社ほどの会社が「国策会社」として設立されたにもかかわらず、「国策会社」の法的定義は一度もなされていない。しかしながら、すべての国策会社は特別会社法のもとで成立しており、以下の三つの公的な使命のうちのいずれかのために設立された。すなわち、植民地化と開発を中心としたもの、軍需品と国防のための産業、地域開発と流通プロジェクト、の三つである[56]。数多くの民間企業が日本からの志願移民や契約移民を促進したが、東拓は明確に移民促進を目的として作られた最初の国策会社であった。特に力を入れていたのは、日本の農村の余剰人口を朝鮮の農村に移民させる事業であった[57]。東拓は国策会社としては二番目のものである。最初の国策会社である南満州鉄道会社（満鉄）は1906年に設立され、ロシアから引き継いだ鉄道の経営や隣接する土地の管理にあたっていた[58]。最初の満鉄総裁である後藤新平は100万人の日本人を満州へ移民させる構想を抱いていたが、満鉄が所有する108平方マイルほどの土地ではこれほどの人数を受け入れるには全く十分ではなかったため、この計画はただの夢物語にすぎない結果となってしまった[59]。

　日本の国策会社である東拓・満鉄と西洋の植民地所有のための認可会社の間には類似点はあるものの、相違点も注目に値する。ポルトガルのモザンビークと英仏両帝国のいくつかの場所では認可や特許を許された会社が領土管理を委任されていたが、それは、植民地の中心都市の納税者や政府予算の財政上の負担を軽減するためのものであった。これらの会社によって送られた移民の中には、所有者の特定されない土地の境界線に配備されうる、将来の植民地化における実質上の前衛部隊となる者もあった[60]。認可会社の多くと同様、東拓は優れた土地収用術を駆使し、「所有者不定」の土地を獲得するために新しいカテゴリー論を押し付けた。また、朝鮮の大半の日本人は大都市に集中していたが、東拓はもともとは朝鮮における日本の役割を強固にすることを目指して、都市ではなく地方に農民を送り込むために設けられた。しかしながら、東拓は、日本政府のために領土の管理を行ったわけではないという点で、英国の東インド会社や南アフリカ会社とは異なっていた。また、セシル・ローズ（Cecil Rhodes）やヴィンセンツォ・フィロナルーディ（Vincenzo Filonardi）のような冒険的な実業家が設立したわけでもなかった。さらに、東

拓の移民は、朝鮮が保護国から植民地へと変わった際に特に目立った役割を
果たしてはいない。東拓の総裁である宇佐川は桂と密接なつながりを持って
いたが、統監 伊藤博文が1909年に安重根によって暗殺されるまで伊藤に冷た
く扱われていたと噂されていた。しかしながら、それ以外の点では、西洋の
認可会社と政府との間の相互関係に認められる摩擦は、東拓・朝鮮総督府・
東京の政府の間には ─ とりわけ1917年の改革以降は ─ ほとんど見られない[61]。
東拓は37年の歴史の中で12人の総裁を戴いたが、その任命権は東京の内閣と
その周辺のロビー活動のみに限定されていた。

　紙数が限られているためその活動の普遍性についての詳細な分析は出来な
いが、東拓の標準的な時代区分は、会社法における三つの大きな変化に基づ
き、1908－1916年、1917－1931年、1931－1945年となっている[62]。最も重要
な改革は1917年で、これにより東拓は事業活動の地理的範囲を朝鮮から「朝
鮮および他のアジア（東亜）地域」に拡大した。また、1917年の改正では東
拓に他の会社への投資を許可し、東拓が投資先を朝鮮の外部、とりわけ満州
に広げる道筋を作った。これらをはじめとする変更は、農業移民を朝鮮に送
り込み支援することを専らとする企業からアジア各地の様々な産業に投資を
行う複合企業へとこの会社が変貌したことを反映している。特に1931年以降、
東拓は満州と中国の様々な活動に融資し、電力・鉱山・農業などの戦略産業
に関連する企業に投資を行うようになった[63]。東拓の朝鮮内での資本支出は
同社の毎年の資本支出総額の50％前後を上下していた。他の資本支出は主に
満州や中国に流れていたが、多少は南洋・台湾にも向けられていた。

　第二次世界大戦の終結にあたって、同社の南朝鮮における資産と所有地は
新韓公社に引き継がれた。この公社は、アメリカが元の東拓の資産を受け継
ぐために1946年に韓国に設立した会社である。1948年、新韓公社の全ての資
産は大韓民国の中央土地行政處に譲渡された。この管理局は続いて元の東拓
の財産を細分化して一般国民に売り渡した[64]。

第5章　実：移民事業の実施と停滞

　同社が幕を閉じる1946年よりもずっと前に、東拓の移民事業は期待はずれ
であることが判明してしまった。朝鮮における農業政策に関する日本人専門
家の1944の研究が認めたように、東拓の移民事業は、様々な点で、明らかに

成功とは言えない状態にあった[65]。実際、1917年おける同社の路線変更の大
部分は、東拓がその移民者数目標を達成できなかったことに対する東京の政
治家と官僚の批判から行われたものであった。このような評価は、その後も
何年もの間、変わってはいない。1945年以降に東拓について考察した歴史家
たちも、その政治的傾向のいかんによらず、東拓の移民計画が全くの失敗で
あったということでは、全員、見解が一致している。この計画の根幹にあっ
たのは、ジャック・ラカンの「想像界」と植民地の組み合わせともいえる「植
民地想像界」として朝鮮を誤認した点にあることを思えば、すなわち、日本
で人口問題とみなされたものを解決するような人の少ない肥沃な土地として
理想化された植民地像・幻想が東拓の移民計画の根幹にあるとすれば、その
失敗はそれほど驚くには値しないと言えよう[66]。

　これは日本人開拓民が植民地の風景や街の景観に大きな衝撃を全く与えな
かったということを意味してはいない。総計としては、朝鮮における日本人
は朝鮮の全人口約2600万人のうち75万2千人ほどを占め、一方、台湾では約
600万人のうちのおよそ38万4千人に達していた。別の言い方をすれば、朝
鮮における日本人開拓民の総計は日本の小さな県の人口とほぼ同じだったの
である[67]。大雑把に比較すると、1929－30年の間のポルトガル領アンゴラに
おける白人（およびメスティゾ）は全人口300万のうちのたったの5万人に
しかすぎなかったし、また、1928年のモザンビークの全人口350万人のうち
非アフリカ系民はほんの3万5千人であった[68]。さらに、ある研究によれば、
平均的な日本人は一般の朝鮮人よりも多くの商品とサービスを必要としてい
たため、毎年の日本人人口の増加の実際の影響は人口自体の5－6倍であっ
たという[69]。とりわけ主要都市では、街路は変えられ、巨大なビルが建てら
れ、地名が日本風に変更されるなど、広範囲の地域が日本人の商業・居住地
に作り変えられた。

　にもかかわらず、人口の総体の割合としてみると、日本人人口は台湾にお
いては最高時6％にまで達していたが、朝鮮における日本人は3％を超える
ことは決してなかった。実際、1935年には総日本人人口数としては満州国の
ほうが朝鮮を上回っていたほどであった（朝鮮では58万3千人だったのに対
して、満州では59万5千人だった）[70]。日本の植民地の農業開拓民の割合を
見た場合、朝鮮の日本人の相対的な少なさはさらに目立つことになる。朝鮮
へと小作人や小規模自作農を誘導する度重なる努力にも関わらず、1942年に

は、朝鮮の日本人の職業において農業はたったの3.9％しか占めていなかった。これに対して、生産業や商業は18％、政府関係は40％を占めていた。日本の他の植民地では、南洋だけが（しかも1940年以降のみ）農業開拓移民が他の種類の移住者を上回っていた[71]。

　このように朝鮮における比較的少数の日本人農業開拓者のうち、東拓は1910年代を通じて朝鮮への橋渡しとなる唯一最大の組織であった。1911年には、東拓関連の世帯は朝鮮の日本人農業世帯の総数の5.4％を占めていた。これは1917年には30％にまで増加し、1920年以降40％前後を維持していた[72]。1910年から1926年の間、東拓は17の開拓者集団を朝鮮の農村地域に送り込んだ。この時朝鮮に送られた世帯は5－6千ほどで、1920年代から1930年代にかけては朝鮮における東拓世帯は常に約4千世帯ほどを保っていた。しかしながら、この数字は1万3千世帯という目標値の約30％でしかなかった[73]。これは、申請者が足りなかったというわけでは決してなかった。と言うのも、この移植計画の全体を通じて1万3千区画に対して2万2千ほどの世帯の応募があったからである。ただし、日本人の富裕な農民に重点を置くため移民の経済的資格が高く設定されたが、朝鮮への移住に興味を示す豊かな農民はそれほど多くはなかった[74]。さらに、東拓の開拓民の出身県も日本における実際の小作農率とほとんど関係がなかったということを示している[75]。

　この事業の中核を占める、もともとあった誤った朝鮮像に加えて、低い日本人移民率については他にもいくつか理由がある。そのうちの一つは、この移民計画の存在理由が、日本人の地方の貧しい小作人を朝鮮に移すという本来の考えから、近代的な農業、行政の地域における世話人、そして植民地支配の代表例として移住者を用いるという方向へ変化していったということがある[76]。もともと、この計画は2町歩あるいはそれ以下（甲種）の土地を割り当てられていた自作移住民（甲種）と小作移住民（乙種）を対象としていた。1915年には移民の種類が再検討され、自作移住民は第一種となり、新しい第二種は農地割当が10町歩以下の小作農ということになった。東拓は1922年に第一種事業を打ち切り、より高収入の農民をひきつけるという姿勢をついに放棄し、1927年には全ての新しい移民者の輸送を終結させた。

　東拓がその目標値を達成できなかった第二の理由は、様々な搾取方法を駆使したにもかかわらず土地収用が計画していた目標に満たなかったという点にある。もともとの計画では、1910年に1万人、1911年には2万人、1912年

以降は毎年3万人の日本人を朝鮮に移植させるというものであった。開拓民たちは24万町歩の土地に配置される予定だった。しかしながら、東拓は1913年までに目標値の約4分の1ほどの土地しか獲得することができなかった[77]。この不足は、努力不足によるものでは決してなかった。たとえば、設立当初は、日本側が東拓に資本を提供し、大韓帝国政府側が支払い済みの資金の代わりに土地を提供するという取り決めであった。合計9931町歩と見積もられた韓国政府所有の土地は、年利率6％の上昇にもかかわらず原則的に固定された価格で東拓に譲渡された[78]。これらの土地は、韓国政府や韓国皇室が所有していた生産性の高い一等地であった。最初の価格と土地の定は大まかな見積もりによっていたが、後に価格と土地評価が過小評価されていたことが判明しても、訂正は行われなかった。より具体的に言うと、東拓が不動産譲渡証書を得た後の調査では、最初の9931町歩ではなく、1万7千714町歩であることがわかった[79]。東拓は、自作農を土地から移動させるために、より強圧的な手法をとることもあった。たとえば、東拓が全羅南道の韓国皇族の一人から買い取った土地だと主張した例もあった。その地域の朝鮮居住者は1911年から1915年の間に6件の訴訟を起こし、韓国皇族はそもそも一度もその土地を所有したことはなく、したがって売り渡すことは出来ないと、提示された土地の売買に意義を唱えた[80]。1911年、東拓は元憲兵を暴漢として雇い、農民たちが収穫していた秋の実りを破壊し、1912年には或る老女を縛り、殴打し、死に至らしめた[81]。殺人から生じた反響と緊張のために、予定していた日本人開拓者への土地の譲渡は取り消され、かわりにその土地は朝鮮人小作農に貸し出された。1925年、この地域に日本人社会主義者がやってきて15名の農民を植民地の首都・ソウルに連れて行き、裁判所にさらなる陳情書を提出し、座り込みストライキを行った。最終的に、全羅南道の地方長官は東拓と居住者たちの間の取り決めの調停を行い、市場価格の二倍、10%の利子付きで、土地は居住者たちに売り戻された。このような強硬手段が小作人との間にいくつかの衝突を引き起こした。そのうちの最大のものは、黄海道で1924から1925年にかけて起こった衝突であった[82]。

第三の要因は、移民先の選択が実際の土地の状態を無視したものだったという点にある。多くの開拓者世帯は朝鮮の南部に送られたが、そこは既に耕され、人口密度の高い地域であった。さらに驚くべきことに、実際、1912年まで入植地は南部の従来からの農地に限られていたということである。1913

年から北部の二つを除く全ての道が開拓に適しているとみなされるようになったが、大部分の東拓移民は南部の地域に移入し続けた[83]。既に人口の多い地域に開拓の狙いを定めるという誤ちは、東拓が新しい土地の耕作に直接的にはそれほど顕著な投資を行わなかったということでさらに悪化した。東拓は新しい土地開発指定地を七箇所しか所有していなかったが、その開発指定地は合計でその地域の1千町歩強ほどを占める程度であった[84]。「人口の稀薄なる現在に於いては一方里に597人、これは裏日本の一府五県の一方里平均2970にすれば約5分の1になり。故に其面積は前記の一府五県の本土面積と略ぼ同一なるも耕地面積の比は水田に於いて十分の一に達せず、而して畑は之に反して約二倍弱を有す」と、北部への移民を訴える者もいたが、基本的には東拓移民の大半は南部へ送られ、1930年代の朝鮮南部の「過剰人口」問題を悪化させる形になった[85]。

第四の要因は、朝鮮総督府による移民計画への支援の減退である。朝鮮における鉄道の拡張には様々な理由があるが、少なくとも1910年代には、そのうちの一つは、過剰人口を日本から朝鮮半島の様々な地域に移送するためであった[86]。しかし、早くも1922年には、1916年から1923年にかけて東拓総裁を務めた石塚英蔵が、「内地農民ヲ入ルルカ為メ或ル程度マデ朝鮮人ノ小作地ヲ引上クルル止ムヲ得ナルコトハ朝鮮人ノ感触ヲ害スルヲ免レサルコトニ依リ」[87]と機密報告書に記し、朝鮮総督府が緊張関係の悪化を警戒していると示唆している。猪又正一は、1920年代半ばには、「土地不足、質が悪いものだけ残っていた、総督府は東拓の土地買収を認めてくれ…」[88]と当時を回想している。

日本人農業開拓者自身が自分たちの記録という形でほとんど何も残していないこともあって、彼らの生活状況についての信頼できる報告は全く残されていない。東拓から派遣された役人とジャーナリストたちは東拓の農村開拓地の印象を記しており、また、東拓自体も移民者の正式な調査を1932年に行っているが、それらの証言は様々で、時には相矛盾している。明らかに悲惨な状態で東拓移民たちが暮らしている地域もあったが、その一方で、不動産取引と低利融資から大きな利益を朝鮮人ともども上げている日本人入植者がいる地域もあった[89]。1932年の東拓の調査は移民者世帯の間の収入格差をほとんど示していない。これに対して、北崎房太郎によれば、農村によっては格差があったものの成功例もあったという[90]。ほとんどの移民者たちは地

域の小さな組合を結成していたが、都市部の商業組合の場合とは異なり、東拓移民者の組合による目立ったロビー活動は記録されていない。開拓民によって行われた陳情やロビー活動は、たとえば1932年に米価が急落した際のように、どちらかと言うと窮乏時に新しい種類の穀物や支援を求めるものであった[91]。さらに、入植者たちの状況の長期にわたる変化もあった。猪又正一によると、多くの二世は田舎から離れ都会に移ったケースもあれば、割当地を売り日本へ戻った家族もいたという[92]。

　このため、11回募集（1921年）のため配布した宣伝ビラは「地主となる捷径─小作料より安い年払」と謳っていたが、ほとんどの移民者たちは地主となることができなかった[93]。民間企業の不二興行や石川県農業株式会もまた日本人農民を対象とした農業移民を行ったが、その成果はまちまちであった。なかでも、不二興行は、1924年から1930年の間に約330世帯を移住させ、当時、成功例として特に注目されていた[94]。

　東拓の移民目標未到達は歴史的に重要な顚末であり、多くの研究者たちによって研究されてきた。不動産譲渡証書との格闘と人口が密集した地域への移民者の移送によって、植民地の本国と植民地の間の「かけ橋」たる東拓は朝鮮内部に多大な混乱を引き起こした。しかし、観念上より重要なのは、東拓が構築した構図の理論的枠組みが、帝国日本の残りの期間において確固たる規則性をもって再登場してくることになったという点である。

第6章　再：新しい場所、新しい人口へ継続的に再適用

　東拓は、帝国日本内の様々な言説・実践・環境に関連して現れたマルサスの悪夢と植民地想像界（colonial imaginaries）の5段階サイクルの顕現の原型であった。最初の段階は、大抵は、人口統計学者ではなく政治家と批評家による本国列島における人口危機の（再）発見であり、次に、目標となる植民地想像界の同定、すなわち、当該の土地を肥沃かつ広大で人があまり住んでいないと誤認するという第二段階が続く。一旦マルサスの悪夢を一時しのぎする完璧な手段が確認されると、政府が日本人開拓者の移民を促進するための国策会社を設立するという第三の段階となる。この時点で、東拓以前の北海道のような事例と東拓以降のパターンは区別される。第四の段階は移民実施、そして第五の段階は、実際の移民者数が目標率に達しないことによる、

当該の地における移民計画の失敗の段階的認識となる。

　東拓という鋳型はいくつかの連鎖反応を引き起こした。ここでそのうちの二例を簡単に論じたい。第一の効果は、このサイクルが他の土地にも応用され、同じ解決方法による同じ問題が生じたということである。南洋、満州、および台湾はもちろん地理的に新しい発見というわけではなかったが、東拓のサイクルが一巡した後で過剰人口の吸収剤候補と見なされたのである。第二の効果はこのサイクルの最初の段階が他の場所や他の集団に応用されたということである。その最も典型的な例は、人口過剰であった朝鮮南部の朝鮮人たちへの応用であった。

　日本の植民地支配の歴史における東拓的枠組みの再生は、植民地の現実や反論を脇に置いてしまう幻想の力の強さを証言している。以前と同じくマルサスの人口論に対する重大な批判はあったが、全て無視された。たとえば、1927年から1930年にかけて開かれた日本政府の人口食料問題調査会は、植民地への移民は日本の人口問題の解決策とはならないと結論付けた[95]。当時の日本における新古典主義経済学者の第一人者の一人であった上田貞次郎をはじめとする学者たちは、過剰人口の解決策としては産業化と産児制限のほうが移民よりもずっと良い方法であると論じた[96]。これらの見解は、ちょうど1901年における西原亀蔵の批判のように、マルサスの毒気がはびこる中で見失われてしまった。

　1901年にマルサスの悪夢からの避難路として朝鮮を持ち上げたのが加藤末朗だったとすれば、1930年代に満州・満州国でそのような働きをしたのが加藤完治のような運動家・推進者たちであった[97]。加藤完治と共に満蒙開拓団の創設を建議した京都帝国大学農学部教授橋本伝左右衛門の満州に関する1932年の発言は、以前韓国・朝鮮に適用された言説を髣髴とさせるものであった。「利用可能な土地の面積は六千万エーカーで、日本の耕地の二倍半以上になる。これは過去の経験から明白だが、原住民族のみではこの土地を開発することはできない。数多くの農業移民を送って助ける仕事が必要である。このような政策は、両国の人々に友情と繁栄を共有する機会を提出することになる…また、満州とモンゴルの移民・拓殖推進という措置は、当然日本の人口の増加による圧力による問題の解決をもたらす。最近の日本の人口増加率は、年間約100万人であるが、年間10万人の移民者を送っても、数値的に見ればその影響は決して大きくない」[98]。

　同様に、南洋には、人口統計学者であった野間海造がいた。野間は1944年に出版された『人口問題と南進論』に次のように記している。「南洋は台湾よりも人口密度が低い… 先住民の民度は非常に低く、勤勉ではない…日本人移民者は先住民に近代的な農法と文化的な習慣を教え導くべきである」[99]。野間の発言と1900年代の朝鮮人および朝鮮に関する日本人観察者たちの発言のいくつかは、驚くほど類似している。第二次世界大戦開戦時には、南洋よりも満州・満州国への移民者の継続を支持する見方が優勢だったようである。たとえば、ある観察者は、日本人が「熱帯地域よりも寒い地域でよりよくその資質を維持・向上させてゆくことができる」のには「疑問の余地が無い」と述べている[100]。

　南進拡張論であれ北進拡張論であれ、或る特定の地域を未開発で人口の少ない肥沃な土地と喧伝する評論家たちのよくあるパターンの後には「拓殖」や「開発」のための国策会社の続出が続き、移民者を誘う試みが行われ、目標値の到達に失敗し、それが浮上してくるのであった。例えば、台湾拓殖は1936年11月に創設され、南洋拓殖も同年同月に設立された[101]。1937年8月、満州拓殖は満州拓殖公社となった。この満州拓殖公社は、日本政府と満州国政府が共同投資した新しい国策会社で、農業開拓民を満州に送り込むという使命を持っていた[102]。満州における実際の移民計画は、やはり、様々な結果をもたらした。満州での目標率は58％ほどで、東拓の30％という率よりもかなり高いものであったが、成功とはとても言いがたいものであった[103]。いくつかの回想記によれば満蒙開拓青年義勇隊の隊員は学校の教員によって強制的に加入させられたというが、これが率を上げることに貢献していた[104]。野間と南洋協会のような関連機関の懸命な努力にもかかわらず、南洋や台湾への移民者は非常に少ないままであった。野間やこうした機関は1944年一杯まで、南洋と東南アジアを開拓者の目的地として擁護し続けた[105]。

　朝鮮では、或る人口問題を「解決」するための試みとして、東拓は他の組織を展開していった。その要因については未だに議論が続けられているが、朝鮮の人口増加が1910年代から1930年代にかけて加速化したという点については、どの研究者もほぼ意見が一致している。1906年まで人口は比較的安定していた。調査と資料の増加は1905年から1925年の間の人口増加率が劇的であったことを物語っている（なお、1925年は最初の完全な国勢調査が行われた年である）。しかし、統計は1910年代から1920年代の間に死亡率の緩やか

な下落と出生率の急速な上昇を示している[106]。東拓の移民計画は目標値には達しなかったかもしれないが、既に人口が密集していた地域の人口密度を上げ、小作農と地主の間の争議の増加をもたらし（1922年から1932年の間に約350件）、その結果、東拓の開拓民一世帯に対して五人に二人の朝鮮人世帯が土地を手放した。このため、1926年にはほぼ30万の朝鮮人世帯が満州に移民したが、その大部分は新天地で高い利率と厳しい冬に耐えなければならなかった[107]。朝鮮総督府の調査によれば、その大半は経済的な必要上、やむなく移民したという[108]。1921年に東拓と満鉄は、満州への朝鮮人の定住を助けるという名目で東亜勧業公司を共同で設立し、4,110戸（約20,550人）の朝鮮農家を満州に指定されたいわゆる「安全農村」へと移住させた[109]。しかし、実際には、その事業のほとんどは土地の割り当てと争議の仲裁に限られていた。しかもこの会社は、朝鮮人入植者に貸付金や補助金を提供することは無かった。それにもかかわらず、1931年には満州の朝鮮人の64％ほどが間島（現在の延邊朝鮮族自治州）に在住していた[110]。

　マルサスの人口力学についての説明は、韓国では1886年に新聞の社説で最初の要約が紹介されていた。しかしながら、1890年代後半から1900年代に至るまで、この問題に関連する継続的な議論はほとんど見られない[111]。しかし、1920年代後半になると、朝鮮南部における過剰人口に警鐘を鳴らす論文が増加している。多くの朝鮮人は、1920年代、日本の植民地支配を逃れて満州やロシアに移り住んだ。たとえば、ウラジオストックの朝鮮人地区は1925年には人口の実に56％を占めていた[112]。ウラジオストックが位置している沿海州（Maritime province）全域における同年の朝鮮人人口は、12万462人を数えている[113]。これは、続いて、貧しい農民を朝鮮から満州に送り込もうという動きを引き起こした。朝鮮公論社社長であった石森久弥は、朝鮮総督府は朝鮮火田民を朝鮮北部から満州に送り込むべきだと主張し、朝鮮人が北部地域から間島へと移っていくという「自然の流れ」は、日本人農民を満州に送るよりも地理的に近いところから移民を募るほうがずっと論理的であるということを示唆していると述べた[114]。朝鮮総督府は実際1929年の報告で地理的近接性が移民のパターンに影響を及ぼしているということを認識していた。南部の朝鮮人は日本へ、北西部の朝鮮人は満州へ移民する傾向にあった。ただし、農村の農業民の間では、南朝鮮から満州・シベリアへの移住が徐々に増えていた[115]。

　1935年には朝鮮総督府は、南朝鮮における深刻な「人口問題」に対処する必要性を公式に認め、南朝鮮地域の過剰人口問題の解決策として、農民を北朝鮮の高山地帯へ南朝鮮農民を送る方針を立てたのである。1935年2月の調査では、零細な農地、或いは農土を所有しない細農層が慶尚南北道と全羅南北道で626、600戸を超えていて、増加傾向を見せていたという実情が判明した。これは全域の細農数の60％にあたり、平安南北道と咸鏡南北道より約8倍に当たる数字であった[116]。

　この時の解決策も、やはり、朝鮮人を別の「空の」土地である満州に、国策会社の鮮満拓殖株式会社を通して輸送するというものであった。1936年9月に東亜勧業公司を親会社として設立されたこの会社の任務は、1万5千の朝鮮世帯を朝鮮南部から満州に向こう15年間かけて移動させるというものだった。鮮満拓殖株式会社の事業目的は、西北部朝鮮における林野の開拓、朝鮮人の満州・満州国への移植事業、拓殖事業への投資であった。同社は1937－1940の4年間で1,784戸咸鏡南道の甲山郡へ移住させ、満州へ13,977戸（約60,565人）の朝鮮人を送出した[117]。

　人口問題の深刻さ―というよりは、植民地統治当局がどの程度深刻ととらえたかということのほうがここでは重要であるが―は、朝鮮総督府の1939年の法規に反映されている。この法令では、朝鮮内部の移民は南部の七つの道に限定されている[118]。6万あまりの人々が鮮満拓殖の後援で移動した。推定で合計15万人から20万人の朝鮮人が1937年から1945年にかけて満州に移り住んでいる。1945年には、満州の朝鮮人は150万人ほどに達した。この場合においても、多くの点においてパターンそのもののほうが事態の実情よりも重要であった。すなわち、人口問題の認識、移民先候補地の選定、運搬組織の設立、そして目標値達成の失敗というパターンである。

　1945年8月の後、合計300万人ほどの日本人民間人が中国・満州・台湾・南洋・朝鮮から戻ってきた。アメリカ合衆国やブラジル、その他の南北アメリカ大陸に居住していた35万人ほどの日本人民間人は、大抵の場合、そのままその地に残った。満州にいた朝鮮人や日本人には残留した者も多かったが、朝鮮に戻る者も多かった。朝鮮の都市部では日本の植民地行政当局が巨大な行政用建築物を残して去っていき、郊外の日本人移民者は日本式の家屋や商店を残していったが、地方では、富裕な日本人商人や農民の家がいくつかは残されたものの、比較的少数であった日本人入植者たちは、モザンビークの

ポルトガル人たちのように植民地時代の絶頂期をしのばせる、色あせ、曲がりくねった大邸宅のようなものは、ほとんど残していかなかった。東拓開拓民は、東拓のホワイト・カラーの職員たちとともに1945年8月以降、日本に戻り、彼らの去った朝鮮の地方農村には、わずかに、色あせた記憶の断片が残されただけであった。

おわりに

　もし各時代と各地域に特有の顕著な関心事というものがあるとすれば、1945年以前の日本の植民地政策立案者たちの主たる強迫観念の一つは明らかである。東拓の物語はただの或る事実・場所・名前・事件についての物語ではなく、過剰人口が土地の譲渡につながるのではないかという多くの朝鮮人および日本人農民たちの恐れの物語である。マルサスの人口問題の亡霊は、様々な開拓計画に時間と資源を割り当てるという度重なる決断を駆け巡った。このマルサスの思想の布置、人のいない肥沃なユートピアとして想像された植民地像、数々の国策会社、そしてその最終的な失敗…これこそが、後に他の植民地へと応用されていった雛形を形成したのだった。

　1890年代後半から1900年代にかけて日本人の朝鮮への移住を呼びかける政治家や批評家たちの声の高まりは、過剰人口問題の認識による憂慮によって主に引き起こされた。マルサス言説と植民地の状況の誤った認識は、言説と実践の間の隔たりをつなぐ調査・計画・企業などの生成を促進した。この雛形が、マルサスの超現実的な情景と植民地幻想界を征服する使命を帯びて設立された東拓であった。移民計画は失敗に終わり目標率の30％を超えることは無かったが、既に人口が密集していた朝鮮南部に移住させられた日本人開拓民たちは、植民地の人口問題を増幅させ、貧しい朝鮮人小作農民たちの満州への流出をひきおこした。このことの付帯現象としての衝撃は朝鮮人だけにとどまらず、地理的に他の地域へも及んだ。人口問題の「発覚」、植民地を理想の入植先とする誤認、入植者たちを輸送する国策会社の設立、基準値への未到達、そしてこれらが再び新しい地で繰り返されるという全く同じパターンが、満州・中国北部・台湾・南洋で、明らかな形で繰り返された。このパターンの帰結が予見されたものであろうと無かろうと、また、それが結局は生み出してしまった移民の循環—日本人が朝鮮へ、朝鮮人が満州へ、朝鮮人

が日本へ、日本人が南洋へ、朝鮮人が朝鮮へ、日本人が日本へ…という移民の循環—にもかかわらず、東拓をはじめとする次々に設立された国策会社の大半は、結局は、マルサスの悪夢を追い散らしてくれることはほとんど無かった。

　移民に関する従来の研究手法では、実際の移民計画を奨励するに際して果たした人口統計学の思想の力、特に過剰人口に対するマルサス流の恐れの威力が見落とされてきた。植民地期朝鮮における日本人農業開拓民事業の事例、特に東拓により実行された事業は、これまでの移民に関する理論のリストに観念的なアプローチも付け加える必要があるということを示しているのである。

付記

この論文は「Malthusian dreams, colonial imaginary: The Oriental Development Company and emigration to Korea," in Caroline Elkins and Susan Pedersen, eds., *Settler Colonialism in the Twentieth Century: Projects, Practices and Legacies* (London: Routledge, 2005), 25-40 を改訂、更新、および拡張されてものである。

註

1）　Elizabeth B. Schumpeter, The Industrialization of Japan and Manchukuo: Population, Raw Materials and Industry (New York: Macmillan, 1940), p. 70.

2）　趙璣濬『韓国資本主義成立史論』（大旺社、1973）；安秉珆『朝鮮社会の構造と日本帝国主義』（竜渓書舎、1977）；姜泰景『東洋拓殖会社税朝鮮経済集収奪史』（大邱：啓明大学出版部、1995）。

3）　猪又正一『私の東拓回顧録』（龍渓書舎、1978）；大河内一雄『幻の国策会社 東洋拓殖』（日本経済新聞社、1982）。

4）　河合和男、他『国策会社・東拓の研究』（不二出版、2000）。

5）　黒瀬佑二『東洋拓殖会社—日本帝国主義とアジア太平洋』（日本経済評論社、2003）。

6）　君島和彦「朝鮮における東拓移民の展開課程」『日本史研究』161号（1976）25-49頁；木村健二「東拓移民の送出過程—山口県吉敷郡旧仁保村を事例として」『経済史研究』6号（2002）120-134頁。

7）　例えば、駒込武『植民地帝国日本の文化統合』（岩波書店、1996）；小熊英二『日本人の境界』（新曜社、1998）；飯島渉『マラリアと帝国：植民地医学と

東アジアの広域秩序』（東京大学出版会、2006）；青井哲人『植民地神社と帝国日本』（吉川弘文館、2005）；浅野豊美、松田利彦編『植民地帝国日本の法的構造』（信山社出版、2004）；大友昌子『帝国日本の植民地社会事業政策研究』（京都：ミネルヴァ書房、2007）；坂野徹『帝国日本と人類学者：1884-1952年』（勁草書房、2005）。

8) Michael P. Todaro, Internal Migration in Developing Countries: A Review of Theory, Evidence, Methodology, and Research Priorities (Geneva: International Labor Office, 1976).

9) Oded Stark, The Migration of Labor (Oxford: Blackwell, 1991).

10) Michael J. Piore, Birds of Passage: Migrant Labor and Industrial Societies (Cambridge: Cambridge University Press, 1979).

11) 例えば、Reginald T. Appleyard, International Migration Policies, 1950-2000, International Migration, Vol. 39, No. 6 (2001), pp. 7-18; Michael Humphrey, Refugees: An Endangered Species? Journal of Sociology, Vol. 39, No. 1(2003), pp. 31-43; and Christina Boswell, Theorizing Migration Policy: Is There a Third Way? International Migration Review, Vol. 41, No. 1(Spring 2007), pp. 75-100.

12) 例えば、Nicola Piper, Gendering the Politics of Migration, International Migration Review, Vol. 40, No. 1(Spring 2006), pp. 133-164; and Sarah J. Mahler and Patricia R. Pessar, Gender Matters: Ethnographers Bring Gender from the Periphery to the Core of Migration Studies, International Migration Review, Vol. 40, No. 1(Spring 2006), pp. 27-63.

13) 例えば、Steven Vertovec, Migration and other Modes of Transnationalism: Towards Conceptual Cross-Fertilization, International Migration Studies, Vol. 37. No. 3(Fall 2003), pp. 641-665; and Douglas Massey, et al., Worlds in Motion: Understanding International Migration at the End of the Millennium (Oxford: Oxford University Press, 1998), pp. 42-57.

14) 例えば、Susan Ossman, Studies in Serial Migration, International Migration, Vol. 42, No. 4 (2004), pp. 111-121; and Johanna L. Waters, Flexible Families? Astronaut households and the Experiences of Lone mothers in Vancouver, British Columbia, Social and Cultural Geography, Vol. 3, No. 2(2002), pp. 117-134.

15) 金文植『日帝税経済侵奪史』（肯搔辞淫、1971）33頁；松田武「両大戦期間に於けるアメリカ対日投資政策―ナショナル・シティ会社と東洋拓殖会社の外積交渉を中心として」『大阪外国語大学学報』37号（1976）73-92頁；安部惇「南洋庁の設置と国策会社東洋拓殖の南進―南洋群島の領有と植民政策（2）」『愛媛経済論集』5巻2号（1985年7月）27-64頁。

16) 森田芳夫編『朝鮮終戦の記録―米ソ両軍の進駐と日本人の引上げ』（巌南堂、1964）2頁。

17）Peter Duus, The Abacus and the Sword: The Japanese Penetration of Korea, 1895-1910 (Berkeley: University of California Press, 1995), pp. 373-376.

18）しかしながら、マルサスが避妊に反対していたということは、よく知られている。Thomas Malthus, An Essay on the Principle of Population (1798), in E.A. Wrigley and David Souder, eds., The Works of Thomas Robert Malthus, Vol. 1 (London: William Pickering, 1986), pp. 76-78.

19）例えば、Ronald L. Meek, ed., Marx and Engels on Malthus (London: Lawrence and Wishart, 1953).

20）Charles Darwin, The Autobiography of Charles Darwin, 1809-1882, ed. Nora Barlow (London: Collins, 1958), p. 120.

21）堀経夫『明治経済思想史』（日本経済評論社、1991）480-481頁。

22）戸田貞三『社会調査』（自重社、1933）39-40頁；李基俊『教育韓国経済学発達史』（一潮閣、1983）36, 45-46, 49-50頁。

23）田中彰、桑原真人『北海道開拓と移民』（吉川弘文館、1996）、49-50頁。

24）本庄栄治郎『日本経済思想史』（有斐閣、1958）151-158頁；田中彰、桑原真人『北海道開拓と移民』（吉川弘文館、1996）49-50頁。

25）角山幸洋『榎本武揚とメキシコ殖民移住』（同文館出版、1986）167-169頁；岡崎文規『日本人口の分析』（東洋経済新報社、1957）44-45頁。

26）矢内原忠雄『人口問題』（岩波書店、1928）79頁。

27）桜井健吾『近代ドイツの人口と経済：1800-1914（京都：ミネルヴァ書房、2004); Joshua Cole, The Power of Large Numbers: Population, Politics, and Gender in Nineteenth-Century France (Ithaca: Cornell University Press, 2000), pp. 1-4, 197-211; Mahmoud Faroua, La Gauche en France et La Colonisation de la Tunisie, 1881-1914 (Paris: LHarmattan, 2003); and Jean-Louis Marcott, Une me au Sahara: Mirages de la colonisation Algerie et Tunisie, 1869-1887 (Paris: SNELA La Difference, 2003); 近藤常尚『アルジェリーの仏蘭西移民』（京城：朝鮮総督府、1933）。

28）李基俊『教育韓国経済学発達史』45-50頁。

29）Schumpeter, pp. 53, 62-63; 岡崎文規、57-59頁。

30）Malthus, An Essay on the Principle of Population (1789), pp. 39-42; An Essay on the Principle of Population (1826), in Wrigley and Souder, eds., The Collected Works of Thomas Robert Malthus, Vol. 2, pp. 39-43.

31）詳しくは Hyung Gu Lynn, Politics and Knowledge: Tōyō Kyōkai's Informational and Political Projects, 1900-1945『拓大百年史研究』1-2号（1999年4月）8頁を参照。

32）加藤末朗『韓国農業論』（裳華房、1907）、88、272、273頁。

33）山口宗雄「荒蕪地開拓問題をめぐる対韓イメージの形成・流布課程について」

『史学雑誌』87巻10号（1978年10月）70-71頁。

34）山本庫太郎『最新朝鮮移住案内』（民友社、1904）62-63, 74頁。

35）伊藤清蔵『韓国植民管見』（全国農事会、1907）2, 8-10頁。

36）青柳網太郎『韓国殖民策』（京城：日韓書房、1909）14, 28, 42, 43頁。

37）「朝鮮農業ン発達ハ又結局母国民ノ渡来シテ彼等ヲ指導シ若クハ自ラ経営スルコトニ待タサルヘカラス…母国に於ける過剰人口を吸収し、母国に不足せる原料及生活材料を供給、特に独立農民の移住が重要である」。神戸正雄『朝鮮農業移民論』有斐閣書房、1910）49頁。

38）田口春二郎『最新朝鮮一斑』（京城：日韓書房、1911）16-17頁。

39）岡崎文規、44頁。

40）山口宗雄、58-64頁。

41）松野尾裕『田口卯吉と経済学協会：啓蒙時代の経済学』（日本経済評論社、1996）5, 305頁。

42）川合隆男「国勢調査の開始―民勢調査から国政調査へ」川合隆男編『近代日本社会調査史』2（慶応通信、1991）109-118頁；林恵海『人口理論：研究と方法』（刀江書院、1930）123-134, 186-193頁。

43）満州開拓史刊行会編『満州開拓史』（満州開拓史刊行会、1966）31頁。

44）長田彰文『セオドル・ルーズベルトと韓国―韓国保護国と米国』（未来社、1992）190-223頁；黒木勇吉『小村寿太郎』（図書研究社、1941）428-437頁。

45）松永達「東洋拓殖株式会社の設立とその背景」河合和男（他）『国策会社東拓の研究』40頁。

46）峰八郎「韓国開発と日本帝国の責務」『東洋時報』110号（1907年11月）8-9頁；趙東杰『日帝下 韓国農民運動史』（廃掃紫、1979）72-73頁。

47）『大韓毎日新報』1908年3月4日。

48）松永達、33頁。

49）森山茂徳『近代日韓関係史研究』（東京大学出版会、1987）200-203頁。

50）1907年12月4日、原奎一郎編『原敬日記』（福村出版、1965-1967）。

51）韓翼教編『韓相龍君を語る』（京城：韓相龍氏還暦記念会、1941）109-116頁；大河内一雄『幻の国策会社東洋拓殖』27-37頁；Karl Moskowitz, The Creation of the Oriental Development Company: Japanese Illusions Meet Korean Reality, Occasional Papers on Korea, No. 2 (March 1974), pp. 73-121.

52）北崎房太郎『東拓三十年の足跡』（東邦通信社出版部、1938）471頁。

53）初めは一株あたり1000円で20万株という形であった。うち6万株は大韓帝国政府へ、5千株が日本の皇室へ、1千株が皇族へ、1,700株が韓国皇室が所有することになり、残りの14万2300株が売りに出された。東洋拓殖株式会社『東洋拓殖株式会社30年史』（東洋拓殖株式会社、1939）235頁。

54）神耕析「韓末殖産興業論税 経済建設法案引 益政策的性格」『歴史問題研究』

2号（1997年）282-283頁；趙瀯「日人農民移民引東洋拓殖会社」『韓国経済学論叢』（舘庚雁, 1982）158頁。

55） 朴賢緒「東拓設立拡対廃韓国民税反応」『李海南博士華甲記念史学論叢』（一潮閣、1970）325頁。

56） 松沢勇雄『国策会社論』（ダイヤモンド社、1941）19-49頁。

57） さらに紛らわしいことに、1899年から1900年まで続いた 東洋殖民合名会社、1897年から1917年まで営業していた東洋移民合資会社がある。Alan T. Moriyama, Imingaisha: Japanese Emigration Companies and Hawaii (Honolulu: University of Hawaii Press, 1985), pp. 49-50, 155.

58） 南満洲鉄道株式会社編『南満洲鉄道株式会社十年史』（南満州鉄道、1919）。

59） 岡崎文規、53頁。

60） 詳細は、John S. Galbraith, Crown and Charter: The Early Years of the British South Africa Company (Berkeley: University of California, 1974), pp. 106-127; Leroy Vail, Mozambiques Chartered Companies: the Rule of the Feeble, Journal of African History, Vol. 17, No. 3 (1976), pp. 389-416; Peter Slinn, Commercial Concessions and Politics during the Colonial Period: the Role of the British South Africa Company in Northern Rodesia, 1890-1964, African Affairs, Vol. 70, No. 281 (October 1971), pp. 366-367; Robert L. Hess, Italian Colonialism in Somalia (Chicago: University of Chicago, 1967), pp. 39-84; Lewis H. Gann and Peter Duigan, The Rulers of Belgian Africa, 1884-1914 (Princeton: Princeton University Press, 1979), pp. 125-140、等を参照。

61） 北崎房太郎、6-7頁。

62） 金錫俊「東洋拓殖株式会社税事業展開過程」韓国史研究会編『韓国近代農村社会 引日本帝国主義』（文化引知性社、1986）95頁。

63） 黒部郁二「東洋拓殖会社の対「満州」投資」in 中村政則編『日本の近代と資本主義―国際化と地域』（東京大学出版会、1992）87-126頁；羽鳥敬彦「1920年代の経営危機と整理」『国策会社東拓の研究』94頁；金早雪「東洋拓殖株式会社における国策投資と戦時体制」『国策会社東拓の研究』109頁。

64） C. Clyde Mitchell, Final Report and History of the New Korea Company (Seoul: USAMGIK, 1948), pp. 1-3.

65） 小早川九郎編『朝鮮農業発達史』（京城：朝鮮農会、1944）489頁。

66） アンリ・ワロンの「鏡像段階」に関する書物のラカンによる解釈については、以下を参照。David Macey, Lacan in Contexts (New York: Verso, 1988), pp. 4, 215, 219.

67） 梶村秀樹『朝鮮史と日本人』（明石書店、1992）193頁。

68） James Duffy, Portuguese Africa (Cambridge: Harvard University Press, 1959), pp. 265-266.

69) 李如星『数字朝鮮研究』４巻（京城：世光社、1933）59頁。

70) 溝口敏行、梅村又次編『旧日本植民地経済統計：推計と分析』（東洋経済新報社、1988）256頁。カナダへの英国の植民地支配は、日本の韓国に対する植民地支配よりも、ずっと長期にわたっていた。しかし、そのような事情を鑑みても、やはり、植民地時代のカナダは植民地時代の韓国とは著しく対照的であったことがわかる。たとえば、1892年には現在のカナダのブリティッシュ・コロンビア州の先住民人口は全人口の25％に過ぎなかった。1921年には、これは、さらに４％にまで落ち込んだ。Cole Harris, The Resettlement of British Columbia: Essays on Colonialism and Geographic Change (Vancouver: University of British Columbia Press, 1997), p. 252.

71) 金子文夫「対外経済膨張の構図」原朗編『日本の戦時経済』（東京大学出版会、1995）178頁。

72) 東洋拓殖会社 朝鮮支社「東拓の殖民事業」（1935）、水田直昌編『資料選集―東洋拓殖会社』（友邦協会、1976）179-180頁。

73) 『東拓30年史』170頁。

74) 井上孝裁「東拓の移民に就いて」『朝鮮及び満州』70号（1913年５月）17頁。

75) 『東拓30年史』173-174頁；善生永助『朝鮮の人口』（京城：朝鮮印刷、1925）53-56頁。

76) 金早雪、67頁。

77) Mitchell, p. 3.

78) 姜泰景、73, 89-90頁。

79) 東洋拓殖株式会社『東拓10年史』（京城：東洋拓殖株式会社、1918）36頁；金文植（他）『日帝税 経済 侵奪史』（民衆書館、1971）33頁。

80) 権寧旭「東洋拓殖株式会社と宮三事件」『朝鮮研究』（78巻968号）52-60頁；and 猪又正一『私の東拓回顧録』96頁。

81) 『東亜日報』1925年７月12日。

82) 趙東杰、135-151頁。

83) 『東拓30年史』172頁；「東拓の殖民事業」204頁。

84) 東洋拓殖株式会社『帝国議会説明資料 - 業務要覧』（1938）105頁。

85) 咸南新報社『朝鮮咸鏡南道事情』（咸興、咸南新報社、1922）４頁。

86) 高成鳳『植民地の鉄道』（日本経済評論社、2006）220-221頁。

87) 石塚英蔵「（秘）当社事業業務の実況と将来の経営に関する件」1922、勝田家文書、第72冊。

88) 猪又正一、53頁。

89) 土居千代三「東拓殖民事業に就いて」『朝鮮』111号（1924年７月）85頁；大河内一雄『遥かなり大陸―わが東拓物語』（續文堂出版、1981）31-40頁。

90) 北崎房太郎、75頁。

91) 金早雪、114頁；大河内一雄『幻』65-66頁。

92) 猪又正一『私の東拓回顧録』（竜渓書舎、1978）57頁。或る東拓農村における生活状況の詳細については、以下を参照されたい。「全羅北道における営農体験談─朝鮮村の実状」『東洋文化研究』10号（2008）600-625頁。

93) 大河内一雄『幻』62頁。

94) 李圭洙「植民地期朝鮮における集団農業移民の展開過程─不二農村を中心に─」『朝鮮史研究会論文集』33号（1995）203-227頁；轟博志「朝鮮における日本人農業移民─不二農村の事例を中心として」『立命館言語文化研究』17巻1号（2005）29-42頁；田中嘉男「明治後期「朝鮮拓殖」への地方的関心─石川県農業株式会社の設立を通じて」『朝鮮史研究会論文集』第4号（1968）129-162。

95) 岡崎陽一『日本人口論』（古今書院、1999）19-20頁

96) 上田貞次郎『日本人口政策』（千倉書房、1937）25, 55-56頁。

97) 山田昭次『近代民衆の記録6：満州移民』（新人物往来社、1978）416, 557頁。

98) Hashimoto Denayemon, The Colonization of Manchuria, Contemporary Japan (September 1932), p. 247.

99) 野間海造『人口問題と南進論』（慶南出版社、1944）259, 394, 412, 417頁。

100) 下村宏「大東亜戦争と人口問題」『人口問題』4巻、4号（1942）541頁。

101) 三日月直之『台湾拓殖会社と其の時代』（葦書房、1993）466-467, 474, 483頁。

102) 松沢勇雄、59-60頁。

103) 蘭信三『「満州移民」の歴史社会学』（京都：行路社、1994）46-47頁。

104) 読売新聞大阪社会部編『満蒙開拓団』（角川書店、1987）63-64頁。

105) 原不二夫『英領マラヤの日本人』（アジア経済研究所、1986）66-115頁。

106) 石南国『韓国人口増加の分析』（勁草書房、1972）51-52, 205-207頁。

107) 李如星『数字朝鮮研究』90-97頁。

108) 『東亜日報』1923年12月31日。

109) 高承済『韓国移民史研究』（章文閣、1973）324-325頁。

110) 玄圭煥『韓国流移民史』1巻（三和印刷、1976）168頁。

111) 李基俊『韓末西欧 経済学 導入史研究』（一潮閣、1985）1, 37, 55頁。

112) GAHK, f. 1228a, op.1, delo 159, Berman, Korkin and Shilov, Koreitsi: Gasudarstvenui Arhiv Habarvskova Kraia (1926), p. 2.

113) GAPK, f. P-61, op. 1. delo 704, Gasudarstvenui Arhiv Primorskogo Kraia (1925), pp. 9-10.

114) 石森久弥『満州朝鮮移民の堅実性』（京城、朝鮮公論社、1931）6、77頁。

115) 善生永助『朝鮮の小作慣習』（京城：朝鮮総督府、1929）40頁。

116）朝鮮総督府　学務局社会課「南鮮過剰人口の北移策」『朝鮮総督府調査月報』
　　　7巻3号（1936年3月）2頁。

満洲に設立された鉄嶺日語学堂について[1]

金　珽実

（商丘師範学院＆九州大学）

1．はじめに

　鉄嶺は、中国遼寧省北東部にある渤海以来の古い町で、「鉄嶺粟」「金元大豆」「鉄嶺米」「鉄嶺綿布」を産する農業地帯であり、ロシアによる東清鉄道敷設以前は遼河による水運の拠点であった。日本の資料に於いて鉄嶺という地名が登場するのは日露戦争時からである。日露戦争時、満洲の広野に大風塵が起こった9日（1905年3月、以下同様）、ロシアのクロパトキンが各軍に対して鉄嶺への退却を命令する。日本軍は後退するロシア軍を追う形で撫順、毛家屯北方に進出するが、追撃する余力は残されていなかった。10日、日本軍は奉天を占領。翌日には第六師団に包囲されたロシア兵約一万が投降したが、敵主力の大部分は北方に逃すこととなってしまった。奉天を占領した日本軍はさらに北上を続け、13日には興京を占領、16日には鉄嶺を占領する。さらに、開原、昌図を占領し、22日には秋山支隊[2]が昌図城に、第三軍が法庫門城に入城した。しかし、奉天会戦で戦力を消耗した日本軍には、さらに決戦を行うだけの余力は残されていなかった。そのため、満洲軍は前進を止め、児玉（児玉源太郎）が帰国し本国での講和交渉を促すこととなる。奉天会戦の戦場の一つとなった鉄嶺は、日露戦争後には日本領事館も設置され、日本人居留地が増加し、日本軍の駐屯も実施された地域でもあった。その後、日本はかつて鉄嶺を含む満洲と呼ばれた地域の支配に直接関与した。その関与に満鉄沿線付属地における教育があった。鉄嶺日語学堂もその中の一つの教育機関であり、満洲研究史料にはよく出てくるものの、その実態は

69

不明のままである。本稿では、この鉄嶺日語学堂を取り上げてその実態を探る。

２．鉄嶺

　鉄嶺は、遼寧省北部、松遼平原の中央に位置し、南は瀋陽、撫順市、北は吉林省四平市、東は撫順市清原満族自治県、吉林省遼源市と接する。西は瀋陽市法庫県、康平県、内モンゴル自治区科尓沁左翼后旗、通遼市である。現在の鉄嶺は、明朝に設置された鉄嶺衛を前身とし、清朝に於いて1664には鉄嶺県（満洲語：tiyeliyen）と改編され、奉天府の下に帰属することとされた。鉄嶺は軍事要衝で歴史上瀋陽の北門の鍵として歴代兵家の抗争の地であった。ロシア勢力の南下に備え、1877年には、昌図庁が昌図府へと改編され、さらに1907年、奉天将軍が廃止され、奉天巡府が新設された。清末のころには、現在の市域にあたる鉄嶺県、開原県、昌図県、康平県、西豊県の５県は奉天省に帰属した。日露戦争後の1906年６月１日に奉天に於いて在奉天総領事館が設置された。1905年12月22日に調印された「満洲に関する日清条約」により、遼陽・鉄嶺・長春・吉林・チチハル・満洲里など14都市を外国人に開放することが決定された。鉄嶺は、はじめ1906年９月20日に奉天総領事館の分館として設置されたが、1908年９月10日に領事館に昇格した。その後、1916年10月４日に海龍に分館を設け、同月11日に掏鹿に分館を設けた（後に両分館とも奉天総領事館に転属）。1933年６月１日に遼陽領事館とともに閉鎖されるが、実際、奉天総領事館も1937年12月の「満洲国」における治外法権撤廃に伴い、1939年２月28日に閉鎖されてしまう。また、鉄嶺領事館と共に、1906年10月に奉天警務署鉄嶺警務支署が設置され、1908年５月には鉄嶺警務署になり、その下に鉄嶺駅派出所、新台子駅派出所、平頂堡派出所、得勝台駅派出所、乱石山駅（乱石山駅は元々非営業駅で1907年９月１日に閉鎖されるが、1913年12月１日に再び旅客営業が開始された）派出所を設け管轄した。

　因みに、1935年の鉄嶺市総人口は262,333人で、その中で中国人が218,872人、日本人が43,401人（日本人37,867人、日本植民地治下の朝鮮人5,595人）、その他が60人であった[3]。

3　国務院総務総統計処『満洲国現住人口統計』1943、pp.286-287。

3．満鉄と教育

　日露戦争の勝利によって、日本はロシアから遼東半島南端にある関東州の租借権と長春・大連間の東清鉄道南部線の利権などを譲り受けることになった。翌1906年11月、満洲における日本の経営開拓を担う中心的な機関として、半官半民の国策会社「南満洲鉄道株式会社」（以下「満鉄」）は大連に設立され、翌年4月1日より営業を開始した。その事業は、大連・長春間の本線、旅順、営口、撫順の各支線、安奉線などの鉄道運輸はもちろん、鉱山開発、附属地経営など多岐に亘り、実に「満鉄王国」の名に相応しい規模と体系を具備していた。

　満鉄は「遞信・大蔵・外務三大臣命令書」第5条により、「鉄道及附帯事業ノ用地内ニオケル土木教育衛生等ニ関シ必要ナル施設ヲ為スヘシ」との命を受け、教育事業に着手した。1909年満鉄は「付属地公学堂規則」を定め、「公学堂ハ支那人ノ子弟ニ日本語ヲ教ヘ、徳教ヲ施シ有用ナル良民ヲ養成スル」[4]と教育要旨を定めた。要旨の頭に「日本語ヲ教ヘ」を置き、日本語教育を重視した。1923年に規則改正が行われ、条文から「日本語ヲ教ヘ」が外されるが、日本語は実際には教えられた。また、特別に実業教育・職業教育が重視された。地域によって鉱山学校、農業学校、鉄道学院、商業学校を設置した。その他、日語学堂、南満中学堂、南満医学堂、旅順工科大学、旅順医学専門学校等も設置された。満鉄が沿線付属地に多種多様な実業教育事業を展開した背景には、満洲を総合的に開発するために各分野で働く中堅技能者・専門家の養成が急務であったためである。1937年付属地行政権が「満洲国」に移譲されたため、満鉄の教育事業も「満洲国」へ移管された。

　「満洲国」建国後、「満洲国は王道を以て治国の大本とする…国を挙げて所を得ざる者なく、邑に徒食の民無く、全国民をして安居楽業ならしめるを以て王道の極地とする」[5]「新国家ノ教育ハ道徳教育ヲ根拠トシテ公民的知識ヲ授ケ親仁善隣ノ実ヲ挙ゲ人民生活ノ充実及国民生計ノ発展ヲ計リ以テ保境安民共存共栄ノ目的ヲ達スルニアリ」[6]であった。1937年10月10日「満洲国」は

<hr />

4　「満洲国」教育史研究会編「解説　第一巻　教育行政・政策Ⅰ」『「満洲・満洲国」教育資料集成Ⅰ』エムテイ出版1993、p.7。
5　嶋田道彌『満州教育史』青史社1982、p.739。
6　満州国国務院総務庁情報処編『満洲建国五年小史』1997、p.98。

新学制要綱を公布した。その中に「建国精神及訪日宣詔ノ趣旨ニ基キ、日満一徳一心不可分ノ関係及民族協和ノ精神ヲ体認セシメ東方道徳特ニ忠孝ノ大義ヲ明ニシテ旺盛ナル国民精神ヲ涵養シ徳性ヲ陶冶スル…」[7]と教育方針を述べた。1934年満洲国皇帝に即位した溥儀の第一次訪日後、皇民化をめざす精神教育が新たに教育目標の第一に掲げられた。つまり、建国精神が王道から皇道へシフトしたとされる。1941年12月8日の太平洋戦争勃発により、日本本土、植民地の教育は戦争協力体制に入り、軍事訓練などが実施された。1943年10月「満洲国」は「我が国の教育は、惟神の道に則るをもって大本となすこと、祭政教の一徳たるに立つこと」[8]などを決定した。このことは、国の理念として、建国時の王道から皇道へ、そして皇道から神道へとますます神がかっていったことを示している[9]。

4．鉄嶺日語学堂

　1905年日露戦争後、鉄嶺は商阜地になり、多くの日本人が定住しはじめ、1912年鉄嶺の日本人の人口は3,278人であった。日本人は鉄嶺において多数の工場、商店、サービス業などを開いたため、多くの通訳が必要になった。そこで、日語学堂を開設し、中国人と朝鮮人学生を募集して日本語教育から開始するのが急務であった。

　1908年鉄嶺領事館領事村山正隆が任命されてから鉄嶺県徐麟瑞と日清語学校の設立を相談した。協議の末、東洋日清語学校の設立を決め、設立場所を古城西門外の日本居留民が設立経営する鉄嶺小学校内にすることにした。1910年9月5日、日清両国関係者参席の下、開校式が行われ、6日に当時の日本領事森田寛蔵（副領事、1909年8月24日任命、領事、1911年12月28日任命）が日本外務省に報告を行った。当時は夜学校の形式で小学校の教室を借りて週六日間、一回三時間授業を行った。最初は中国人と日本人学生を60名で日本語と中国語を教えた。中国人の学生は主に巡査20名で当時の当局機関が特に配慮したものだと思われる。

　学校の規定では、中国人が日本語を日本人が中国語を学ぶ目的で設置され、

7　民生部教育司1937年11月『學校令及學校規程』満洲圖書株式會社 p.1。
8　野村章「旧『満洲国』の皇民化教育」『教育研究』22号1987、p.15。
9　宮脇弘幸「満洲の教育」『人文社会科学論叢』26号2017.3、p.14。

日本居留民と鉄嶺勧学所が共同経営し、年齢12歳以上、小学四年或は同等学力の男性を募集し、修業期間は六ヶ月、期間満了及び試験合格で修業証書を与えた。学校内に中国語と日本語教師を各一名ずつ、書記一名（会計と書籍物品を管理）を配置した。学費は一人当たり毎月50銭で、学校の経費は学生の学費から支出し、足りないところは県勧学所と日本居留会が共同分担した。このように、鉄嶺日語学堂は速成夜学校でありながらも鉄嶺歴史上、初めての外国語学校であった。

　1904年、日露戦争を契機として、日本は満洲の教育事業にかかわりを持ち始める。日露戦争後、関東州と南満洲鉄道株式会社の附属地、その他鉄道沿線の都市に居住する日本人子弟の教育を主としていたが、朝鮮人ならびに中国人の教化にも乗り出していく。まずは初等教育に最も力を注いだ。その流れの中で、南満洲鉄道株式会社も1912年7月鉄嶺に鉄嶺尋常高等小学校を設立することによって同年9月に日本人居留民経営の公立日本人小学校を廃止した。日語学堂も鉄嶺尋常小学校に置くことになる。

　学生は地域内範囲に限らず、また中国人子弟のために日語日文を教えることによって将来独立経営した事業を運営できる能力を養成する旨であった。そのため、日本語だけでなく、日本人と交流できる商業知識も教える中国人向けの教育機関であった。高等小学校卒業及び同等の学力を持つ中国人学生で、本科、研究科、別科の三つを設け、本科の修業年限は二年であった。毎年三十名から九十名募集し、教師は殆ど日本人であった。学生は算術、漢文、質問応答の試験を受けて合格者を入学させた。学習内容は日本語、中文、算術、簿記、商事要項、体操、唱歌等で、学費は年20元であった。学堂内に寄宿舎と食堂を設置したが、食費は月10元くらいであった。本科卒業後商業学校など進学予定の学生に対しては推薦し、銀行などでの希望者に対しては研究科に進学させた。研究科の学習期間は不定であり、卒業後は満鉄、銀行などに配置し、優秀なものに対しては日本に派遣した。別科は夜学校で、一週間に三日間授業を行い、年齢は制限なく、日本人教師の下で『速成日本語読本』を習った。修業年限は二年であった。

　1925年、学堂の職員は6名で学生は115名（本科と別科生）であった。1929年、職員は4名で、本科生53名、別科生57名であった。1931年、職員は4名で、本科生50名、別科生82名であった。

　鉄嶺日語学校になったのはいつからか不明であるものの、1932年6月5日

『満洲日報』の満洲人教育によると、協議事項に「満洲人教育と新国家教育との連絡方法如何（鉄嶺日語学校）」と「日語学校の改善法如何（鉄嶺日語学校）」が載せられている。

そして、1937年に鉄嶺の附属地は、当該接続市街地と合して鉄嶺市となり、鉄嶺日語学校も引継がれて、鉄嶺市公立日語学堂になった。学堂長は日本人飯塚計作になり、1939年から服部久雄が代理堂長であった。

その後は「奉天省鉄嶺商業学校」になり、修業年限は三年になった。各学年に一クラス設け、45歳の鉄嶺人丁賛文と日本人服部久雄、中西七蔵、高橋教が教諭になっていた。日本語教育が主でまた商業知識教育にも重点を置き、卒業後は軍部、鉄道、銀行などに配置された。1942年、商業学校の校長は秋田県の吉岡繁、副校長は丁賛文であった。

鉄嶺には他にも二つの日本語学校があった。

一つ目は「自強日語義塾」で、1933年10月に日本人新井武八郎が校長になって、西門外で創立された。教師は1名、学生20名で、『日語読本』を教えた。その後、古城東関北大街に移され、教職員を6名に増やし、学生を250名募集、修業年限を六ヶ月、週6日、毎日6時間を教授し、一人当たり2元の学費が支払われた。

二つ目は「日語協合学院」で、校長は石之璋、教職員は6名で、学生は280名募集した。修業年限は二年で毎週6日、毎日6時間で、一人当たり月2元であった。科目は日語、修身、国文、歴史、地理、算術、唱歌、簿記などであった。

1945年日本敗戦後、日本語の必要がなくなり、前述の学校も消滅した。

5．体験者の証言

筆者は、鉄嶺史料調査中、「鉄嶺日語学堂」体験者の回顧録を二つ見つけ出した[10]。その一部から本論に関係のある箇所だけを抽出してみる。

10　次に述べる袁忠勤の「満鉄日語学堂」と魏重新の「私が偽満鉄嶺商業学校で勉強した時」を指し、政協鉄嶺市銀州区委員会文史資料委員会が1990年10月に編纂した『銀州文史資料』6輯に収録されたものである。『銀州文史資料』6輯は主に回顧録を載せたもので、内容は学校教育から戦争最前線の体験、教会、新聞などが含まれている。

5.1　袁忠勤「満鉄日語学堂」

　私は偽満南満洲鉄道株式会社鉄嶺日語学堂が鉄嶺市商業学校に改名されてからの第一期卒業生である。此の学校は日本の文化侵略であった。1938年、治外法権撤廃と共に、日語学校は当時の経済情勢により商業学校となったが、実際は何も変わっていない。課目は商業技術を中心とする簿記、算盤などであるが、メインは日本語であった。教師も日本人が中心であったため、奴隷化教育が続いた。

　教師は六人で、三学年の学生は150名、入学した時の堂長は小田島で、卒業時の校長は服部で、中国語教師は丁先生、担任は田中、課目担当は松本であった。

　本校の学生出身は1937年の例を挙げると、市内から田舎まで、県内から県外へ、高級小学校卒から中等師範卒までに伸ばし、800名の応募から50名しか入学できなかった。

　当時の卒業生の就職状況は金洲農業学校に次ぎ、日本語の水準は南満中学堂の次ぎであった。就職状況については、1938年までは堂長の紹介で全員各事業所などに配属され、1939年からは偽満政権の委任官試験制度により各種試験を受験し、進学と就職ができていた。

5.2　魏重新「私が偽満鉄嶺商業学校で勉強した時」

　日語学堂は商業学校に変わってから学校も日本の経済侵略に助けになる人材育成に乗り出す。商業学校は商業課目を中心に文化課目も講義する。課目として商業、商業簿記、算盤、数学、日語、満語、国民道徳等課目が含まれる。卒業後は銀行、金融部門に配置される。

　私は1943年にこの学校に入学した。この学校の規模は小さく、毎年一クラスのみで50名であった。教職員は10名程度で、その中に2名の日本人がおり、他は中国人であった。校長は50代の吉岡繁という日本人で、身分のある文官であった。厳格な顔付きで、日本人が持っている大和民族の尊厳と風格があった。もう一人は五十子という退役軍人で、典型的な日本人であった。体格は小柄であるが、強壮で、武士道の技量を持っており、学生をすぐ地面に倒し、軍事教練の時間によく強く叩いたりした。話によると、日本敗戦後奉天に逃げ、そこで殴られ死んだそうである。

　商業学校は日本人の統治の下で下級が上級に服従する階級制度で、学生は

教師に、下級生は上級生に服従しなければ、叩かれてしまう。商業学校の一日は早朝の厳しい掃除から始まる。清掃後は国旗を揚げ、東京方向の天皇に向かって礼拝した後、新京方向の皇帝に向かって礼拝し、その後は国民訓を唱和し、教師の講話後授業が開始された。

　学校は専門科目と文化課目以外に労働実習科があり、毎年長い労働実習がある。場所は農場、工場、ある時は日本の軍事倉庫であった。1945年5月、卒業生として奉天にある満洲電纜工場に学生勤労奉仕隊として出向いた。学生の中には、奉天五校、奉天七高、牡丹江女高（日本女子学生）がおり、各現場に配置され、現場の人とともに厳しい労働を強いられた。大東亜戦争の最中、工場内の日本人は戦争前線に徴兵され、退役兵も再度徴兵された。

　奉天においてもアメリカ空軍も戦闘機で軍用工場を襲撃し、満洲北部のおいてもソ連軍が国境地域まで進出しており、緊迫情勢であった。その中、四か月予定されていた労働奉仕も45年8月の初め頃に引き上げ、鉄嶺に戻ったところで、日本が敗戦になった。日本の敗戦と共に、鉄嶺商業学校も解体されてしまった。

　上の回顧録は様々な注目すべき実態を伝えている。
①日語学堂から実業学校である商業学校に変え、日本の経済侵略に役立つ人材育成を行った。
②商業学校の一日は、清掃、国旗掲揚式、東京方向の天皇に向かって礼拝、新京方向の皇帝に向かって礼拝、国民訓唱和、教師講話、授業開始の順になる。
③大東亜戦争時に勤労奉仕という名目で戦争協力に駆り出され、勤労奉仕に明け暮れた戦時下の状況が語られている。
④卒業生は1938年までは堂長の紹介で事業所などに配属され、1939年からは検定試験を受けることになっていた。

6．おわりに

　本稿では、主に鉄嶺県誌等と銀州文史史料の回顧録を使って満鉄が満洲鉄嶺に設置・経営していた鉄嶺日語学堂を取り上げた。日本が関与した鉄嶺日語学堂の主要な点は次のようにまとめられよう。

　日露戦争後、満洲に進出した日本は鉄嶺において、通訳養成のために鉄嶺日語学堂を設立するが、その後実業教育の一環として、鉄嶺商業学校に変え、日本の経済侵略に役立つ人材育成に乗り出す。学校では、国旗掲揚式、東京方向の天皇に向かって礼拝、新京方向の皇帝に向かって礼拝、国民訓唱和、講師講話などを重視し、また日本語教育を中心に、精神的にも言語的にもあくまでも日本への忠誠心を培うことを優先とした。また太平洋戦争の最中、勤労奉仕という名目で戦争協力に駆り出され、学生は勤労奉仕に明け暮れていたことが本研究によって明らかになった。

　本研究は、満洲教育史研究の一齣であり、未だに全体像が明らかになっていないものも含まれているが、これらの作業をいわば蓄積型、積み上げ方式と考えて、その一端を示すことにする。今後も「鉄嶺日語学堂」及び本稿で触れている「自強日語義塾」「日語協合学院」について新資料を発掘して研究を重ね、歴史的事実の究明に近づけたい。

◆参考文献◆

『満州日日新聞』1937.11.19

『満洲日報』1932.6.5

政協鉄嶺市銀州区委員会文史資料委員会編（1990.10）『銀州文史資料』政協鉄嶺市銀州区委員会文史資料委員会出版社。

鉄嶺県公署総務課編輯（1933）『鉄嶺県統計汇編』鉄嶺泰東印刷局。

鉄嶺県地方誌編纂委員会編（1993）『鉄嶺県誌』遼瀋書社。

民生部教育司（1937.11）『學校令及學校規程』満洲圖書株式會社。

「満洲国」教育史研究会編（1993）『「満洲・満洲国」教育資料集成Ⅰ』エムテイ出版。

宮脇弘幸（2017.3）「満洲の教育」『人文社会科学論叢』26号、13-18頁。

金斑実（2021.3）「鉄嶺安全農村」『東アジア日本学研究』5号、89-97頁。

高麗 주변 지역 사람들의 來獻과 宋商往來

李 鎭漢

(高麗大学校)

1. 머리말

고려시대에는 주변의 여러 지역 사람들이 고려를 찾아와 헌상하였는데,[1] 黑水靺鞨과 鐵利國을 포함한 여진이 가장 많은 비중을 차지하였다.[2] 이에 대해 선학들은 고려 국왕이 입조한 여진의 추장 또는 사신들에게 향직과[3] 무산계를[4] 하사하는 정치외교적 측면 뿐 아니라 헌상에 대한 대가로 회사품을 받아 가는 경제적인 것에 주목하였다.

고려는 그들에게 고려의 位階를 주어 고려적 질서체계 내에 포함되었음을 인정해주고, 회사품을 통해 경제적 욕구를 해결해줌으로써 변방을 안정시키는 효과를 노렸다. 반면에 여진의 추장들은 고려의 향직과 무산계를 통해 자신의 세력 범위 또는 주변 민족에게 정치적 권위를 과시하고, 고려와의 조공회사 무역으로 여진과 고려의 특산물을 교환하여 경제적 이익을 거둘 수 있었다. 그런 점에서 여진과 고려와의 관계는 호혜적이었다고 여겨진다.[5]

그런데, 여진의 고려 국왕에 대한 입조가 많았던 것은 단순히 그 이유만이

---

1 1018년에 동여진과 서여진의 추장 鹽之渠, 伊那, 徐乙那 등 50명이 와서 말과 갑옷 및 병장기를 바쳤으므로 모두 의복과 물품을 내려주었다고 한다 (『高麗史』 권4, 「世家」, 현종 9년 동10월 辛亥). 여진이 고려에 오는 형식은 대체로 이와 같았는데, 다만 추장이 직접 오는지의 여부는 조금씩 차이가 있었다.

2 『高麗史』 권4, 「世家」, 현종 13년 8월 갑인.
  이후 철리국은 현종대와 덕종대에 걸쳐 계속 고려에 방물을 바치고 있다.

3 武田幸男, 「高麗初期の官階—高麗王朝確立過程の一考察—」『朝鮮學報』 41, 1966, 7쪽.

4 · 旗田巍, 「高麗の '武散階'- 鄕吏・耽羅の王族・女眞の酋長・老兵・工匠・樂人の位階」『朝鮮學報』 21・22合, 1961;『朝鮮中世社會史の研究』, 法政大學出版局, 1972.
  · 추명엽, 2002, 「고려전기 '번 (蕃) 인식과 동・서번의 형성」『역사와 현실』 43, 36・37쪽.

5 · 金庠基, 「여진 관계의 시말과 윤관 (尹瓘) 의 북정」『국사상의 제문제』 4, 국사편찬위원회, 1959;『東方史論叢』, 서울大出版部, 1974, 463~467쪽 (a).
  · 金庠基, 『新編 高麗時代史』, 서울大出版部, 1961, 1985(재간행), 185~228쪽 (b).

아니었던 것 같다. 여진인은 문종대에 정해진 규정만을 적용해도 개경에 15일간 머물렀는데, 그동안 그들은 개경의 장시를 다니며 소위 '사행무역'을 할 수 있었다. 한편 일본 상인들의 방문은 여진에 비해 매우 적고 기록도 많이 남아 있지 않은데, 여진인들과 비슷하게 헌상하여 회사를 받았고, 일정 기간 고려에 머물며 무역할 기회가 있었다고 생각된다. 그리고 최근에 발견된 해양 발굴의 성과는 일본의 상인들이 고려에서 송상들과 교역하고 있었다는 것을 보여주고 있다.

본고는 여진을 비롯한 주변 국가들이 고려 국왕에 대한 헌상이나 회사와 같은 조공무역 이외에 개경에서 벌어지는 사행무역에도 적극적으로 참여하였으며, 고려의 물산 뿐 아니라 사실상 상주하다시피 하고 있는 송상을 만나 송의 물품을 교역할 수 있었기 때문에 이들이 송의 선진문물을 구득하기 위한 목적에서 고려를 찾았다는 점을 증명해보고자 한다. 만약 소기의 성과를 거둔다면, 송상의 상시 왕래가 여진의 방문에도 약간의 영향을 주고, 다시 그로 인해 더 많은 송상이 고려에 오게 되는 상승효과가 일어났음을 알려줄 것이다. 10~12세기 동북아시아 국가와 민족이 고려를 중심으로 송상의 무역에 의해 유기적으로 연결되었던 것이다.

2. 여진의 내헌과 송상왕래

1) 고려초 여진의 고려 및 송에 대한 이중외교와 무역

여진은 고려 건국 초부터 고려를 찾아왔다. 그들은 고려 국왕에게 方物 또는 土物로 기록된 여진의 특산물을 바치고 소정의 회사품을 받았는데, 고려사에서는 이것을 포괄적으로 '貫例에 따라 물품을 하사하였다' [賜例物]고[6] 하였으며, 가장 많았던 것은 옷감과 의류였다. 이러한 관계는 고려에서 처음 만들어진 것이 아니라 이미 중국에서 주변국이나 원방의 상인들이 황제에게 방물을 바쳤을 때 이적들이 황제의 덕을 흠모하여 먼 곳을 찾아와 알현한 것에 대한 대가로 헌상한 물품의 가치를 헤아려 회사품을 준 것에서 유래하였다. 고려도 중국에 사대하러 다녔지만, 자신들을 찾아온 여진에게 유사한 방식을 적용하였다. 다음의 기록은 그러한 사실과 더불어 여진의 사행무역이 있었음을 알려준다.

---

6 『高麗史』 권8, 「世家」, 문종 25년 하4월 임오.

A1. (定宗 3년 추9월) 동여진의 大匡 蘇無蓋 등이 와서 말 700필과 방물
을 바치거늘 왕이 天德殿에 납시어 말을 검열하여 3등급으로 나누고 그
값을 평가하여 정하였다. 1등급은 銀注子 하나와 錦·絹 각 1필, 2등급
은 銀鉢 하나와 금·견 각 1필, 3등급은 금·견 각 1필로 하였다. 갑자기
우레와 함께 비가 내려 물건을 다루는 사람에게 벼락이 치고 궁궐의 서
쪽 모퉁이에도 벼락이 쳐서 왕이 크게 놀랐으므로 근신들이 부축하여 重
光殿에 들게 하였다. 드디어 병환이 나니 사면령을 내렸다.[7]

A2. 後周末에 고려에 갔을 때 마침 여진이 고려에 말을 바쳤다. 그 사람은
거의 100여인이 되었는데, 저자에서 물건을 거래하는데 값이 서로 맞지
않으면 갑자기 활을 당겨 사람을 겨누니 사람들이 감히 대항하지 못하였
다. 그 억세고 사나움에 본디 고려도 어찌할 수 없었다. 고려의 국왕 왕
건은 일찍이 그 말 10000필로 백제를 평정하였다고 한다.[8]

A1에서는 948년에 9월에 동여진이 말을 바치자 정종이 하나하나 검사하
여 등급을 매기고 1등급에서 3등급에 이르기까지 값을 치러주었다고 한다.[9]
이 기사에서 여진이 가져온 말이 모두 700필이므로 모두 3등급을 받았다고
해도 錦·絹 700필은 받았을 것이며, 내용상 1·2 등급도 있었을 것이므로
은주전자·은사발도 적지 않았을 것이다. 또한 700필의 말에 방물을 싣고 왔
을 것이기 때문에 이 때 받은 회사품은 그 이상이었다고 여겨진다.

A2의 내용은 南唐의 章僚가 고려에 사신으로 가서 본 것을 기록한『海外行
程記』의 기록을 보고, 다시 송의 程大昌이 옮겨놓은 것이다. 시기는 후주말
로 송이 건국된 960년보다 조금 앞선 950년대 말 광종대였을 것이다. 章僚가
고려에 사신을 갔을 때 마침 여진 사람 100여명이 고려에 와서 말을 바쳤고,
저자에서 물건을 샀다고 한다. 또한 고려 태조가 여진의 말 1만필에 힘입어
후백제를 평정했다고 하였다.

여진인은 고려에 와서 헌상을 하고 가져온 만큼에 해당되는 회사품을 받았

---

7 三年 秋九月 東女眞大匡蘇無蓋等來 獻馬七百匹及方物 王御天德殿 閱馬爲三等 評定其價 馬
一等 銀注子一事 錦絹各一匹 二等 銀鉢一事 錦絹各一匹 三等 錦絹各一匹 忽雷雨震押物人
又震殿西角 王大驚 近臣等扶入重光殿 遂不豫 赦 (『高麗史』권2,「世家」, 정종 3년 추9월).

8 海外行程記者 南唐章僚記 其使高麗 所經所見也…後周末年也 僚之使也 會女眞獻馬於麗 其
人僅百餘輩 在市商物 價不相中 輒引弓擬人 人莫敢向則 其强悍素麗不能誰何矣 麗主王建 嘗
資其馬萬疋 以平百濟 (『演繁路』續集 권1).

9 李問鳳,「韓國生物學史」『韓國文化史大系』Ⅲ (科學·技術史) (高麗大 民族文化研究所 編),
1970, 323쪽.

다. 여진이 헌상하는 가장 빈도수가 많고 높은 가치를 인정받는 것은 군사용 말이었는데,[10] 고려와 여진의 말 무역은 태조대부터 시작되었으며 고려의 국방력 강화에 적지 않은 도움을 주었다.[11]

두 기사를 종합해 보건대 명마의 산지에 사는 여진 사람들은 고려 군사력 강화에 필요한 말을 가져와 고려 국왕에게 헌상하고 그에 대한 보상을 받은 후 바로 돌아갔던 것이 아니라 개경에서 교역을 했음을 알려준다. 여진인들은 말 이외에도 貂鼠皮・靑鼠皮,[12] 鐵甲,[13] 병기・의장[14]・弓弩,[15] 戈船・楛矢,[16] 黃毛[17] 등을 헌상하고, 匹段,[18] 의복,[19] 布物,[20] 器皿[21] 등의 고급 옷감과 금속제 그릇을 회사받았다.[22] 그 다음에 여진인들은 개경의 시전에 가서 무역을 하였다. 말을 비친 여진인들은 고려에 온 사절이므로 귀국하기 전에 개경의 객관에 머물며 사행무역을 하였던 것이다. 이들은 여진의 방물이나 고려 국왕에게 받은 회사품을 교환수단으로서 이용했을 것이다. 사실 948년에 대가로 받은 은 그릇이나 비단은 사치품으로 여진에서 귀한 것이었으나, 고려에서도 충분히 교역될 수 있는 것이었다. 이때 여진인들은 본토에서 필요한 여러 가지 물품을 구매하였을 것인데, 고려의 물산 뿐 아니라 중국의 것들도 포함되었다고 생각된다. 당시에는 고려의 상인들이 산동반도 등을 다니며 직접 무역을 하였고, 唐商이라고 불리는 중국상인들이 활약하고 있었기 때문이다.[23]

여진은 고려에 사절을 보내 무역하면서도 송에 사절을 보내 독자적인 외교

---

10 여진의 말이 무역품으로서 기능했던 것은 바다를 건너 송에까지 전해질만큼 우수했을 뿐 아니라 여진 사회에서 쓰고 남을 만큼의 잉여 마필이 있었기 때문이라고 한다 (三上次男, 「金初に於ける麗金關係―保州問題を中心として―」『歷史學研究』9-4, 1939, 793쪽).

11 金渭顯, 「女眞의 馬貿易考―10세기～11세기를 중심으로―」『淑大論文集』13, 1982; 『遼金史研究』, 裕豊出版社, 1985, 165쪽.

12 『高麗史』권4, 「世家」, 현종 9년 춘정월 임자.

13 『高麗史』권4, 「世家」, 현종 9년 2월 기사.

14 『高麗史』권4, 「世家」, 현종 9년 하4월 신사.

15 『高麗史』권5, 「世家」, 현종 17년 閏5월 임자.

16 『高麗史』권5, 「世家」, 현종 21년 하4월 무자.

17 『高麗史』권12, 「世家」, 숙종 8년 추7월 을미.

18 『高麗史』권4, 「世家」, 현종 9년 3월 갑진.

19 『高麗史』권4, 「世家」, 현종 9년 하4월 신사.

20 『高麗史』권7, 「世家」, 문종 8년 3월 갑술.

21 『高麗史』권8, 「世家」, 문종 12년 5월 경진.

22 姜萬吉, 「商業과 對外貿易」『한국사』5, 국사편찬위원회, 1975, 209쪽.

23 왕건의 즉위 이전에 있었던 일을 기록한 「고려세계」에는 貞明 4년 (918) 3월에 唐商客 王昌瑾이 산 거울에 왕건이 장차 왕이 될 것임을 예언하는 문자가 적혔다는 소위 '古鏡讖'을 통해서 태봉에 중국 상인이 있었음이 확인된다 (『高麗史』권1, 「世家」, 太祖 世系). 고려 건국 이후에도 중국 상인의 왕래는 계속되었을 것이다.

를 하였다. 그 경로는 거주지역에서 압록강으로 가서 배를 타고 하구로 내려
간 뒤 서해를 건너 산동반도에 도착하는 것이었다. 그러나 거란은 여진이 송
에 군마를 바치며 가까워지는 것을 알고서 그것을 막기 위해 991년에 압록강
입구에 3성을 쌓자, 여진이 송에 가는 사행 횟수가 급격히 줄어들었다. 1014
년에 재개된 여진의 산동 내항은 6년 후 일찍 끊겨서 4회에 지나지 않았고,
이때부터는 반드시 고려의 사신과 동행하였기 때문에 고려에 의존하게 되었
으며, 그것도 1031년 이후에는 전혀 가지 못했다.[24] 그런데, 여진이 고려의
사신과 함께 송에 갔을 때 송은 여진을 후대하였다. 예를 들어 1017년에 여
진 수령이 고려 사신 徐訥을 따라 입조하여 진종 황제를 알현하자, 錢 3천, 黃
金袍 1벌, 承天節紫綾袍 1벌을 회사하였고, 겸종에게는 錢 2천, 승천절자릉
포 1벌을 주었으며, 殿宴에도 참석하게 하는 후대를 베풀었다.[25] 여진은 거란
의 압록강 지역 점령으로 독자적으로 송에 가지 못하게 되자, 고려의 대송 사
절에 편승하여 가는 방식을 택하였고, 송 황제로부터 후대를 받고 있다. 여진
이 집요하게 송과의 외교를 이어나가려 했던 것은 송과의 외교를 통해 얻는
경제적 이익이 적지 않아서 쉽게 포기하기 어려웠기 때문이다. 여진이 여러
부족으로 나뉘어 있어 통일체를 이루지 못하고 각 지역 및 政治體에 따라 중
국과 고려에 대한 외교와 무역을 하고 있지만, 고려 변방의 미개인 또는 야만
인으로 이해해서는 안될 것 같다. 여진은 송과 고려 등 주변국과의 외교에 능
하였고, 조공 무역의 이익을 잘 알고 있었다.

2) 여진의 고려 내헌과 송상

고려초 여진의 고려와 송에 대한 외교를 보면 이들이 상당히 뛰어난 능력을
발휘하고 있었음이 확인된다. 여진은 송과 고려가 거란과 긴장관계에 있다는

---

24 日野開三郎, 「宋初女眞の山東來航の大勢とその由來」『朝鮮學報』33, 1964; 『日野開三郎
    東洋史學論集 第16巻 東北アジア民族史 (下) ―後渤海・女眞編―』, 三一書房, 1990,
    461~483쪽.
25 『宋會要輯稿』「女眞」蕃夷三之二, 三之三 眞宗 天禧 元年 (월없음).
    그런데『고려도경』에는 天聖 연간 (1023~1032)에 고려의 사신이 여러 번 女眞과 함께
    와서 方物을 바치므로, 천자가 은혜를 내려 보답하는 禮를 특별히 두텁게 하였다고 한다
    (『고려도경』권2, 世次 王氏). 천성 연간에 고려와 여진의 사신이 함께 송에 왔다는 문헌
    상의 기록은 1031년 뿐이고, 나머지는 大中祥符 시기인 1014년・1015년과 천희 시기인
    1017년・1019년이었다 (日野開三郎, 앞의 논문, 462・463쪽). 1020년대는 고려가 거
    란과의 대립관계를 끝나고 본격적으로 사대를 결정하고 실행하던 시기이므로『고려도경』
    의 기록이 약간 의문이 가는 점이 있지만, 송에서 조공 등에 관한 외교 관련 기사들은 비
    교적 정확하다고 여겨지기 때문에 추후 면밀하게 검토해볼 필요가 있다.

점을 이용하여 군마와 병기를 바치고 많은 회사를 받을 정도의 국제적 안목이 있었다. 또한 거란과의 전쟁에 필요한 말을 배에 싣고 송에 가서 조공과 교역을 할 만큼 해상활동을 잘 하였다. 송과의 교통로가 차단되자 고려와 함께 송에 갔던 것은 여진인들이 무역을 매우 중요시 여겼음을 알려준다. 그런데, 거란과의 3차 전쟁 이후 고려가 거란과 송에 대한 이중외교를 중단하고 거란과의 사대외교에 충실하기로 결정하자,[26] 여진이 고려에 편승해서 송에 가는 것도 불가능해졌다. 이에 여진은 고려에 외교를 집중하면서 새로운 길을 모색할 수 밖에 없었는데, 마침 고려에는 송상들이 왕래하고 있었고, 여진인들과 송상이 만날 기회가 있었다. 다음의 기록을 검토해보자.

> B1. (현종 13년 8월) 甲寅日에 宋의 福州 사람 陳象中 등이 와서 토물을 바쳤다. 鐵利國의 首領 那沙가 黑水의 阿夫閒을 보내어 土物을 바쳤다. 辛酉일에 廣南人 陳文遂 등이 와서 香藥을 바쳤다.[27]
>
> B2. (덕종 즉위년 6월) 乙未日에 東女眞將軍 大宛·沙伊羅 등 58인이 와서 良馬를 바쳤다. 鐵利國主 武那沙가 若吾者 등을 보내와 貂鼠皮를 바쳤다. 宋의 台州 商客 陳惟志 등 64인이 왔다.[28]

B1에서는 1022년 8월 갑인일에 송상 진상중이 왔고, 이어 철리국 수령이 보낸 흑수의 阿夫閒이 왔으며, 병인일에 송상 진문수가 왔다는 것이다. 갑인일과 신유일은 7일의 차이가 있는데, 阿夫閒과 송상은 개경에서 함께 있었을 것이다. B2에서는 1031년 을미일에 東女眞將軍 大宛·沙伊羅, 鐵利國主가 보

---

26 · 김상기,「단구와의 항쟁」『국사상의 제문제』2, 국사편찬위원회, 1959.
 · 金庠基, 주 5)b의 책, 67~104쪽.
 · 朴賢緒,「北方民族과의 抗爭」『한국사』4, 국사편찬위원회, 1974.
 · 李龍範,「高麗와 契丹과의 關係」『東洋學』7, 1977.
 · 崔圭成,「북방민족과의 관계」『한국사』15, 국사편찬위원회, 1995.
 · 朴漢男,「거란 및 금과의 통교」『한국사』15, 국사편찬위원회, 1995.
 · 金在滿,『契丹·高麗關係史研究』, 國學資料院, 1999.
 · 閔賢九,「高麗時代 韓中交涉史의 몇 가지 문제―長期持續的 高麗王朝와 征服的 中國 北方國家들과의 對立·交流―」『震檀學報』114, 2012, 5쪽.
27 · 甲寅 宋福州人陳象中等來 獻土物 鐵利國首領那沙
 · 遣黑水阿夫閒來 獻方物
 · 辛酉 廣南人陳文遂等來 獻香藥 (이상『고려사』권4,「世家」, 현종 13년 8월).
28 · 乙未 東女眞將軍大宛沙伊羅等五十八人來 獻良馬
 · 鐵利國主武那沙 遣若吾者等來 獻貂鼠皮
 · 宋台州商客陳惟志等六十四人來 (이상『고려사』권5,「世家」, 덕종 즉위년 6월).

낸 若吾者, 송상 陳惟志가 왔다고 하였는데, 그 다음 기사가 다음날인 병신일 기사이므로 이들은 같은 날 덕종을 알현한 것이었다. 이처럼 송상과 여진인들이 고려에 자주 왔기 때문에 때로는 같은 날 또는 수 일의 간격을 두고 국왕에게 헌상을 하였으며, 이러한 경우 송상과 여진인들은 동시에 체류하면서 객관에 머물렀기 때문에 서로 만나서 교역했을 가능성이 높다.

처음에 여진이 송상과의 교역을 전제로 고려에 헌상하러 온 것은 아니었고, 우연히 만나 교역했을 것이다. 그런데, 팔관회는 여진인들이 고려에 와서 송상을 만날 수 있는 공식적인 기회를 마련해준 행사였다. 팔관회는 고려가 건국된 918년부터 시작되고 태조가 儀鳳樓에 납시어 관람을 한 이래 국왕들이 자주 참여하는 국가적인 행사이자[29] 국왕 이하 서인에 이르기까지 고려인 전체가 즐기는 축제였다. 그러므로 上元·中元·한식·입하·하지 등과 더불어 관리들에게 3일의 給暇를 주었으며, 그것은 7일을 쉬는 元正 다음으로 많은 것이었다.[30] 따라서 팔관회 때는 온 개경의 백성 뿐 아니라 전국 각지에서 모인 사람들이 의봉문 앞 구정에서 치러지는 행사와 의식을 보고 즐겼으며, 많은 사람들이 모이는 만큼 자연스럽게 주변에 시장이 형성되고 매매도 활발하게 이루어졌을 것이다. 여기에 팔관회에 송상을 비롯한 외국인들이 의식에 참여하게 되고, 그에 맞춰 고려를 찾아오게 되자 팔관회는 내외국인이 함께 즐기는 축제가 되고, 부가적으로 참여자들간에 무역할 기회가 더 많이 생겨났던 것이다. 아래의 팔관회 기사는 그러한 정황을 알려주고 있다.

C1. (靖宗 즉위년 11월) 庚子日에 八關會를 설하였다. 왕이 神鳳樓에 납시고 百官에게 술잔치[酺]를 베풀었으며 저녁에 法王寺에 행차하였다. 다음날 大會 때에 다시 酺를 하사하고, 音樂을 관람하였다. 東京·西京 두 京과 東北兩路兵馬使·四都護府·八牧이 각각 표를 올려 陳賀하였다. 宋商客·東西蕃·耽羅國 역시 方物을 바쳤다. 자리를 주어 예를 보도록 하였고 뒤에 상례로써 삼았다.[31]

---

29 『高麗史』권1,「世家」, 太祖 원년 11월.

30 『高麗史』권84,「刑法志」1, 公式 官吏給暇.

31 庚子 設八關會 御神鳳樓 賜百官酺 夕幸法王寺 翼日大會 又賜酺觀樂 東西二京東北兩路兵馬使四都護八牧 各上表陳賀 宋商客東西蕃耽羅國 亦納方物 賜坐觀禮 後以爲常 (『高麗史』권6,「世家」靖宗 즉위년 11월).
거의 같은 내용이 『高麗史』권69,「禮志」嘉禮雜儀 仲冬八關會儀 德宗 三年 十一月조에도 있는데, 앞부분에 '設八關會 御神鳳樓 賜百官酺 翌日大會'라고 하여 百官 뒤에 酺가 있고, 翼 대신 翌이 사용되었으며 그 뒤는 같다.

이 기록에서 팔관회의 大會日에 국내에서는 양계 병마사나 계수관 등의 큰 고을 수령들이 표를 올렸고, 외국인으로는 송상과 더불어 동서여진 · 탐라의 사절이 방물을 바치는 의례를 행하였으며, 이후 상례가 되었다고 하였다.[32] 이에 관한 구체적인 의례가 의종대 (1146~1170) 초에 崔允儀 등이 편찬한 『詳定古今禮』의 내용을 참고하였다고 하는『고려사』예지에 실려 있다.[33] 大會日에 太子 以下 文武 여러 관원들의 의례를 한 뒤에, 宋 都綱이 고려 국왕에게 朝賀하고 物狀을 바쳤고, 그 다음에 동 · 서여진과 탐라가 宋 도강과 같이 하였다고 한다[34]. 송상이 의례를 먼저 했다는 것은 여진이나 탐라의 사절보다 더 높은 위상이었음을 나타낸다. 그러한 의례가 만들어진 것은 비록 그들이 무역상이기는 하지만, 대국인 송에서 왔다는 상징성이 더 컸고, 여진이나 탐라의 사절도 상인적인 속성이 있었기 때문일 것이다.

요컨대, 팔관회는 개경 사람 뿐 아니라 각지에서 하례하러 온 사람들도 모이는 축제였으며, 1034년 이후에 송상과 동서여진인은 팔관회에 함께 의례에 참여하였고, 같은 기간 고려에 머물면서 서로 무역할 수 있었다. 또한 팔관회에 송상 · 동서여진 등이 의례에 참여하는 것을 상례화했으므로 적어도 때에 맞추어 오면 의례에 참석할 수 있고, 송상과 여진인들은 서로 무역할 수 있었다. 이와 같이 팔관회 의례에 참여하기 위해 고려에 오는 여진인들이 송상을 만나는 것이 필연이 되면서, 그들은 고려의 국왕에 대한 헌상과 더불어 송상과의 교역이라는 또하나의 분명한 목적을 가지고 고려를 찾게 되었다.

3) 송상의 상시왕래와 여진의 사행무역

여진은 송상과 비슷한 시기에 내헌하거나 송상과 여진의 의례 참여가 상례화된 팔관회 때를 이용하여 양자가 만나 교역했을 것이다. 그런데 여진은 팔관회 등의 시기에 상관없이 월별로 비교적 고르게 고려에 내헌을 하였으며,

---

32 고려에 귀속되기 전에 탐라민이 팔관회에 정기적 참여하고 그 수가 많았던 것은 겸하여 개경에서 교역할 수 있었기 때문이었다 (金日宇,「고려시대 耽羅 주민들의 거주지역과 海上活動」『韓國史學報』18, 2004;『高麗時代 濟州社會의 變化』, 西歸浦文化院, 2005, 110 · 111쪽).

33 · 奧村周司,「高麗における八關會的秩序と國際環境」『朝鮮史研究會論文集』16, 1979, 74쪽.
　　· 정구복,「高麗史 禮志의 성격과 자료적 가치」『고려시대연구』Ⅴ, 2002, 37 · 38쪽. 최근에 상정고금례의 사례를 고찰하여 1161년 (의종 15) 에 편찬 시기였다는 것을 확인하는 견해가 제시되었다 (김철웅,「고려시대의 길례」『한국중세의 吉禮와 雜祀』, 景仁文化社, 2007, 28 · 29쪽).

34 『高麗史』권69,「禮志」11, 嘉禮雜儀 - 仲冬八關會儀.

그것은 팔관회 때 맞춰 오는 것이 그다지 유리하지 않았기 때문일 것이다. 여진이 어느 시기에 고려에 와도 송상을 만날 수 있다면 굳이 번잡한 팔관회를 선택할 이유는 없다. 오히려 다른 여진과 중복되지 않은 시기가 교역에는 더 유리한 점도 있기 때문이다. 그럼 송상이 언제나 고려에 있었는지를 살펴보겠다.

고려시대에 송상왕래가 많았다는 것은 『고려사』와 『고려사절요』에 기록된 來獻―渡來와 進獻―기사가 증명하고 있다.[35] 더 나아가 기록 이상으로 자주 왔을 것이라는 점은 160일과 140일만에 고려를 다시 찾아왔던 송상 黃助와 徐成의 사례가 설명해주고 있다.[36] 다른 나라를 다니며 무역하는 해상들은 장기간 특정 지역을 다니며 신용을 쌓아야만 한다는 것,[37] 고려 사람들이 원하는 물품을 송상이 구매해준 것, 의천이 정원을 비롯한 여러 승려에게 보내는 서신과 물품을 송상이 왕래하며 전달했던 것 등을 볼 때, 송상은 기본적으로 규칙성을 갖고 고려와 송을 반복적으로 왕래하였다고 이해해야 한다. 따라서 기록상 1회만 있었다고 하더라도 그 이상 고려를 왕래했다고 하는 것이 상식에 부합하는 것이다. 그런 점에서 송상은 기록보다 훨씬 많이 왔을 것인데, 다음의 기록은 그러한 사실을 알려주고 있다.

D1. (神宗 元豊 2年 春正月 丙子) 詔하기를 "고려를 왕래하는 상인으로 財本이 5천緡 이상인 자를 括色하여 明州에 그 성명을 기록하여 알 수 있게 하였다. 해마다 2척을 發하여 가서 교역하되 금하는 물품을 어기지 않도록 하였으며 그 다음해 즉시 돌아오게 하였다. 허가 없이 배를 낸 자

---

35 고려시대 송상 왕래에 관한 대표적인 연구 업적은 다음과 같다.
· 金庠基, 「麗宋貿易小考」 『震檀學報』 7, 1937; 『東方文化交流史論攷』, 乙酉文化社, 1948.
· 金庠基, 「高麗前期의 海上活動과 文物의 交流―禮成港을 중심으로―」, 『국사상의 제문제』 4, 1959; 『東方史論叢』, 서울대학교 出版部, 1974.
· 宋晞, 「宋商在宋麗貿易中的貢獻」 『中朝關係史論文集』 1, 時事出版社, 1979.
· 朴玉杰, 「高麗來航 宋商人과 麗宋의 貿易政策」 『大東文化研究』 32, 1997.
· 李鎭漢, 『高麗時代 宋商往來 研究』, 景仁文化社, 2011.
· 이진한, 『고려시대 무역과 바다』, 경인문화사, 2014.
36 全海宗, 「高麗와 宋과의 交流」 『國史館論叢』 8, 1989, 17쪽.
37 10세기에서 12세기에 걸쳐 많은 송상이 일본을 왕래하였음이 기록상으로 확인된다 (森克己, 「日宋貿易に活躍した人々」 『歴史と人物』 (日本歴史學會編), 1964; 『續日宋貿易の研究』, 國書刊行會, 1975, 249~253쪽). 다만, 일본은 911년에 중국해상에 대해 「年紀」라고 부르는 제도를 정하여 해상은 최저 2년 이상 간격을 두고 내항해야 하고, 그것을 지키지 않는 경우에는 회각 입항을 불허하고 돌아가도록 히였다 (山内晋次, 「莊園内密貿易說に關する疑問―11世紀を中心として―」 『歴史科學』 117, 1989; 『奈良平安期日本とアジア』, 吉川弘文館, 2003, 153쪽). 게다가 송과 일본 간의 항해 거리가 고려보다 훨씬 멀고 힘들었으므로 송상들의 왕래가 고려처럼 빈번할 수 없었을 것이다.

들은 盜販法에 의거하라”고 하였다. 이에 앞서 사사로이 고려에 판매하지 못하게 했으나 그 일을 막을 수 없었으므로 이에 이르러 다시 통하게 하고 이 법을 세웠다.[38]

D1은 1079년 (문종 33)에 송에서 해마다 두 척의 배가 출발하여 고려에 가서 그 다음해에 돌아오도록 하였다고 했다는 것이다. 이 기사는 『고려사』 등에 송상이 오지 않은 해가 있고, 어떤 해는 세 명 이상의 도강이 내헌한 것과 상충되는 것인데, 이 규정은 어디까지나 원칙이므로 정확하게 들어맞을 필요는 없다. 분명한 것은 이 법이 시행된 이후 매년 고려를 왕래하는 배가 있었을 것이라는 점이다.

한편 고려초에 여진인이 헌상을 마친 뒤 시전에 가서 물건을 매매했다는 기록을 든 바 있었는데, 문종대에는 적지 않은 여진인들이 고려를 찾아와 개경에 머물렀던 것 같다. 그로 인해 고려는 국경에서부터 여진인들의 입조를 제한하고, 개경에서 머무는 기간도 제한하기 시작하였다.

E1. (문종 4년 춘정월) 丙午日에 東北面兵馬錄事·衛尉注簿 朴庸載가 陛辭하자 왕이 制하기를 “蕃人으로 조회하러 오는 者는 賊首 那拂이 아니면 入朝를 허락하지 말라”고 하였다. 蕃類 300인이 강제로 京館에 머물고 있었던 까닭이다.[39]

E2. (문종 35년) 五月 己丑日에 東女眞 酋長 陳順 등 23인이 와서 말을 바쳤다. 제하여 이르기를 “무릇 蕃人으로 입조하러 오는 자가 개경에 머무는 것은 15일을 넘지 않게 하고, (그것을 넘으면) 모두 客館에서 나가도록 명하는 것을 영원한 법식으로 삼으라.”고 하였다.[40]

E1은 1050년 정월에 문종이 박용재에게 여진이 개경의 객관에 너무 많은 수가 머물고 있다며, 那拂을 제외하고 입조를 허락하지 말라고 하였다는 것이다. E2는 1081년 5월에 여진인들이 개경에 머무는 기한이 15일을 넘지 않도

38　丙子 詔 舊明州括索自來入高麗商人財本及五千縑以上者 令明州籍其姓名 召保識 歲許出引發船二隻 往交易非違禁物 仍次年即回 其發無引船者 依盜販法 先是 禁私販高麗者 然不能絶 至是 復與中國通 故立是法 (『續資治通監長編』권296, 神宗 元豊 2年 春正月).

39　丙午 東北面兵馬錄事衛尉注簿朴庸載陛辭 制 蕃人有欲來朝者 非賊首那拂 勿許入朝 以蕃類三百人 勒留京館故也 (『高麗史』권7, 「世家」, 文宗 4年 춘정월).

40　『高麗史』권9, 「世家」, 文宗 35年 5月.

록 하고, 그것을 영구히 지켜야 할 규정으로 삼았다는 것이다. E1에서는 비록 강제로 머물게 한 것이기는 하지만, 경관에서 여진인들이 머물렀다고 하는데, 경관은 개경의 여진 객관이란 뜻일 것이며, 『고려도경』에서 언급한 '狄人女眞을 대접'하는 迎仙館과 靈隱館 등이 해당될 것이다.[41] E2는 여진인들이 너무 많이 와서 머물 곳이 없게 되자, 문종이 그들이 개경에 체류하는 기간을 15일로 제한하는 조치를 했다는 것이다.[42] 이 기록에 의거하건대, 1081년 5월 이전에는 여진인들이 적어도 15일보다는 더 많이 고려에 머물 수 있었으며, 가능하면 여진인들이 더 오래 머물기를 원했기 때문에 15일을 한도로 삼았던 것이다. 또한 여진인들이 고려 국왕을 알현하고 자신들이 가져온 방물을 헌상하고 회사를 받는 의식은 하루 정도에 해결되기 때문에, 그 밖의 날에는 시전에 가서 교역하였을 것이다.

그런데 당시 개경의 시전은 황성의 정문인 광화문에서 십자가에 이르는 도로 좌우에 지어진 長廊에 있었는데,[43] 송상이 머무는 迎賓館·會仙館·娛賓館·淸河館·朝宗館·淸州館·忠州館·四店館·利賓館 등의 객관은 개경의 남문 밖에서 兩廊까지 자리하였으며, 거란 사신과 송상을 위한 객관은 개경 나성의 남대가 일대에 개경 시전과 인접한 곳에 있어서 개경 상업의 중심부에 객관이 집중되어 있었다.[44] 이러한 여건으로 인하여 여진인들은 고려 국왕에 대한 헌상 의례하기 전이나 마치고 난 뒤에 적어도 10여일 이상을 시전에서 무역을 했다고 생각된다.[45]

그리고 송상이 상시왕래했다는 것은 송상이 고려에 항시 있었다는 것이니, 송상과 교역을 원하는 여진인들이 팔관회와 같이 특정 시기에 맞추어 와야할 이유도 없다. 따라서 여진인들이 시기에 상관없이 고려를 찾았고, 고려는 여

---

41 『高麗圖經』 권27, 「官舍」 客館.

42 송이나 거란의 사절 뿐 아니라 여진인과 송상을 객관에 머물게 하고 숙식을 제공하는 것은 외형상 그들을 외국에서 온 사절로 각별하게 대우해준다는 의미도 있지만, 실제로는 그들을 정해진 장소에서 머물게 하고 감시와 통제를 하려는 숨은 의도가 있었다. 그러므로 개경에서 여진인과 송상이 완전히 자유롭게 교역활동을 할 수 없었으며, 그 교역품이 국외로 반출될 때는 확인하는 절차를 거쳤을 것이다.

43 ·朴平植, 「高麗時期의 開京市廛」『韓國史의 構造와 展開,』河炫綱教授定年紀念論叢刊行委員會, 2000, 433·434쪽.
    ·서성호, 「고려시기 개경의 시장과 주거」『역사와 현실』 38, 2000, 101·102쪽.

44 개경에는 송의 사신이 머무는 順天館 외에도 會同館—英華館—, 迎賓館, 會仙館, 宣恩館, 廣仁館, 娛賓館, 淸河館, 朝宗館, 東西館, 新興館, 迎恩館, 仁恩館—仙賓館—迎仙館, 靈隱館, 興威館, 淸州館, 忠州館, 四店館, 利賓館 등의 객관이 있었으며, 이것들은 고려가 외교와 무역을 중시하였고, 개경 내의 무역이 활발했음을 보여준다 (김창현, 「고려시대 대명궁 순천관과 객관」『고려 개경의 편제와 궁궐』, 景仁文化社, 2011, 312~314쪽.

진인이 분산되어 개경에 많은 여진인이 모이고 객관이 부족해지는 일을 막는 효과도 있었을 것이다.

또한 고려에 왕래하는 송상은 배가 정박하는 예성항과 객관이 있는 개경에서 귀국하기 전까지 오랜 기간 머물며 교역을 하였다. 그 가운데 예성항은 개경으로 가는 전국 각 지역의 조세와 생산물이 배로 운송되는 곳이었고, 예성항은 서북면 지역을 통해 입조하러 오는 서여진과 동남해도부서를 경유하여 진봉하러 오는 일본의 배가 도착하는 곳이었다. 개경은 이미 서술한 바와 같이 전국의 물산이 모이고, 동서여진·일본 등 모든 지역에서 내헌한 사절들이 머무는 곳이다. 이러한 조건으로 인해 송상은 고려의 전국을 다니지 않고서도, 송상은 예성항과 개경에서 고려 사람들은 물론 외국에서 온 사절들을 상대로 무역할 수 있었을 것이다.

이와 같이 고려에서 여진과 송상이 상시적인 교역이 가능해지면서 여진들 송상과 교역하는 것은 필연이 되었을 것이다. 그리고 고려의 개경은 여진과 송상의 交易場이 되었으며, 더 많은 송상이 고려를 왕래하게 되는 계기를 마련하였을 것이다. 왜냐하면 고려에 내헌하는 여진인들은 교역의 주요 목적이어서 그들이 늘어난다는 것은 교역상대가 많아진다는 것을 의미하기 때문이다.

3. 일본인의 내헌과 송상

일본인도 고려를 찾아와 무역을 하였으나 왕래의 빈도는 여진에 비교하여 매우 적었다. 그러나 고려에 투화하는 일본인이 많았다는 것은 그 만큼 배를 타고 쉽게 바다를 건널 수 있다는 것이고, 일본에 표류한 고려인들을 되돌려 보낸 기록은 곧 일본 상선이 고려에 왔음을 뜻하기 때문에 실제 고려를 왕래한 일본 상인이 기록보다는 훨씬 많았을 것이다.

---

45 입조를 위해 고려에 온 여진인들의 사행무역을 위해 고려는 일정한 지원과 더불어 통제를 병행하였을 것이며, 고려의 사절이 중국에 갔던 경험을 반영하여 그 원칙을 정했을 것이다. 참고로 송은 고려 사절단의 무역 수요를 만족시키기 위해 각 주현마다 관원이 동행하면서 매매에 도움을 주게 하였고, 손해를 방지하기 위해 전문 관원도 두었으며 세금도 면제해주었다. 송의 수도에 도착한 이후에는 사신들이 숙소인 同文館에 머물면, 상인들이 그곳에 들어와 복도 양 옆에 매대를 설치하고 사신들과 교역하도록 하였다. 다만, 고려 사신들의 외출 인원을 20명 이내로 제한하고, 외출시 마음대로 돌아다니거나 기생을 불러 술 마시는 것을 금지하고 구매한 물건은 검사한 뒤 금지물품은 돈을 돌려주고 회수하였다(백승호, 「高麗와 宋의 朝貢 - 回賜貿易」『海洋文化硏究』1, 2008, 68·69쪽).

한편 고려와 일본 사이에는 공식적인 외교가 없었지만, 개별적으로 고려를 다니는 일본 상인들이 외교 사절의 행세를 하며 고려 국왕에게 헌상을 하고 회사를 받았다. 일본 상인은 고려를 찾은 여진의 사절과 송상이 갖는 속성을 공유하고 있었던 것이다. 그에 관한 구체적인 내용을 다음의 사료를 통해 살펴보도록 하자.

F1. (문종 27년 추7월) 병오일에 東南海都部署가 아뢰기를 "日本國人 王則貞·松永年 등 42인이 와서 螺鈿鞍橋·刀·鏡·匣硯·箱櫛·書案·畵屛·香爐·弓箭·水銀·螺甲 등 물품을 進上하고자 청하였고, 一岐島勾當官 藤井安國 등 33인을 보내어 東宮과 여러 令公府에 方物을 바칠 것을 청하였습니다"라고 하였다. 制하여 海道로 京師에 이르도록 하였다.[46]

F2. (문종 27년 11월) 辛亥日에 八關會를 열고 神鳳樓에 거동하여 觀樂하였다. 다음날 大會日에 大宋·黑水·耽羅·日本 등 여러 나라 사람들이 각각 禮物과 名馬를 바쳤다.[47]

F3. (의종 23년 춘정월) 丁亥日에 (의종이) 奉香里 離宮에 행차하여 群臣을 향연하고, 아울러 宋商과 日本國이 進上한 玩物을 下賜하였다.[48]

F1에서는 동남해도부서에서 일본국인 王則貞·松永年과 一岐島勾當官이 보낸 藤井安國이 찾아와 고려 국왕 및 태자 등에게 헌상할 것을 청하였다는 것을 보고했다. 김해에 있는 동남해도부서는 일본인의 출입국을 담당하는 관서로서 동여진이 동북면병마사나 도부서를 찾아가는 것과 마찬가지이다. 동남해도부서는 일본인의 성명·인원수와 더불어 찾아온 목적 및 화물의 종류와 수량을 상세히 조사하여 국왕에게 보고하였고, 국왕은 그들이 해도를 이용하여 개경에 도착하도록 명령하였다. 일본인들에게 배를 타고 개경에 오도록한 것은 육지 운송으로 인한 백성들의 노역의 줄이고, 적재한 화물을 신속하고 편리하게 옮기며, 외국의 배가 서남해를 다니기 위해서는 노련한 고려의 뱃사공들의 도움이 필요하므로 사절단을 관리하고 통제할 수 있었기 때문이

---

46 東南海都部署奏 日本國人王則貞松永年等四十二人來 請進螺鈿鞍橋刀鏡匣硯箱櫛書案畵屛香爐弓箭水銀螺甲等物 壹岐島勾當官遣藤井安國等三十三人 亦請獻方物東宮及諸令公府 制許由海道至京 (『高麗史』권9, 「世家」, 文宗 27년 추7월).

47 辛亥 設八關會 御神鳳樓觀樂 翼日 大會 大宋黑水耽羅日本等諸國人 各獻禮物名馬 (『高麗史』권9, 「世家」, 文宗 27년 11월).

48 『高麗史』권19, 「世家」, 毅宗 23년 춘정월.

다.

그리고 王則貞 등의 일행은 동남해도부서에 개경에 갈 것을 요청한 뒤에 보고를 하고 허락을 받을 때까지 객관이나 배에서 대기하였을 것이다. 국왕의 명령이 전달된 뒤 그들은 예성항을 거쳐 개경에 도착하여 객관에 머물며, 약속한 대로 고려의 국왕과 동궁 및 여러 令公을 알현하고 물품을 바쳤을 것이다. 고려 국왕 등은 王則貞 등이 가져온 헌상품에 대해 그 가치를 헤아려 回賜品과 特賜品을 주었을 것이다. 이후 어떤 일을 했는지 알 수 없지만, 여진에게 개경의 객관에서 15일간 머물 수 있게 하였던 것처럼 일본인들도 그 정도의 체류 기간이 허용되었을 것이다. 그 동안 그들은 배가 있는 예성항과 객관이 있는 개경에서 고려 상인이나 송상과 교역을 하고 귀국하였을 것이다.

F2에서는 1073년 11월 八關會의 大會日에 大宋·黑水·耽羅·日本 등 여러 나라 사람들이 각각 禮物과 名馬를 바쳤다는 것이다. 그 앞의 팔관회 기록에는 송상·여진·탐라 만이 있었는데, 이 기사에는 일본이 대회일에 헌상하는 의례에 참여하였다고 한다. 이 때 헌상을 한 사람이 같은해 7월에 왔던 王則貞 일행일 수도 있으나, 3개월의 간격이 있다는 점에서 새롭게 온 사람일 수도 있다. 문종의 대송통교 이후 일본의 고려 내헌이 증가하면서 팔관회의 가장 중요한 의례에 참여하였던 것이다. 다만, 의례 참가 순서에 일본이 가장 뒤에 있다는 것은 이미 시행되던 의례 순서에 일본이 추가되었다는 의미일 것이다. 어쨌든 팔관회에 참가한 일본인들은 의례를 마친 뒤 고려 상인은 물론 송상·흑수말갈 사람들과 만나 교역할 수 있었다.

F3에서는 의종이 群臣을 향연하면서 宋商과 日本國이 進上한 玩物을 下賜하였다는 것이다. 문종과 선종대 고려를 자주 왕래하던 일본인들이 예종대 이후에 거의 오지 않았다고 하지만,[49] 왕실에 일본이 진헌한 완물이 있었다는 것은 여전히 일본 상인의 왕래가 지속되고 있음을 알려주는 것이다. 고려에 왔던 일본 상인들은 여진처럼 무산계·향직 등의 위계를 수여받지 않는 순수한 경제 사절이어서 여진에 비해 고려의 관심이 적었으므로 기록에 많이 남지 않았을 것이다. 이러한 점에서 고려와 일본의 무역이 기존의 견해보다 조금 더 활발했다고 볼 여지가 있다.

---

49 ·羅鐘宇,「高麗前期의 韓日關係」『韓國中世對日交涉史研究』, 圓光大出版局, 1996, 51~53쪽.
·森平雅彦,「日麗貿易」『中世都市博多を掘る』(大庭康時 外 編), 海鳥社, 2008, 101~104쪽.

한편 충남 태안 마도 앞바다에서 침몰되었다가 최근 발굴된 송상의 배에서 나온 도자기는 송상과 일본 상인들이 고려에서 만나 교역하였을 가능성을 보여주고 있다. 마도 해역에서 인양된 도자기의 제작 지역과 연대를 보면 11세기 후반~12세기 전반의 것은 복건의 민강 중하류 유역 일대에서 만들어졌고, 閩南·광동·景德鎭·耀州의 것도 있었다. 12세기 후반에서 13세기초에 해당하는 것은 거의 대부분 복건산이었으며, 백자는 민강 중하류, 청자는 同安窯에서 만들어졌고, 그 밖에 龍泉窯·磁州窯·경덕진요의 자기도 있었다. 13세기 전반부터 14세기 전반까지의 것은 8점으로 적으며, 용천요와 복건에서 만들어진 것이었다.[50] 자기의 종류에는 백자·청자·흑유의 세가지가 있었고, 기형으로는 사발, 찻잔, 항아리 등이 있으며, 일부 백자와 청자에는 꽃무늬가 있다. 제작 연대는 12세기말에서 14세기중엽으로 추정되며, 각 지역에서 생산된 도자기가 집산지인 경원으로 옮겨져 송상이 구입하여 고려에 왔을 것이다.[51] 이들 자기에는 그릇 아래에 '楊綱' 등과 같이 물건의 주인을 구별하기 위한 墨書가 있었는데, 대체로 묵서가 있는 것은 가치가 낮은 것이었다.[52]

그런데 한국에서는 중국의 양질 도자기가 출토된 적은 있어도 마도해역 출토품의 대부분을 차지하는 조잡한 제품이나 묵서도자기는 거의 발굴되지 않고 있다. 높은 수준의 자기 생산을 하던 고려에서는 이러한 것들의 상품 가치가 없었을 것이다. 반면에 博多 유적에서 그러한 것들이 출토되고 있는 것은 자기 생산이 시작되기 전인 일본에서는 송상이 조악한 자기들을 팔아서 이익을 남길 수 있었기 때문이다. 그런 점에서 마도에서 출토된 중국도자기는 여송무역 뿐 만 아니라 송일무역과도 관련한 송선의 화물이었으며, 중국 대륙 - 한반도 - 일본을 잇는 송상의 해상 교역망을 알려주는 것이다.[53]

이 견해는 동아시아 무역의 성격을 새롭게 이해할 수 있게 가능성을 열어놓았다는 점에서 매우 주목할 만하다. 다만, 마도의 침몰선이 고려 예성항에 들렀다가 다시 일본으로 가던 배인지, 단지 예성항에 가는 것인지에 대한 규명

50 田中克子, 「한국의 태안 마도해역에서 출토된 중국도자기로 본 동아시아해역 해상무역 양상—하카타 유적군에서 출토된 중국도자기와의 비교를 통해—」『태안 마도 출수 중국도자기』, 문화재청·국립해양문화재연구소, 2013, 245·246쪽.

51 栗建安, 「한국 태안 마도 수중에서 인양된 복건 도자 관련 문제」, 앞의 책, 2013, 208·209쪽.

52 龜井明德, 「綱首·綱司·綱の異同について」『日本貿易陶磁史の研究』, 同朋舎出版, 1986.

53 田中克子, 앞의 책, 208·209쪽.

이 부족한 것 같다. 전자의 경우라면 최종 목적지 일본에서 교역할 많은 화물을 싣고 굳이 예성항을 들러야했던 이유를 설명하기 어렵다. 마도의 침몰선이 예성항으로 가던 것이었다면, 그 배에 있던 조악한 자기와 유사한 것이 일본에 발견되기 위해서는 예성항에서 그것들이 팔려서 일본으로 실려가 실수요자들의 손에 들어가는 과정을 거쳤어야 했다.[54]

고려전기 일본의 항해술과 조선술은 비교적 발달하지 않아서 일본 해상들은 중국에 갈 생각은 엄두에도 못내고, 대신에 지리적으로 가까워 안전하게 다닐 수 있는 고려를 선호하였다. 그들은 고려에 와서 고려의 생산품과 송의 물화 등을 수입하여 갔기 때문에 고려와 일본은 물론 송과의 연관 관계가 만들어졌다.[55] 즉, 송상이 고려에 가져간 것이 고려에서 다시 일본에 전매 수출되었다는 주장인데,[56] 마도에서 발견된 조질 자기가 그 사례에 해당할 것 같다.

이처럼 예성항은 송상이 자주 왕래할 수 있는 곳이었으며, 일본 해상들도 송상을 기다리지 않고 비교적 안전하게 올 수 있는 곳이어서 송과 일본의 해상들이 제삼국인 고려의 예성항에서 만나 교역을 하였을 것이다. 예성항은 송과 일본 해상들이 만나는 중계무역지가 되었던 셈이다.[57]

일본인들도 고려에서 그곳에 머물고 있는 송상을 비롯한 외국인과 무역하였다. 이것은 고려국왕에게 헌상을 하고 회사를 받는 것 이외에 얻게 되는 부가적인 이익이었다. 일본인들은 고려국왕의 회사품과 자신들이 가져간 것을 더하여 송상이 가져온 진귀한 물품을 교역할 수 있었고, 더욱이 팔관회 시기에 간다면 송상과 더불어 주변 동서여진·흑수말갈 등의 특산물을 구할 수 있

---

54 송상이 상대적으로 먼 곳까지 가치가 떨어지는 조질토기를 싣고가서 무역하는 것은 채산성이 떨어지지만, 비교적 안전하고 자주 왕래할 수 있는 고려에서 교역할 상대가 있다면 충분히 이익을 남길 수 있을 것이다.

55 森克己,「能動的貿易の發展過程に於ける高麗地位」『日宋貿易の研究』, 國書刊行會, 1975, 309~320쪽.

56 森克己,「日宋麗連鎖關係の展開」『史淵』41, 1949;『續日宋貿易の研究』, 國書刊行會, 1975, 403~406쪽.

57 고려와 일본은 송상에 의해 다른 방식으로 연계되었다. 즉, 고려와 일본을 왕래하는 송상이 송에서 만나 필요한 것에 대한 정보를 교환하고, 서로 원하는 것을 구해주는 것이었다. 1095년에 일본의 어떤 승려가 大宰府에서 송인에게 의뢰하여 高山寺本『釋摩訶衍論贊玄疏』를 구하였으며, 1120년에도 東大寺 승려가 송상에게 부탁해서 고려의 불전을 구하였다. 고려의 의천이『敎藏總錄』을 편찬하기 위해 일본 불교계에 협력을 요청했을 때에도 송상의 네트워크를 역으로 더듬어 서장을 가져왔을 것이다. 이처럼 송상이 고려와 일본을 자주 왕래하였던 데 반하여, 상대적으로 고려와 일본의 해상왕래는 적기 때문에 송상을 통해 고려와 일본이 간접 교류를 하는 것이 더 편리했던 것이다 (榎本涉,「日麗貿易」『中世都市 博多を掘る』(大庭康時 外 編), 海鳥社, 2008, 102・103쪽).

었다. 더욱이 송상이 언제나 고려에 있었고, 여진의 방문도 많았으므로 고려를 찾은 일본 상인들도 그들과 쉽게 만나 교역할 수 있었다. 고려의 예성항과 개경이 주변국과 송상을 경제적으로 연결해주는 교역의 場이었던 것이다. 이러한 점에서 일본 상인들에게도 고려는 매력적인 곳이었다.

4. 맺음말

고려시대에 여진의 내헌이 많았다. 그들은 고려에 입조하고 무산계와 향직 등 고려적 질서체계를 상징하는 위계를 받아 정치적 권위를 높였고, 헌상에 대한 대가로 회사품을 받아 경제적 이익을 얻었다. 그와 더불어 고려에 온 주요한 목적 가운데 하나는 국왕에 대한 헌상 후에 고려에 머물며 자신들에게 필요한 물품을 매매하여 가는 '사행무역'에 있었다. 그런데 여진인들은 고려에 와서 송상을 만나게 되었다. 처음에는 우연히 만났고, 팔관회 때 송상과 여진의 의례 참여가 상례화되면서 특정 시기에는 반드시 만났으며, 송상이 상시왕래하면서 어느 시기에 와도 상호 간의 교역이 가능해졌다.

일본의 내헌은 비교적 적었으며, 일본인들은 여진인들처럼 무산계와 향직 등을 받지 않았다는 점이 여진과 차이가 있다. 그러나 일본인들이 고려에 내헌하는 이유는 여진과 크게 다르지 않았다. 일본에는 송상이 왕래하여 선진문물을 전하고 있었으나, 일본의 해상들이 직접 자력으로 송에 가기 어려웠기 때문에 안전하게 항해하여 갈 수 있는 고려와 무역하러 왔던 것이다. 그들은 고려에서 기본적으로 헌상과 회사의 이익을 얻었으며, 부가적으로 고려상인·송상·여진의 사절 등과 더불어 교역하였다. 이 시기에 여진인들이나 일본인들은 모두 독자적으로 송에 갈 수 없었으므로 자연스럽게 가까운 고려를 찾았으며 그곳에는 송상이 있었던 것이다. 송상의 고려왕래와 여진·일본의 내헌은 상호 간에 긍정적인 영향을 미쳐서 서로에게 더 많은 왕래를 하도록 만들었다. 이에 고려가 송·여진·일본 등 주변국 사절과 상인들이 모이는 교역의 場이 되었으며, 무역품의 중계지가 되었다. 그 중 하나의 증거가 고려의 마도 해저 침몰선과 博多에서 공통으로 발견되었던 '綱'이 쓰여진 조질의 자기였다고 생각된다.

하지만, 12세기 금이 건국된 이후 여진의 고려 내헌이 없어졌고, 일본의 왕래도 크게 감소하였다. 교역망의 핵심 대상이 사라지면서 송상 무역도 다소

위축되었을 것이다. 그럼에도 11세기에 고려의 농업생산력이 높아지고 인구가 크게 늘어나면서 고려의 경제가 발전하여 자체 구매력이 높아졌기 때문에 송상 왕래는 크게 줄지 않았다고 생각된다.

The Hideyoshi Invasions:

Popular Memories and Ethnic Consciousness

John B. Duncan

(UCLA)

I The Question of Historical Memories

The question of memory has emerged as a central issue in Western historical scholarship in recent decades. This, it seems to me, is one of the consequences of the turn to a new kind of cultural history, informed very much by the *Annales* School's use of the concept of *mentalitès* that, unlike the traditional history of ideas approach, made reference to a wide range of cultural artifacts, including fiction, poetry and music, in an effort to construct a totalizing intellectual/cultural history mirroring underlying geographic, social, and economic structures. More recently, however, scholars such as Roger Chartier have questioned the distinction between superstructure and base by arguing that "the representations of the social world themselves are the constituents of social reality."[i] Out of this has grown an emphasis on memory as a study of collective mentalities. Historical scholarship has focused on memory in a number of interesting and important ways. One is to dissect how states and political/cultural elites have created and used collective memories, not only through texts but also through ceremonies and monuments, to construct national narratives. Another is to use the memories of marginalized social groups to construct counter-narratives that challenge the hegemonic discourse of the nation-state. Yet another is to use memories to construct/reinforce identities, as seen, for example in Jewish-American commemorations of the holocaust or Japanese-American commemorations of World War II internment.

These historical approaches to the question of memory are all relevant to my project here: an investigation of historical memories of the Hideyoshi invasions and the extent to which they may reflect some sort of collective ethnic or "national" consciousness among the people of Korea prior to the irruption of Western imperialism and nationalism in the late nineteenth and early twentieth centuries. I do, however, propose that we cannot fully appreciate the particular forms and significance of these memories without situating them in the political and social structures of the late Chosôn dynasty. Furthermore, because my focus is on the non-elite segments of the late Chosôn populace, who were largely illiterate, I propose to draw upon the work of folklorists to help understand the nature and significance of oral folk traditions as constituent elements of popular consciousness.

II Ethnic Consciousness and Folk Traditions

A central defining element of nationalism, according to modernist theorists such as Anderson, Gellner, and Hobsbawm, is the rise among non-elites of a sense of belonging to a larger social, cultural, and political collectivity. This broader sense of identity, which is seen as the product of a variety of forces working in tandem, including the organizational and educational efforts of the modern state, the spread of capitalist modes of production and consumption, and the propagandizing activities of nationalist intellectuals, is argued to be a novel form of consciousness that displaces older locally-specific identities. Indeed in the cases of the European and other countries that have been used to develop this model, the centralized bureaucratic state itself has been a modern novelty. On the other hand, however, in East Asia there are countries, including Korea, where ancient agrarian polities with long traditions of centralized bureaucratic rule have developed (albeit only after painful encounters with Western nationalism and imperialism) into modern nation-states. Furthermore, there is evidence to indicate that this sort of enduring centralized political rule engendered in the social and political elites of these countries a sense of belonging to distinct cultural and political collectivities that transcended individual dynasties. This raises the question of whether the long experience with centralized bureaucratic states also fostered among non-elites a broader sense of identity, a sense of collective belonging that could be mobilized to serve the purposes of modern nationalism.

The question of how to know the minds of non-elites is a difficult one, especially for the historian who relies primarily on written documents. The non-elites of the Chosŏn period left virtually no writings, leaving us reliant on official records and elite commentaries. The dangers in using these types of sources to construct non-elite consciousness have been pointed out by Guha and Spivak,[ii] among others. Thus I have turned to another type of source material: popular oral traditions. The popular oral traditions of the late Chosŏn, while sometimes reflecting actual historical events, are fictional works that contain much fanciful, even magical, material and for that reason have been largely eschewed by historians. Folklorists, on the other hand, have pointed out that these oral traditions are verbal formulations that often reflect historical, social, and political realities.[iii] My own reading of such late Chosŏn oral narratives as the *Ch'unhyang chŏn* (Story of Ch'unhyang) and the *Hŭngbu chŏn* (Story of Hŭngbu), which echo much of what we historians think we know about social and economic conditions, seems to bear out the folklorists' contentions.

Folklorists, in constructing their interpretations of reality in oral traditions, stress the importance of the informant or narrator's social status and occupation.[iv] This presents the scholar hoping to use late Chosŏn oral narratives to construct some understanding of premodern peasant consciousness with two problems. One is that the overwhelming majority of the surviving versions of these narratives were first recorded after Korea was opened up to the outside world in 1876. Given the way in which narrators are sensitive to changing conditions—for example, a 1916 version of the *Hŭngbu chŏn* mentions the great war in Europe—it seems necessary to locate versions that predate the arrival of Western imperialism. The other is that the recorders of the earlier versions have left us with no information about their informants. Inasmuch as the recorders were presumably literate elites, we have to assume that their versions may have reflected elite tastes. These narratives, however, survive in numerous versions. In the case of the *Imjin nok* (Record of 1592), over 40 different versions have been found. Not only does the existence of many versions testify to the widespread circulation of these narratives, but the versions themselves vary widely—some contain language and content that seem to mirror elite values, while others seem to represent commoner sensibilities. Thus I have attempted, wherever possible, to use versions that were recorded prior to the opening of Korea and versions that reflect non-elite language and attitudes. This, I hope, will give us an opening, however limited and tentative, to (re)constructing late Chosôn popular memories of the Hideyoshi invasions.

One additional question is that of literacy. Although we have no data on literacy rates (in either literary Chinese or the vernacular script) among commoners in the late Chosôn, it seems likely that the vast majority of non-elites were not literate. But at the same time, we have to recognize the role of professional storytellers, who earned their living by telling stories, including, presumably, those of the Hideyoshi invasions, in markets and other public places. It seems highly likely to me, therefore, that much of the late Chosôn population was familiar with these tales and that in hearing these tales, were stimulated to imagine a world larger than their own villages.

III State and Commoner in the Chosôn

The inhabitants of the Korean Peninsula have had an extraordinarily long experience of unified political rule, beginning in 668 with Silla's unification of the southern two-thirds of the peninsula, and continuing through the Koryô (918-1392) and Chosôn (1392-1910) dynasties, with only one brief forty-year period of disunity during the Silla-Koryô transition at the beginning of the tenth century. Premodern Korean kingdoms engaged in a number of organizational and cultural activities that directly affected the commoner populace, but perhaps none as much as the last dynasty, the Chosôn. Shortly after its founding the Chosôn took a number of measures to strengthen its administrative control over the countryside, including upgrading the status and authority of provincial governors, reorganizing local administrative units, and dispatching centrally appointed magistrates to all the prefectures and counties in the country. This standing presence in the countryside of officials of the central government seems almost certain to have engendered in the non-elite population an awareness that they belonged not only to local village society, but to a larger entity symbolized by the dynasty.

Some of the most important duties of the magistrates included registering the local populace and exacting from it various taxes, corvee labor, and, at times, military service. This was in all likelihood often an unwelcome intrusion, as evidenced by the popular uprisings against excessive taxation and corruption and by memorials written by locally-based literati complaining of the same issues. Throughout much of the dynasty, the magistrates relied heavily on local elites (organized in the local gentry bureau, hyangch'ông) and hereditary clerks (hyangni) for the actual collection of taxes and corvee in the prefectures and counties under their charge. This can perhaps be taken to mean that villagers were not in regular contact with magistrates and were largely unaware of the magistrates' role as representatives of the state. On the other hand, however, the bulk of popular uprisings—or at least those mentioned in official sources—were targeted against corrupt magistrates. In fact, it was common practice for the leaders of such protests to appeal to the court for redress. It seems safe to say that the presence of the magistrates and their agents served as a more-or-less constant reminder to villagers that they were part of a larger collectivity represented by the dynasty.

The Chosôn magistrates were also charged with carrying out various ritual and educational activities intended to, among other things, inculcate a sense of loyalty to the dynasty and foster the spread of Confucian social values. These included regular conduct of Confucian rituals at county schools (hyanggyo) and periodic dissemination of vernacular translations of such Confucian morals handbooks as the *Samgang haengsilto* (Illustrated Exemplars of the Three Bonds). The dynasty's cultural activities were supplemented by local elites through such vehicles as the village school (sôdang), where children (including in some cases commoner children) studied basic Confucian primers, and the village compact (hyangyak), many of which included commoners in their ritual and educational activities.[v] While Confucian values were often used by elites to rationalize their privileged position, it is important to note that those values were also deployed by non-elites in resistance to the rigid status and gender hierarchy of the late Chosôn.[vi] Furthermore, one recent study indicates that an increasingly large proportion of recipients of state awards for exemplars of cardinal Confucian social values came from non-elite social strata in the second half of the dynasty.[vii] It is also important to note that the leaders of popular protests against corrupt magistrates routinely avowed the protesters' loyalty to the king. These leaders were almost always locally-based literati and thus their protestations of loyalty may have reflected elite values. To be sure, they could hardly hope to appeal to the court for redress without proclaiming their loyalty. Whether the commoners who participated in the protests felt genuine loyalty to the king is uncertain, but their leaders' protestations must have reinforced their awareness of the centrality of Confucian values in the polity to which they were subject.

While it is difficult to gauge the extent to which the state's organizational and educational activities resulted in a common political and cultural identity among non-elites, it does seem likely that peasants and other commoners knew that they were subjects of the Chosôn dynasty and that they were well aware of the key Confucian values that constituted that dynasty's ideology. This in itself, while apparently different from the premodern European case, seems hardly enough to argue for some sort of premodern popular foundation for modern nationalism, since peasants could have been equally aware of, and equally accepting of/resistant to, a conquest dynasty and its ideological props, assuming that the new rulers' policies did not have an overly negative effect on their livelihoods.

IV The Effect of Foreign Invasions

Eric Hobsbawm, in his overall pessimistic assessment of premodern senses of popular identity as bases for modern nationalism, notes the possibility that painful experiences at the hands of foreign invaders could produce a kind of "negative ethnicity"—a sense among commoners that they belong to a distinct social and cultural collectivity different from others—which, when fused with a long state tradition, could perhaps develop into modern nationalism. Hobsbawm cites Korea as one possible case in point, but unfortunately does not pursue the issue.

The Koryô dynasty experienced major foreign invasions by the Khitan Liao in the late tenth and early eleventh centuries and again by the Mongols in the mid-thirteenth century. Whether these unhappy experiences at the hands of peoples who language and customs were different from their own engender feelings of a distinct ethnic identity among the commoners of Korea at that time is unknowable, since we have no sources that could give us any sense of what they might have felt. On the other hand, the Chosôn did suffer two major invasions midway through the dynasty. The first was the six-year campaign of Toyotomi Hideyoshi, whose Japanese forces swept throughout almost the entire peninsula after landing on the southern coast in 1592. The other was the Manchu invasion of 1636-37, which devastated most of the northern half of the country. There are popular works of narrative fiction dealing with both of these events, including the *Imjin nok* for Hideyoshi's invasion, and *Pak-ssi chôn* (Story of Madame Pak) and *Im Changgun chôn* (Story of General Im) for the Manchu incursion. Here, because of the theme of this conference, I will focus on the Hideyoshi invasions and the popular memories of that invasion represented in (or constructed by) the *Imjin nok*.

There are, as mentioned above, over 40 surviving versions of the *Imjin nok*. Some of these versions are written in literary Chinese, others in vernacular Korean. Some versions are comparatively true to historical events, others are highly fanciful. The particular version on which I will rely primarily is known by the title *Hûngnyong nok* whose language (vernacular Korean) and content (many fanciful events) seem to reflect non-elite sensibilities[viii] and which is believed to date back to sometime before 1849.[ix]

There have been a number of studies by literary scholars on the *Imjin nok* in recent years that strive to identify major motifs and to classify various versions according to motif and language.[x] These studies also tend to stress what they see as the nationalistic nature of the *Imjin nok*. In developing their arguments for nationalism, they focus on three major issues: one, the lionization of Korean heroes; two, anti-Japanese sentiments; and three, anti-Chinese feelings. Various versions of the story describe such heroes as Kim Tông-nyông and Yi Sun-sin as impossibly huge (Kim Tông-nyông was nine feet tall) and strong (Yi Sun-sin could lift three thousand pounds)[xi] and attribute to them magical powers, such as Kim Tông-nyông's ability to enter and leave a Japanese encampment without a trace, a feat that intimidated the Japanese commander.[xii] Another important hero was the Buddhist monk Samyôngdang, who traveled to Japan after the war and, after enduring numerous trials and tortures, humiliated the Japanese king and exacted from him tribute and a promise never to invade Chosôn again.[xiii] All this is seen as reflecting Korean nationalist sentiment after the Hideyoshi invasions. In particular, the appearance of such putatively non-yangban heroes as the Buddhist monk Samyôngdang are interpreted as expressions of the non-elite's consciousness of themselves as the subjects (chuch'e) of the nation and its history.[xiv]

Anti-Japanese sentiments are implicit in the descriptions of Korean heroes and especially in Samyôngdang's humiliation of the Japanese king. Such feelings are also revealed in the mention of Japanese atrocities, such as the mutilation of corpses, the cutting off of Koreans' noses and ears, and the slaughter of women and children. This comes as no surprise, since it was the Japanese who invaded Chosôn.

What is more interesting in this regard is the expression of strong anti-Chinese sentiment. Court and yangban-centered histories depict Chosôn as a country with an enduring sense of gratitude and loyalty to Ming China for its help in repelling Hideyoshi's forces.[xv] By contrast, most versions of the *Imjin nok* display very different feelings towards the Chinese. Several versions decry the way in which the Ming forces mistreated Chosôn generals and soldiers and terrorized the Chosôn populace, looting villages and raping women.[xvi] Another common feature in many versions is the depiction of how the Ming general Li Ju-sung, concerned that Chosôn had too many heroes and might pose a future threat to the Ming, traveled throughout Chosôn severing the vital energy (ki/ch'i) of the country's mountains and rivers. Li is stymied in different ways in different versions. In the *Hûngnyong nok* he is killed for his crimes by a mountain god;[xvii] in other versions he is dissuaded by the mountain god appearing in the guise of an old man or a young boy, rues his behavior, saying that he could not harm Chosôn because it was his ancestral home, and returns to the Ming. These latter versions seem to reflect a sense of blood and territory as a component of popular Chosôn identity. If so, then popular memories of the Hideyoshi invasions not only featured a sense of antagonism to Japanese and Chinese as "unforgettable others", but also some sense of what Hobsbawm implies by negative ethnicity—an awareness that the people of Chosôn constituted a social and political collectivity distinct from their neighbors.

Another feature of the *Imjin nok* that suggests a sense of identity transcending the local level is the various locales in which battles and other events take place. Although events and their locales vary from version to version, nearly all the versions depict events unfolding on a country-wide stage, from Tongnae in the southeast, to

Ch'ungju and Wônju in the center, and P'yôngyang and Ûiju in the northwest. The *Hûngnyong nok* version, for example, depicts a Japanese general commanding the forces that landed at Tongnae as giving his subordinates responsibility for attacking different regions of Chosôn. One was charged with attacking Wônju in Kangwôn Province before proceeding on the P'yôngan Province. Another was ordered to attack Chôlla Province and to transport provisions from Kimhae. Others were sent to attack Kyôngsang Province, Kyônggi Province, and Hwanghae Province.[xix] Numerous additional place names throughout the peninsula appear in the *Hûngnyong nok*, including such towns as Chinju, Ch'ungju, Chônju, Sakchu, and Ch'ôrwôn, as well as mountains and rivers such as Mount Songni and the Amnok River. While this is hardly the same as sitting in one's home in Cherbourg and reading about events in Marseilles in the morning newspaper, nonetheless it indicates a certain popular awareness of other parts of Chosôn and how they were affected by the war. Whether this kind of awareness existed before, or even during the war is uncertain, but it seems probable that the popular memories reflected in, or perhaps constructed by, the *Imjin nok* suggest a sense of identity larger than village or even provincial locales.

On the other hand, however, we should note that many versions of the *Imjin nok* emphasize the heroic role of Kuan Yü (Kuan Yun-ch'ang), a general of the Three Kingdoms era who became canonized as the god of war in Chinese folk traditions. In these versions, Kuan Yü appears in a dream to warn the Chosôn king of the coming invasion, persuades the Ming emperor to send troops to Chosôn, and intervenes on several occasions to protect the Chosôn king and Chosôn generals.[xx] Although one contemporary scholar asserts that the appearance of Kuan Yü as protector of Chosôn indicates that the common people of late Chosôn had a nationalistic sense of themselves as a "chosen people,"[xxi] it seems to me that the prominent role ascribed to Kuan Yü by the *Imjin nok* can also be seen as indicating that at some level popular Chinese traditions represented a kind of universal cultural order, that there are limits to the extent to which we can read notions of modern nationalistic popular consciousness back into the late Chosôn. Nonetheless, on the whole it seems that the various versions of the *Imjin nok* suggest that popular memories of the Hideyoshi invasions do reflect a sense among non-elites of a larger

Chosôn identity imagined, at least in part, in contradistinction with Japan and China.

How, then, did this sense of negative ethnicity play out in relation to the state tradition represented by the Chosôn dynasty? On the one hand, we find the king, Sônjo, and his officials, such men as Yi Sun-sin, Yu Sông-nyong, or Kang Hong-nip, playing central roles in the story, suggesting a clear sense of the importance of the state in Chosôn society. Also, we find several instances where people stepped forth to offer their services, as in the case of Kim To-gyông (or Kim Ko-wôn in the *Hûngnyong nok* version) who, in the *Hûngnyong ilgi* version translated by Peter Lee, prostates himself before the king, who was in flight from the invaders, and says, "Your humble subject is Kim Togyông from P'yôngan Province. The Japanese bandits are powerful in the eight provinces, and I tried to rally a defense but had no soldiers or standards, nor any summons from your Majesty. I was on my way to the capital and I am lucky indeed to encounter your majesty on the road. How can I not be deeply grateful? It is owing to your vast virtue that I am here." [xxii] Such passages suggest not only loyalty to the king but perhaps also something not unlike modern patriotism.

On the other hand, many scholars have noted the negative ways in which the king and his officials are depicted in the *Imjin nok*. A case in point is the Kim Togyông story, where the king and his officials are at a loss for what to do and turn to the seventeen year old youth, who advises them to flee to Ûiju in order to avoid the invaders.[xxiii] Many versions depict the king as weak and indecisive, as in his tearful dealings with the Ming general Li Ju-sung,[xxiv] or shortsighted and foolish, as in his failure to heed Yi Yulgok's warnings about a coming Japanese invasion.[xxv] As for the officials, a well-known instance is the way in which jealous officials conspired against the hero Yi Sun-sin, putting their own interests ahead of that of the country. The hero Kim Tông-nyông suffers the same fate, falling victim to the machinations of treacherous officials and executed by the king.[xxvi] More direct hostility to the king and his officials are shown in other versions, where the fleeing king and his party are stoned by commoners and angry mobs loot and burn government offices and kill officials. These versions seem to have been based on actual events, as testified to by Yu Sông-nyong in his literary collection *Chingbirok,* where he describes rioting by clerks and commoners in various locales after the royal party, which had promised to defend the city of P'yôngyang to the death, decamps for Ûiju.[xxvii]

These versions seem to reflect expectations that the king and his officials should provide the country protection against the invaders and animosity toward them when they fail to do so. This, in conjunction with the way in which commoner heroes arise in defense of the country and important roles played in rescuing Chosôn by the Kuan Yü and to some extent by Li Ju-sung, seems to indicate that many non-elites held a largely negative view of the state, which in turn suggests some limitations to the fusion of negative ethnicity and state tradition suggested by Hobsbawm.

V Some Final Remarks

The popular memories of the Hideyoshi invasion presented in the *Imjin nok* undoubtedly date back, in their earliest moments, to the time of the invasion itself. Nonetheless, these stories also undoubtedly took different shape over the passage of time during the seventeenth, eighteenth, and nineteenth centuries. Given the sensitivity of narrators to changing historical circumstances, therefore, it is incumbent on us to consider when the surviving versions were produced. For that reason, I have avoided using late nineteenth and twentieth century versions and have relied instead on the earliest known versions which appear to date back to the mid-19th century.

The 19th century in Korea was a time of great popular unrest, beginning with the Hong Kyông-nae rebellion in P'yôngan Province of 1811-12. Hong's rebellion, in which large numbers of non-elites participated, was a localized affair with strong overtones of regional resentment against the state. The next round of major uprisings came in 1862, when peasants in over 70 counties in southern and central Korea arose in a kind of chain reaction protest against heavy taxation and official corruption. As I mentioned earlier, the leaders of the protests invariably proclaimed the rebels' loyalty to the king and looked to the court for redress. But at the same time it is important to note that the rebels attacked government offices, burned the granaries of the grain loan (hwan'gok) system that was a major source of their misery, and humiliated and expelled the magistrates. It was in this context of widespread peasant unhappiness that the oldest surviving versions of the *Imjin nok* were written down. Thus it seems possible, if not likely, that the expressions of contempt for the king's ability and for the corrupt and self-serving behavior of officials found in various versions of the *Imjin nok* may have been as reflective of mid-19th century attitudes as they might have been of the late 16th century.

Although I have reservations about the degree to which we can rely on the written versions of these oral narrative traditions, not to mention reservations about the extent to which we can ever really reconstruct peasant consciousness, it seems at least somewhat plausible that the memories transmitted by, and at the same time constructed by, the *Imjin nok* in the years prior to the opening of Korea in 1876 reflect some degree of awareness among the non-elites of Chosôn that they constituted a social and political collectivity distinct from those of their neighbors and some degree of awareness, albeit strongly negative, of the role the state played in their lives. The biggest problem for the modernizers and nationalist propagandists of late nineteenth and early twentieth century Korea may have been less one of creating a sense of shared identity among the inhabitants of the Korean Peninsula than one of convincing them that a modernized Korean state could be a good thing for them. I have not read widely in the writings of late nineteenth and early twentieth century nationalizing propagandists, but what I have read leaves me with the distinct impression that they were primarily concerned with convincing other yangban elites of the need for Westernizing reforms rather than with trying to win non-elites over to their cause.

Note

i   Chartier, Roger, "Intellectual History or Sociocultural History? The French Trajectories," in Dominick Capra and Steven L. Kaplan, eds., *Modern European Intellectual History: Reappraisals and New Perspectives* (Ithaca, N.Y.: Cornell University Press, 1982) 30.

ii   Guha, Ranajit, "The Prose of Counter-insurgency," and Spivak, Gayatri, "Subaltern Studies: Decontructing Historiography," in *Selected Subaltern Studies* (New York: Oxford University Press, 1988).

iii   Rohrich, Lutz, *Folktales and Reality*. Peter Tokofsky, trans. (Bloomington: Indiana University Press, 1991) 178-183.

iv   Rohrich, 186. See also Degh, Linda, *Folktales and Society*. Emily M. Schossberger, trans. (Bloomington: Indiana University Press, 1969).

v   Deuchler, Martina, "The Practice of Confucianism: Ritual and Order in Chosôn-dynasty Korea," paper presented at the conference on "Rethinking Confucianism in Asia at the End of the Twentieth Century," held at UCLA, May 27-June 1, 1999.

vi   Haboush, JaHyun Kim, "Filial Emotions and Filial Piety: Changing Patterns in the Discourse of Filiality in Late Chosôn Korea," *Harvard Journal of Asiatic Studies* 55 (1995).

vii   Pak Chu, *Chosôn sidae ûi chôngp'yo chôngch'aek* (Seoul: Ilchogak, 1990).

viii   So Chae-yông, *Imbyông yangnan kwa munhak ûisik* (Seoul: Han'guk yôn'guwôn, 1980) 63-64.

ix   Kim Ki-hyôn, ed., *Imjin nok* (Seoul: Yegûrin ch'ulp'ansa, 1975) 173-77.

x   See, for example, Im Ch'or-ho, *Imjin nok* yôn'gu (Seoul: Chôngûmsa, 1986); So Chae-yông, *Imjin nok* (Seoul: Yôngsôlsa, 1977); Lee, Peter H., "The *Imjin nok*, or the *Record of the Black Dragon Year*: An Introduction, *Korean* Studies 14 (1990); and Lee, Peter H., trans., *The Record of the Black Dragon Year* (Seoul: Institute of Korean Culture, Korea University and Honolulu: Center for Korean Studies, University of Hawaii, 2000.

xi   Lee, Peter H., *The Record of the Black Dragon Year*, 17.

xii   *Hûngnyong nok* in Kim Ki-hyôn, ed., *Imjin nok*, 99-101.

xiii   ibid, 150-163.

xiv   Im Ch'ôr-ho, *Sôrhwa and minjung ûi yôksa ûisik* (Seoul: Chimmundang, 1989) 297-99.

xv   See Han Myônggi, *Imjin waeran kwa han-jung kwan'gye* (Seoul: Yôksa pip'yôngsa, 1988).

xvi   Lee, Peter H., *The Record of the Black Dragon Year*, 204.

xvii   One version which depicts Li as being killed by a mountain god for his crimes can be found in Kim Ki-hyôn, ed., *Imjin nok, 71-73.*

xviii   Ibid, 27-28.

xix   *Hûngnyongnok* 87-88.

xx   See Lee, Peter H., *The Record of the Black Dragon Year*, 202-03 for a brief summary of motifs relating to Kuan Yü.

xxi   Im Ch'or-ho, *Imjin nok yôn'gu*, 392.

xxii   Lee Peter H., *The Record of the Black Dragon Year*, 67. Also *Hûngnyong nok*, 102-03.

xxiii   ibid., p 68.

xxiv   Im Ch'ôr-ho, *Imjin nok yôn'gu*, 144-46, 230-31.

xxv   Im Ch'or-ho, *Sôrhwa wa minjung ûi yôksa ûisik*, 49.

xxvi   *Hûngnyong nok*, 132-35. See also Lee, Peter H., *The Record of the Black Dragon Year*, 23-24, 92-93.

xxvii   Im Ch'ôr-ho, *Imjin nok yôn'gu*, 108-109.

明治期の大衆メディアの中の韓国小説
―新聞連載小説『鶏林情話　春香伝』と『夢幻』を中心に―

鄭　美京

（福岡大学）

1．はじめに

　明治時代に新メディアとして登場した新聞は、新しい文学の重要な場となった。新聞小説は、新聞販売に及ぼす力がどんどん大きくなり明治20年頃からは動かぬ価値を持つものになる。本稿は、『鶏林情話　春香伝』と『夢幻』を対象に、原作と比較しつつ翻案・翻訳方式、新聞小説の特徴、作家の創作意図、読者について考察する。

　1）半井桃水の『鶏林情話　春香伝』⇒　韓国の小説『春香伝』をもとにした作品。
　　：明治15年（1882）6月25日～7月23日（20回）、『大阪朝日新聞』に連載。
　2）小宮山天香の『夢幻』⇒　韓国の小説『九雲夢』をもとにした作品。
　　：明治27（1894）年9月18日～10月30日（前篇25回）
　　　明治28（1895）年4月26日～5月28日（後篇28回）、『東京朝日新聞』に連載。

2．韓国小説『春香伝：춘향젼』と『九雲夢：구운몽』

1）『春香伝』：作者未詳。男女の愛情生活を描いた愛情小説、パンソリ系小説。
　＊中心人物：成春香（성춘향）/ 李夢龍（이몽룡）/ 卞学徒（변학도）
　＊あらすじ
　成春香（성춘향）は、妓生月梅（기생 월매）と地方官の成参判（성참판）との間に生まれたが、才気ある母に育てられ、教養ある美しい娘となった。

春たけなわの端午（단오）の節句の日、全羅道南原（전라도 남원）郊外の景
勝の地でブランコ乗りを楽しんでいる時、散策に来ていた南原府使（남원부
사）の息子李夢龍（이몽룡）に見そめられ、二人は深い恋仲になった。やが
て府使（府長官）が都に栄転することになり、勉学中の夢龍（몽룡）は両親
と共に帰京するほかなかった。後任の府使卞学徒（변학도）は強慾（ごうよ
く）無頼の男で、美女のほまれ高い春香（춘향）を妾にしようとするが、春
香（춘향）は峻厳（しゅんげん）とはねつけた。激怒した卞学徒（변학도）
は長官に反抗し侮辱したという罪で春香（춘향）を笞刑（むちうち）にし投
獄した。春香（춘향）は死を覚悟して抵抗し続けた。夢龍（몽룡）は科挙（과
거）の試験に首席で合格し、暗行御使（암행어사）に任命され、死刑寸前の
春香（춘향）を助け出し、卞学徒（변학도）を処罰した。春香（춘향）は都
の高官になった夢龍（몽룡）と幸福に生涯をすごした。

２）『九雲夢』：金萬重作（1687〜1688）

＊タイトルの意味

①九：小説の人物（性眞＋８人の仙女）

②雲：小説の主題（この世の希望は雲のようで、富貴と栄華も夢に過ぎ
ない）

③夢：小説の構成（夢を通して欲望と理想の世界を描いている）

＊中心人物：性眞（성진：現実世界の人）/ 楊少游（양소유：夢の世界の人）
/ ８人の女

＊あらすじ

中国、唐の時代に六観大師（육관대사）という高僧と性眞（성진）という
弟子がいた。性眞（성진）は、ある日８人の仙女と出会い、彼女たちの美貌
に陶酔し、出世を夢見る。性眞（성진）が、俗世を欽慕したことを師匠であ
る六観大師（육관대사）が察し、罰として性眞（성진）と８人の仙女を人間
界に落とす（実際には大師の術により夢を見ている）。性眞（성진）は楊少游
（양소유）として、８人の仙女はそれぞれ秦彩鳳（진채봉）、桂蟾月（계섬월）、
狄驚鴻（적경홍）、鄭瓊貝（정경패）、賈春雲（가춘운）、蘭陽公主（난양공
주）、沈裊煙（심요연）、白淩波（백릉파）として生まれ変わる。楊少游（양
소유）は科挙に合格し、官僚として最高の地位に就く。８人の仙女は、それ
ぞれの特技と美貌によって楊少游（양소유）と結ばれる。楊少游（양소유）

は、彼女らと円満に暮らしながら、俗世で栄耀栄華を極める。誕生日を迎え
8人の美人と歌舞を楽しんでいた楊少游（양소유）は荒廃した墓を見て、ふ
と人生に空しさを感じる。仏道を修め、永世を求めようとした時、老僧が訪
ねて来て問答するうちに長い夢から覚め、六観大師の前にいることに気付く。
性眞（성진）と8人の仙女は一生懸命仏道を修め、極楽世界に行く。

3．大阪朝日新聞に連載された『鶏林情話　春香伝』について

1）半井桃水（資料1）

　半井桃水（なからいとうすい、1860～1926）は、対馬藩厳原に生まれた。
12歳のとき、釜山倭館に勤務する父親に同行して3年間朝鮮で過ごす。『西
京新聞』『大阪魁新聞』で健筆をふるって、その名を知られるようになる。明
治14年（1881）『大阪朝日新聞』の特派員として再び釜山に渡る。明治21年
(1888)、釜山での生活を終えて日本に戻り、『東京朝日新聞』に入社。それ
から新聞小説家として300余編の作品を発表した。

　『鶏林情話　春香伝』は半井桃水が特派員として釜山滞在中に書いたもので
ある。次のような序文を載せている。

> 「我国の朝鮮と関係あるや年已に久しといへども未だ①彼国の土風人
> 情を詳細に描写して世人の覧観に供せしものあるを見ざりしは常に
> 頗る遺憾とせし所なるが②近日偶彼国の情話を記せし一小冊子を得
> たり亦以て其土風人情の一斑を知るに足るべくして今日彼国と③通
> 商貿易方に盛んならんとするの時に当り尤も必須なるものなれば訳
> して追号の紙上に載す[1]」

2）『大阪朝日新聞』と読者層　（資料2）

　『大阪朝日新聞』は明治12年1月25日に大阪で創刊された。『大阪朝日新聞』
は4年後の明治16年になると販売部数、全国一の座を占める。そして、明治
21年には『めさまし新聞』を譲り受けて7月10日より『東京朝日新聞』を発
行するに至る。

1　『大阪朝日新聞』明治15年6月25日。

（1）朝鮮通信

　朝鮮貿易に強い興味をもっていた社主の村山竜平の影響もあり、朝鮮通信にも力を入れた[2]。釜山から送られた半井桃水の朝鮮通信は、彼の観察が鋭くて現地に関する知識が豊富であったため評判がよかった[3]。

（2）連載小説の重視

　創刊当時から新聞小説に力を入れていたが、明治14年4月から連載された小野米吉作の「邯鄲廻転閨の白浪」（50回）が大人気を得てから紙面のゆるすかぎり読み物を2篇ずつ連載し、大衆の興味をつなぐことになおさら努力をする。

（3）読者層

　小新聞であった『大阪朝日新聞』の読者層は一般庶民であった。その中でも、『大阪朝日新聞』は、政治情報より経済情報の報道に充実したので、読者層の中核は中小商人であったと推定される[4]。商人たちは新聞に接して、商品情報、物価情報など経済情報を求めた。

3）原作『春香伝』と『鶏林情話　春香伝』の比較

　『鶏林情話　春香伝』は、全体的には韓国小説『春香伝』の筋をそのまま維持しているが、原テキストそのままではなく、省略・挿入された部分が多く見られる。全体的に原テキストより論理的に展開されており、読者を刺激するような劇的な場面は省略した傾向がある[5]。

（1）出会いの場面

　現や、此類なき美人にて、楚の裏王が夢に見えし神女の俤、魏の曹植が筆を托せし洛神も、斯やと思ふ花の顔面。貴妃、西施も、豈及ばん。李道聆ハ只管恍惚れ、言葉も暫時出ざりしが、坐、漸く定つて後、李道聆ハ春香に向

2　『村山竜平伝』（朝日新聞社、1953）
3　『上野理一伝』（朝日新聞社、1959、p.209）
4　山本武利、『近代日本の新聞読者層』（法政大学出版局、1981）
5　西岡健治、「日本における『春香伝』翻訳の初期様相」〔福岡県立大学人間社会学部紀要〕第13巻・第2号（福岡県立大学人間社会学部、2005）〕

ひ、年と名とを尋ねしに、春香ハ恥らひし面色にて、「妾が年は二八にて、名を春香と呼はべる」と従容［に］答ふるにぞ、此方ハ大ひに喜びて、「然らば、齢ハ我と同じ。又、産れたる月日は」と問へば、「妾の誕生ハ、夏四月八日」とぞ答ふ。李道聆ハ、手を打鳴し、「果して月日も同じければ、天の結べる縁にこそ」と喜ぶ状ハ、九竜沼に如意珠を得たるに異ならず。（『鶏林情話 春香伝』第3回）

　계하에 이르러 문안을 알외니 니도령이 눈꼴이 다 틀니고 정신이 표탕하여 두 달이를 잔득 꼬고 셔셔 하난 말이 방자야 네하정이란 말이 되난 말이냐 밧비 오르게 하라 춘향이 맛지 못하여 당상의 올나 녜필좌정 후의 니도령이 뭇난 말이 네 나히 몟치며 일흠이 무여신다 춘향이 아라따온 소래로 엿자오대 쇼녀의 나흔 이팔이요 일흠은 츈향이로소니다 니도령이 우스며 하난 말이 이팔이 십뉵이니 나의 사사 십뉵과 정동갑이라 잇지 반갑지 아니며 일흠 츈향이라 하니 네 형용이 일흠과 갓도다 절묘하고 어업부다 （『春香伝』）

（階下に到り、問安申し上げるに、李道令、目付き大いに異なり、精神、飄蕩り、二つの足を深く組みて、立ち上がり言うことには、"これ、房子、下庭は失礼というもの。急ぎ、上にお連れしろ。"春香、やむ無く、堂上に上がり、礼畢坐定のち、李道令、問いて言うことには、"そちの歳はいくつにして、名前はなんと申すか？"春香、美しい声で、"小女の歳は二八にして、名は春香と申します。"李道令、笑って言うことには、"二八は十六にして、余の四四十六とは正同甲なり。嬉しいことこの上なく、名は春香とのこと、そちの形容、名前に同じなり。絶妙にして、美人なり）[6]

『春香伝』では李道聆が春香の年と名前を聞き、自分と同じ年であることを知って喜びながら春香の美貌を褒めている。これに比べ『鶏林情話　春香伝』では「楚の襄王が夢に見えし神女の俤、魏の曹植が筆を托せし洛神も、斯やと思ふ花の顔面」等のように春香の美しさを描写する内容を創作・挿入している。

6　『春香伝』の日本語訳である。以下、ハングルの下に日本語訳を付けた。

（2）別れの場面

道聆ハ涙を押へ、「我父、戸曹参判に昇進ありし喜ハ、我等、哀別の悲なり。
実や、人間の万事ハ、彼塞翁が馬に均しく、旦の喜ハ、夕の悲、昨日の禍も、
今の福となれバ、斯る悲き秋に遭ふとも、互の心に変なくバ、再び、楽しき
春来らん。我真心に、曇なき証の為に、此一品、卿に預置くべし」とて、一
面の鏡を出し、春香の前に指置て、（中略）春香は、涙を払ひ、「君、今、京
城に帰［り］賜ハバ、何れの時か再び来り、妾と手を取り語らひ賜ふぞ、枯
木に花の咲く頃か、屏風に描きし鶏の、翼を搏て鳴く頃か。妾が心に変なき
ハ、此玉指環の、数百年塵土［の］中に埋まるとも、色を変ぬに均しかるべ
し」と、指環を出して、送りければ　（『鶏林情話　春香伝』第７回）

바로 츈향의 집으로 가니 츈향이 밧비 나와 니동령의 손을 잡고 목이 버여 울
며 두 손으로 가삼을 치며셔 하난 말이 이 일이 어인 일고 이 셜움을 엇지 하
잔말고 이제난 니별이 졀로 될지라 니별이야 핑생의 쳐음이오 다시 못 볼 님이
로라 니별마다 셜것마난사라 생니별은 생쵸목의 불이로다 （中略） 니도령이 두
사매로 낫츨 싸고 목이 머여 훌젹훌젹 울며 춘향더러 이른 말이 우지 말라 네
우름 쇼래의 장부의 일촌간장이 구뷔구뷔 다끈허진다 우지 말라 평생의 원하
기을 우리들히 죽어 꼿치 되고 나뷔 되여 삼츈이 다 진토록 （『春香伝』）

（まっすぐ、春香に家に向かうと、春香、いそぎ現われ、李道令の手をとり、
喉を詰らせて泣き、胸を叩きつつ言うことには、「いったい、どうしたという
のですか。この悲しみを、どうしましょう。いまや、離別（わかれ）は避けがたかるも、
生れて初めて、君とも永久の別れなり。離別（わかれ）はすべて悲しきものの、生きて
の生離別（わかれ）は、生草木（くさき）に火を放つに等し（中略）李道令、両の袖もて顔（おも）を被い、
喉を詰らせ、すすり泣きて、春香に言うことには、泣くでない。そなたが泣
けば、丈夫の一寸肝臓（はらわた）は、抉（えぐ）られるようだ。泣くでない。平生（つねひごろ）、願いしは、
われら二人死するとも、花となり、蝶となりて、三春（はる）の尽きるまで）

『春香伝』では、春香との離別を悲しむ李道聆の感情をそのままなまなましく
描いている。これに比べ『鶏林情話　春香伝』では「人間の万事ハ、彼塞翁
が馬に均しく、旦の喜ハ、夕の悲、昨日の禍も、今の福となれバ」のように
論理的な表現で創作・挿入されている。

（3）再会の場面

彼両班ハ言葉を和げ、「妓生春香、顔を揚げよ」と、云ふ一声は、誰ならん
か。世に、音声の似しものハ、尠なからざる習なれど、「斯てハ、思ふ我君
に、よも違ふことあらじ。好、是とても気の迷か」と、思ひながらも、頭を
揚げ見れば、顔こそ道聆なれ、昨日の襤褸引換て、今日ハ、錦繍に身を纏ひ、
金銀珠玉に装ひたれば、「夫か、あらぬか」とばかり、呆れ惑ひて、居たりけ
り。李道聆ハ、左こそと打笑み、其身ハ、御史と云へる官にて、仮に姿を扮
せし事を、詳細に説聞せ、更に、是迄の艱苦を謝し、守節の程を賞せし後、
「今宵、不取敢、婚姻を整へ、百年の佳約を結バんと思ふ」とて、幾重かの衣
服に、金銀宝玉を取添えて、之を、春香に与へ、母をも此に召迎へて、夥多
の引出物を取らせ、目出たく婚姻を整へしかバ、母も娘も、夢の如く覚ざる
ことを頼めるのみ。（『鶏林情話　春香伝』第20回）

어사 츈향더러 이르되 네 얼골 들어 날를 보라 하거날 츈향이 엿자오대 보기도
슬삽고 말삼 대쳑하기도 어렵사오니 밧비 쥭녀 쇼녀의 원을 이루게 하쇼셔 어
새 이 말를 듯고 도로혀 가련이 여겨 갈오대 아모리 실러도 잠간 눈를 들어 자
셔히 보라 하니 츈향이 그 말를 듯고 의아하여 눈를 들어 쌀펴본즉 의심업슨
니도령이라 불문곡직하고 뚜여 올나가며 얼사절사 죠흘시고 이런 일도 고금의
또 잇난가 녯날 한신도 표모의게 긔식하고 쇼년의 욕을 보다가 한나라 대장되
쥴 뉘 알며 강태공도 션팔십 궁곤하여 위슈면의 낙대를 드리오고 잇다가 듀나
라 졍승될 쥴 뉘 알며 엇그제 걸인으로 단니다가 오날 암행어사될 쥴 그 뉘 알
며 옥즁의셔 고상하다가 어사셔방 맛나 셰상구경할 쥴 뉘 알숀야 얼시고 죠흘
사 어사 셔방 죠흘시고 이거시 꿈인가 생신가 （『春香伝』）

（御史、春香に向い、「そちの顔を上げ、余をよく見よ。」と言えば、春香、申
し上げるに、「見たくもなく、お話することもなきゆえ、はやく殺し、小女
（わが）願いを、かなえて下さりませ。」御史、これを聞き、かえって可憐に
なり、曰く、「いくら嫌でも、しばし顔を上げ、詳細（よ）く見よ。」と言え
ば、春香、これを聞き、疑訝りつつ、顔を上げ、注意深く見るに、疑心（ま
がうこと）なき李道令なり。不問曲直（ばしょをかえりみず）、駆け上がれ
ば、オルサチョルサ、ああ、良きかな。かかること、古今も、ありなんや。

その昔、韓信も、漂母に寄食し、少年に辱められるも、漢の大将にならんと、誰が思いしか。姜太公も、先八十（としよるまで）、窮困し、渭水辺にて、釣り糸たれしも、周の政丞にならんと、誰が思いしか。二三日前、乞人なりし者、今日、暗行御史ならんと、誰が思いしか。獄中にて、苦生しつるも、御史書房（ぎょしのおっと）にめぐり逢い、世上、再び見んと、誰が思いしか。オルシグ、チョウルサ、御史書房、チョウルシゴ。夢か現か）

『春香伝』では御史が李道聆であったことを知った春香は嬉しさのあまり壇上に上がり歌いながら踊っている。春香の嬉しさがそのまま現れている。これに比べ『鶏林情話 春香伝』では「呆れ惑ひて、居たりけり」のように『春香伝』の劇的な興奮は現れておらず、叙述的に縮約されている。

4）新聞小説『鶏林情話 春香傳』の特徴
（1）挿絵

（第一回の挿絵）

（第五回の挿絵）

（第九回の挿絵）

（第十六回の挿絵）

挿絵は創刊当初から『朝日新聞』の挿絵を担当していた武部芳峰[7]によるものだと推測される。彼は歌川派に属する大阪の浮世絵師で、役者などの似

---

7 武部芳峰は明治28年8月27日、57歳で没したが、明治23年6月、病を得るまで朝日の挿絵に筆をふるった。（『朝日新聞社史』明治編、朝日新聞社、1995、pp.22〜23）

顔絵を得意とした。

『鶏林情話　春香伝』の挿絵は四回のみであり、誤りも多い。半井桃水は挿絵に関して「此場の畫解ハ次号に詳なり」（第一回の最後）、「第一回の李道聆に髯を生せしは畫工の誤りに付取消しではない剃消します」（第五回の最後）と付け加えている。

（２）情報伝達

①朝鮮の名勝地

> 「房子ハ進出平壤の浮碧樓、海州の梅月堂、晋州の燭城樓、江陵の鏡浦臺、襄陽の洛山寺、高州の三日浦、通川の叢石亭、三陟の竹西樓、平海の月松亭ハ皆之名勝の地なれどもハ八道に名を轟かし小江南と言囃さるゝ南原の廣寒樓こと特に勝れて候ふなれと」（第一回）

②朝鮮の妓生

> 「此日南原の妓生春香は由水に遊バん為首處那處に徘徊ひける麼如何なる扮粉ぞ錦繡に緋緞子を交へたる衣にハ金銀珠玉を彫め黒漆の如く柔軟なる髪に半月に似たる梳を挿し懸板の如く廣かなる紫の紐を以て惜氣もあらず結び下げ後にハ金鳳釵手にハ玉指環耳にハ月起彈を掛け腰に玉鎗刀を横たへたり」（第二回）

その外に、

> 朝鮮の御史に関して「譯者曰く御史ハ安察使の如きものにて諸道政事の是非官史の善惡を視察するものなり」（第十四回）
> 「譯者曰く御史が俄かに夥多の從者を引連れ来ること怪しむべきに似たれども此國の風として御史ハ從者迄様々の形を變て召連ると云ふ」（第二十回）

（３）読者の啓蒙

初期の新聞小説は勧善懲悪に基づいて読者を啓蒙するという傾向が強かった。作品の最後には次のように語られている。

　「世間の女子よ此冊子を一度讀みて守節の尊ぶべきを知れ」（第二十回）

４．東京朝日新聞に連載された『夢幻』について

１）小宮山天香と『夢幻』

　小宮山天香（こみやまてんこう、1855～1930）は明治10年代から明治30年代にわたる時期に活躍した新聞作家・記者である。彼は『朝野新聞』『魁新聞』と転じ、明治21年（1888）から『東京朝日新聞』の初代主筆となる。小宮山天香は朝鮮に居住したこともないし、彼が朝鮮と関連した仕事をしたという記録もない。小宮山天香と半井桃水は、大阪の『魁新聞』在社時代から知り合った仲間であり、『東京朝日新聞』で再び顔を合わせた。

　小宮山天香は、『夢幻』が韓国小説『九雲夢』の翻案小説であることを新聞連載の際に明らかにしている。

　　　「明日より俄手替りの小説ハ『夢幻』
　　　古き韓版の小説に九雲夢といふものあり其を翻案して一場のお伽話とハなしたるなり朝鮮といふだけ際物めけど明末に唐代の世界を書たるものなれバ随分とも古めきたる際物と知り給へ　素園しるす[8]」

２）『東京朝日新聞』と読者層

　（１）報道態度

　『東京朝日新聞』は『大阪朝日新聞』の編集方針を継承して、政治情報より経済情報の報道に努力していた。そして、『東京朝日新聞』は『大阪朝日新聞』という本拠を持っていたために、関西方面に関する経済の報道では東京の他紙を圧倒した。また、朝鮮関連記事は他の諸外国関連記事と比べると圧倒的に多い。

　（２）読者層

　『東京朝日新聞』の読者層は、商品情報、物価情報などの経済情報を求めた中小商人が中核であった。『東京朝日新聞』の雑報記事は、商人や一般読者に

---

8 『東京朝日新聞』明治27年９月16日。

は歓迎されていた。しかし、新聞社の主義主張の不明確な編集方針で書かれた論説は、知識人読者にとっては魅力あるものではなかったようである[9]。

3）原作『九雲夢』と『夢幻』の比較

　『夢幻』は『九雲夢』の全体のストーリーの約半分の翻案で終わっている[10]。二つの作品は舞台、地名、人物名等の差はあるものの作品の流れは同じである。

（１）冒頭の部分

　　　　『九雲夢』[11]

「天下名山曰有五焉。東曰東岳。即泰山。西曰西岳即華山。南曰南岳即衡山。北曰北岳即恒山。中央之山曰中岳即嵩山。此所謂五岳也。五岳之中。惟衡山距中土最遠。九疑之山在其南。洞庭之湖經其北。湘江之水環其三面。若祖宗嚴然中処。而子孫羅立而拱揖焉。七十二峰」（巻之一、p.1）

　　　　『夢幻』

「近江の比叡山ハ我邦五岳の一いにしへより皇城鎮護の名區なり高きことハ富士白山に及ばず深きことハ芳野熊野の諸山にだも若ざれども東にハ湖上の八景媚を競ひ雅を此べ西にハ皇城の荘厳玉を敷き錦を繞らし山水の秀麗なるに至りてハ世に又類あるべしとも覚えず信に天が下の壮観なり此山の絶頂四明が嶽に立並びて少し東なる所に一ツの峯あり巖峨しく雲深く木立いと物古りて固より凡俗の境にあらず幾らともなき繁山の折重りて軈この一ツの峯をバ成したるが遠くして之を望めバ形白法蓮華を擎げしに殊ならずとて古ハこゝを蓮華峯とも呼び又八朶が岑とも稱へて」（第１回「比叡山ざくら」）

　『九雲夢』は韓国の小説であるが、その空間的な背景は中国である。中国の

9　山本武利、『近代日本の新聞読者層』（法政大学出版局、1981、p.130）
10　『九雲夢』16章回中、8章回の途中まで翻案されている。前篇第25回の終わりに「但此し篇未だ原本の三が一をも盡さずしては」と書いてある。
11　以下『九雲夢』は「原文和訳対照　九雲夢」（『古書珍書』、第1輯、朝鮮研究会、1914）をテキストとして例を挙げた。

五岳である泰山、崋山、衡山、恒山、嵩山を提示している。これに比べ『夢幻』の背景は、日本の比叡山になっている。

（２）人物描写の部分

　　　　『九雲夢』

「性眞十二歳。棄父母離親戚。依帰師父。即剃頭髪。言其義。無異生我育我。語其情。所謂無子有子。父子之恩深矣。師弟之分重矣。蓮花道場。即性眞之家」（巻之一、p.5）

　　　　『夢幻』

「実に七歳の総角より便なきのに思取り十とせに近き年月を我手一つに養育しつるきさり難き宿世の因縁なるべし二葉にしるき仙檀の生先見えて頼母しきに未永からぬ身の衣鉢さへ汝ならで誰にか伝へん未だ頭こそ御さねど既に戒をも授し身のいつまで斯てあるべきならねバ」（第５回「夜の嵐」）

『九雲夢』の性眞は12歳の時、親元を離れ既に出家した僧侶として描かれている。これに比べ『夢幻』の眞蓮は７歳の時、両親を無くし、お寺で育てられたが、「未だ頭こそ御さねど」出家してない人物として描かれている。

（３）章回名

　『九雲夢』の章回名は各章の内容を表す役割を果たしている。これに比べ『夢幻』では「比叡山ざくら」「母心」のように地名及び抽象的な内容を章回名として提示している。

　具体的な章回名を提示すると次のとおりである。

『九雲夢』	『夢幻』	
	（前編）	（後篇）
1）蓮花峯上大開法宇　眞上人幻生楊家 2）華陰縣閨女通信　藍田山道人傳琴 3）楊千里酒樓擢桂　桂蟾月鴻被薦賢 4）倩女冠鄭府遇知音　老司徒金榜得快壻 5）詠花鞋透露懷春心　幻仙庄成就小星縁 6）賈春雲為仙為鬼　狄驚鴻乍陰乍陽 7）金鸞眞學士吹玉簫　蓬萊殿宮娥乞佳句 8）宮女掩涙隨黃門　侍妾含悲辭主人 9）白龍潭楊郎破陰兵　洞庭湖龍君宴嬌容 10）楊元帥偸閑叩禪扉　公州微服訪閨房 11）兩美人携手同車　長信宮七步成詩 12）楊少遊夢遊天門　賈春雲巧傳玉語 13）合巹席蘭陽相諱名　獻壽宴鴻月雙擅場 14）楽遊園會獵鬪春色　油碧車詔搖古風光 15）駙馬罰飲金屈卮　聖主恩借翠微宮 16）楊丞相登望遠　眞上人返本還元	1回：比叡山ざくら 2回：竹生島 3回：唐蝶 4回：下のみだれ 5回：夜の嵐 6回：無明の谷 7回：忍の岡 8回：旅衣 9回：小簾の透影 10回：あふせの橋 11回：あら浪 12回：よるべの岸 13回：軒の松風 14回：忍草 15回：御津の泊 16回：萩の一本 17回：萩の一本の下 18回：淀の川舟 19回：妙音寺 20回：母心 21回：志たがふ縁 22回：高峯の花 23回：手向の琴の音 24回：東おとめ 25回：琴のさだめ	1回：籠居 2回：得第生 3回：下旅水 4回：うたゝ寝 5回：友鳥 6回：采女塚 7回：嵯峨山 8回：高峯の花 9回：朧月夜 10回：夜の宴 11回：故里人 12回：千曵の纜 13回：手向の征矢 14回：手向の征矢ノ下 15回：筑紫の蓑 16回：遠里小野 17回：千草の床 18回：あらそふ露 19回：秋の朝風 20回：鶴の志るべ 21回：みやび業 22回：二ッ扇 23回：朝の露 24回：朝の露の下 25回：身に志る秋 26回：身に志る秋の下 27回：千々の怨 28回：解官

4）新聞小説『夢幻』の特徴

（1）挿絵

毎回の挿絵がある。挿絵だけを見ると原作が韓国の小説であることが全く感じられない。

第一回の挿絵　　　　第三回の挿絵

第四回の挿絵　　　　第二五回の挿絵

（２）連載の中断

『夢幻』は、不評に終わった。

> 「軈て読者から「分らぬ分らぬ」といふ非難の投書が舞込むやうにな
> り、売捌店からも願い下を乞ふ様になつて来た。かうなつては先生も
> 強て書つづける訳に行かず、中途で結末をつけられた[12]」

作家天香は、『夢幻』の前編の最後（第二五回）に、

> 「夢幻筆者申す聊か碍はる事の出来て興盡きぬしばらく此に筆を禁めん
> 但し此篇尚未だ原本の三が一をも盡さずさしては文姫小桜が事扱は彼
> 白露季秋が行末大堰玉淵渉が上など皆其端を発きしのみにて其事を悉
> さずいと堪なき心地す因てやがて事静り筆親しむ時にも逢はば重ねて
> 余白を借りて此篇を次とあるべし[13]」

それから６か月後、「書つぐこととなりぬ直に前篇第二五回（琴のさだめ）
より読つづくと知りゐ[14]」と後篇を再開する。しかし、「後篇ここに終わる次
は又機を得て再び書次ぐとあるべし[15]」と中断した。天香は『夢幻』を最後
に、小説を書くことはなかった。

5）樋口一葉と韓国小説『九雲夢』：　明治25年５月24日〜29日
- ・５月24日：雨いたく降る。『九雲夢』書写す。十葉計。
- ・５月25日：雨いといとつよく降る。午前の内『九雲夢』十葉計うつして、
  　　　　　　夫より小説草稿にかゝる。
- ・５月26日：連日の雨晴る。早朝より『九雲夢』書写す。
- ・５月27日：大雨。『九雲夢』書写す。此夕べ半井君より手紙来る。
- ・５月29日：早朝直に小石川病人を訪ふ。正午時まで居る。此間に小がさ
  　　　　　　原家及伊東老母、見舞に来る。一時帰家して『九雲夢』少し

12　岡田翠雨、「小宮山天香先生（六）：斷々乎として高踏勇退」（『ひむろ』、1932、p.22）
13　『夢幻』前篇（第25回）「琴のさだめ」明治27年10月30日。
14　『夢幻』後篇（第１回）「籠居」明治28年４月26日。
15　『夢幻』後篇（第28回）「解官」明治28年５月28日。

　　　　写す。更に夕がたより小石川へ行く。

５．終わりに

　『鶏林情話　春香伝』は当時の日本読者の側面から見れば、不慣れな韓国の
小説、特に、具体的な物名、俗語、なまりなどが多いパンソリ系の小説を、
まともに理解するには難しさがあったと思われる。また、大阪で連載された
ため、全国的には普及できなかったと考えられる。
　『夢幻』は好評を得られず結局未完で終わったがその原因は、主に次の二つ
が挙げられる。まずは、作品の内容である。『九雲夢』は哲学性に基づいた複
雑な構造をなす長編小説で、『春香伝』と違って一般読者には難解な作品で
あった。次は、時事性という面からも欠けていた。つまり、当時は日清戦争
が始まって、新聞連載小説も戦争物の人気が高かった。韓国にも高い関心か
向けられていた時期だったにも関わらず、『夢幻』は当時の情勢とは全く関係
ない古典的な物であった。

資料１）半井桃水の生涯

・万延元年（1860）：12月2日、長崎県厳原天道茂町で半井湛四郎の長男と
　　　　　　　　　　して生れる。
・明治5年（1872）：釜山で医師として勤務した父のもとに赴き、給仕とし
　　　　　　　　　て働く。
・明治8年（1875）：当時英学塾として名のあった東京の共立学舎に入学。
・明治10年（1877）：三菱に入社するがすぐ辞表。比叡山に上り修行生活を
　　　　　　　　　始める。
・明治11年（1878）：京都の新聞社「西京新聞」（明治10年創立）に入社。
・明治13年（1880）：「大阪魁新聞」に入社。
・明治14年（1881）：「大阪朝日新聞」の通信員という形で釜山に渡る。
・明治16年（1883）：釜山で同じ対馬藩の成瀬もと子と結婚するが、肺炎で
　　　　　　　　　翌に死亡。
・明治21年（1888）：釜山での生活を終えて日本に戻り、「東京朝日新聞」に
　　　　　　　　　入社。

・明治37年（1904）：日露戦争勃発。「朝日新聞」より従軍記者として第三軍に従軍。
・大正8年（1919）：朝日新聞社を退く。その後は、婦人倶楽部、講談倶楽部などに執筆。
・大正15年（1926）：11月21日、敦賀で没した。お墓は東京駒込の曹洞宗養昌寺。

資料2）各新聞社の発行部数（年間）

	明治15	明治16	明治22	明治23	明治27
東京日日新聞	2,547,582	1,538,769	3,975,223	3,707,151	5,134,363
郵便報知新聞	2,446,069	2,024,790	5,944,997	7,507,358	6,505,394
日本			2,464,103	4,894,221	6,403,648
読売新聞	5,221,376	4,773,365	4,515,051	5,980,658	5,399,365
時事新報	684,001	1,484,226	4,298,199	4,651,909	6,037,406
東京朝日新聞			5,469,826	7,087,677	16,634,978
大阪朝日新聞	4,126,895	6,469,467	12,811,020	15,170,002	28,704,685

（山本武利、『近代日本の新聞読者層』、法政大学出版局をもとに作成）

資料3）半井桃水と樋口一葉の出会い：明治24年（1891）4月15日

「十五日　雨少し降る。今日は野々宮きく子ぬしが、かねて紹介の労を取たまはりたる半井うしに、初てまみえ参らする日也。ひる過る頃より家をば出ぬ。（中略）君はとしの頃卅計にやおはすらん。姿形など取立てしるし置んもいと無礼なれど、我が思ふ所のままをかくになん。色いと白く面ておだやかに少し笑み給へるさま、誠に三才の童子もなつくべくこそ覚ゆれ。丈けは世の人にすぐれて高く、肉豊かにこえ給へば、まことに見上げる様になん（後略）」

資料4）小宮山天香と樋口一葉の出会い：明治24年（1891）5月8日

「今日ぞ、小宮山君に紹介いたし侍らんに、しばし待給へよ。今、社よりの帰さにここへ寄給ふべければと也。少し有て、日かげやや落ぬべき頃に、即真居士は参られたり。君はよはひ卅四計、桃水ぬしに二つのこのかみにおはすとか。たけたかやかならず、こえ給はず、人がらいとおだやかにみうけ侍り。ものがたりするほど、例の夕げのむしろ開かせ給ふ」

「朝鮮雅楽」と日本公演
——一九二四年京都公演を中心に——

武藤　優

（北海道大学大学院）

はじめに

　1924年1月、京都祇園歌舞練場（以下、「歌舞練場」とする）において李王職雅楽部[1]による「朝鮮雅楽[2]」公演がおこなわれた。2日間にわたって開催されたこの「朝鮮雅楽」公演には、在京華族、公職者、音楽関係者など総勢800名が集った。関東大震災から約4ヶ月が過ぎ、さらには皇太子裕仁（のちの昭和天皇）の婚儀を間近に控えるなか開催された本公演は、李王職雅楽部（以下、「雅楽部」とする）にとっては初めての日本公演であると同時に、植民地期を通した雅楽部の活動の中において最初で最後の日本公演となった。

　雅楽部員の京都派遣については、公演のほかにも祇園甲部歌舞会（以下、「歌舞会」とする）への歌舞教授という目的も含まれていた。雅楽部員の京都派遣は、同年4月に公演を控えていた第56回「都をどり」に「朝鮮雅楽」の採用を決めた歌舞会の求めに応じる形で実施された。本稿では、1924年における雅楽部員の京都派遣について、「日本公演」と第56回「都をどり」という大きく2つの事象に着目する。その上で、主に「皇太子の婚儀奉祝」と朝鮮との関係に焦点をあて、李王職ならびに朝鮮総督府における雅楽部員の京都派遣の背景とその実態について明らかにしていく。

1. 雅楽部員の京都派遣——朝鮮における皇太子婚儀「奉祝」の動向

1.1　雅楽部の京都派遣をめぐる報道

　本節では雅楽部の公演をめぐる朝鮮並びに日本における報道を中心に、雅楽部の京都派遣が実施されたその背景と目的について考察をおこなう。『京城日報』（1923年12月23日付　夕刊）は「京都の都踊に朝鮮舞踊を上演」（京都

電報）と、雅楽部員の京都行きを報道した。京都訪問の理由としては、皇太子の結婚や、関東大震災からの復興第１年目にあたる1924年春に実施する京都の「都をどり」の題材として「朝鮮舞楽」の採用が決まり、雅楽部員自ら歌舞音曲を伝授することになったとの歌舞会側の見解が伝えられた。この「都をどり」とは、京都祇園新地にある祇園甲部歌舞会が主催し毎年開催されている京都の春の風物詩である。1868年のいわゆる「東京奠都」により活気が失われてしまった京都の復興策として、1871年（10月７日〜11月８日）に博覧会が開催されたことにはじまる。翌年1872年春に80日間にわたり西本願寺、建仁寺、知恩院の３カ所で博覧会が開催され、この博覧会の付博覧（余興）として祇園の「都をどり」などが行われた。1873年の第２回都をどりからは、花見小路に新築された歌舞練場（図１）に会場を移し、毎年恒例の行事となった〔小原　1994：46〕

　『京城日報』においては、雅楽部員が京都に歌舞伝授のため訪問するとして報じられた一方で、実際には９日間の京都滞在において歌舞伝授のほかにも２日間にわたる日本公演や「観光」をおこなっている。特筆すべきは、この京都訪問は雅楽部史上初の日本公演であり、また最初で最後の日本公演であったという点である。果たして、この日本初公演はどのようにして実現したのだろうか。ここからは、その背景についてみていく。雑誌『技芸倶楽部』によると、1924年が「日韓併合十五周年に相当する」ため、歌舞会において1924年度の都をどりの中挾みに「李王家宮廷の一部と牡丹台金剛山等を背景に描出し旧官妓の容姿を模倣し優雅高尚な舞振を演出したい」と希望したことが、日本公演実現の発端であるという。歌舞会では、1923年７月に会幹部と背景画公道具方つまりは大道具を朝鮮に派遣し実地見学をおこなっている〔技芸倶楽部　1923：31〕。この朝鮮での実地見学は「朝鮮官辺其他各方面」の後援を受け実現しており、制作の前段階から朝鮮総督府ないしは李王職が便宜を図っていたことがうかがえる。その後、京都府知事の斡旋により李王職雅楽部員の京都への派遣が決定し、1924年１月18、19日両日に歌舞練場で

図１　歌舞練場（実業広告株式会社「都をどり」1932年パンフレット、口絵）

の「朝鮮雅楽」公演が開催されることになった〔技芸倶楽部　1924：56〕。雅楽部は歌舞会の要請に応じ、公演終了後の日程において歌舞会の教員[3]らに「雅楽」（朝鮮雅楽）と「舞踏」（宮中舞）を教授している〔技芸倶楽部　1924：57〕。

　1924年の都をどりに関する当初の報道では、「皇太子殿下の結婚」や「震災復興一年目」、さらには「韓国併合一五周年記念」にも当たるため「朝鮮舞楽」を採用したとした。しかし、後の報道では開催趣旨として「韓国併合一五周年記念」のみがクローズアップされ、皇太子の婚儀に対する奉祝や震災復興という文言は見受けられなくなった[4]。この開催趣旨の報道の揺らぎについては、震災の影響が少なからず関係していると考えられる。『朝鮮新聞』（1923年10月20日付）には、「奉祝の献上品は遠慮せよと宮内省通達」（東京電報）として、皇太子の意向により宮内省から朝鮮を含めた全国各府県に対して、奉祝品の献上を自粛するようにとの通達が宮内省から発せられている。このような、表立っての奉祝行為の自粛を促す宮内省側の動向が、興行や公演の実施の趣旨においても影響を及ぼしたということは十分に考えられる。

1.2　朝鮮における皇太子婚儀への奉祝

　震災の影響により宮内省から婚儀奉祝に対する献上品への自粛の通達が発せられたものの、1924年1月26日の婚儀を控えた日本ならびに朝鮮の新聞報道は、連日にわたり婚儀に関する報道をおこなった。朝鮮総督府機関誌『朝鮮』は、斎藤実朝鮮総督による「皇太子殿下御成婚を奉祝して」を掲載した。ここで斎藤は、以下のように述べている。

　　「凡そ臣民たる者、ひたすら聖旨を奉体し、彝倫を重んず可きは勿論、その国民的使命を一層自覚し、更に進みては帝国の世界に於ける地位を自覚し、万邦に卓越する崇高なる皇室を戴き、彌栄に栄ゆる皇運を扶翼し奉り、天業の恢弘に努むるべきである。殊に朝鮮に於ける同胞としては、併合後最初の御慶事に逢ふたのであるが、一視同仁雨露の皇沢に浴する新附臣民として、感懐の一段深きものがあるであらうと思うのである。」〔朝鮮総督府　1924年2月：2－3〕

このように、斎藤は奉祝に際して、皇室の恩恵を受ける「臣民」としての自覚を再認識することの必要性を説いている。さらには「併合後最初の御慶事」に逢った同胞、つまりは朝鮮に暮らす朝鮮人に向けて、国を挙げて奉祝することがいかに尊い経験であるかを認識させようとする意図がみてとれる。1924年の年頭の辞において、朝鮮総督が以上のような「臣民のあるべき姿」

図2　朝鮮総督府前に参集した旗行列の朝鮮人女学生・児童（『朝鮮総督府』第110号、1924年6月、口絵）

を説くなか、果たして朝鮮では皇太子婚儀をいかなる形で奉祝をおこなったのだろうか。1924年1月12日、朝鮮総督府は奉祝の方法について以下のような項目を公表した。その内容は、「一般に国旗の掲揚を行い奉祝の意を表す」こと、各学校において「両殿下の御盛徳に関し講話を為す」こと、「神社における祭典」の実施、「婚儀時間帯に煙火を掲げる」ことなどである（『京城日報』1924年1月12日）。朝鮮総督府から奉祝に向けた朝鮮の奉祝のあり方が提示されていくなか、「奉祝記念事業」により朝鮮における暮らしの中にも直接的な変化が生じることとなる。とくに、朝鮮全土で実施された奉祝記念事業の上位3件をみてみると、「文庫の設置」が63カ所、「公園開設」が20件、「図書館設置」が18件とあり、いずれも社会教育施設の設置・拡充が図られていることが分かる〔朝鮮総督府　1924年9月：120-123〕。

　また、同年5月31日に開催された「饗宴の儀」に向けて京城府では、府庁前に巨大な奉祝塔を設置し、開催当日には京城府の児童・学生らによる提灯行列や旗行列（図2）がおこなわれるなど、皇太子結婚への奉祝ムードは1924年4月5月と更に盛り上がりをみせていった（『京城日報』1924年5月10日）。

1.3　李王家からの献上品

　ここまで、朝鮮における皇太子の婚儀奉祝に関する対応についてみてきた。朝鮮内において皇太子婚儀に対する奉祝の気運が着実に醸成されるなか、朝鮮各地から皇室へと届けられる献上品の数々が新聞で報道されることとなる。その中でも群を抜いて豪華な美術品を献上したのが李王家である。この李王家からの献上品は、李王職雅楽部にも縁のある物品が含まれているため以下

に紹介する。李王家の献上品については、『東京朝日新聞』（1922年12月16日
付　朝刊）が婚儀の約２年前に「李王家の献上品　御居間の調度品など」と
題し、その詳細についていち早く報じている。『東京朝日新聞』の報道では、
李王家において献上品の調査研究がおこなわれた結果、李王職美術品製作所
に戸棚・立掛・文庫・手箱の４点の製作が命じられたことを伝えている。ま
た、これらの製作には日本産の木曾檜を用いることや、装飾品の一部を中国
から取り寄せるなどして総額で１万２千円となることが示され、完成は翌23
年８月であるとあわせて報じている。実際に皇室に献上された品物について
は、『純宗実録附録』〔巻之十五　1924年１月12日〕に、以下のような記述が
ある。

　　　献上物品于　皇室新羅王冠模様朝鮮式棚一箇朝鮮楽器模様文庫一箇
　　　高麗寶桐花模様大刀掛一箇団扇模様手匣一箇以皇太子殿下御結婚也

　この記述からは、献上品として「新羅王冠模様朝鮮式棚」「朝鮮楽器模様文
庫」「高麗寶桐花模様大刀掛」「団扇模様手匣」が各１点ずつ送られたことが
確認できる。李王職は1920年に美術品製作所に献上品の製作を内命し、美術
品製作所はまず図案の作成に約一年半を費やしている。製作には1921年５月
から着手しており、製作期間は約４年であった（『京城日報』1923年11月27
日付　朝刊）。
　これら献上品のなかでも、とくに注目したいものが「朝鮮楽器模様文庫」
である。この文庫（御文匣）は、高さが１尺１寸（約33㎝）、長さ３尺（約
90㎝）、幅が３尺３寸（約1m）あり、すべて古来器の紋様を鏤め、その装飾
には本棚同様すべて高価な金銀宝石を用いた螺鈿蒔絵細工がほどこされたと
いう（『京城日報』1923年11月27日付　朝刊）（『大阪朝日新聞（朝鮮版）』1923
年４月13日）。これらの献上品には、現在の価格で総額約1900万円が投じら
れた。李王職及び美術品製作所が朝鮮美術の威信をかけて製作に取り組んだ
ことは想像に難くない。残念ながらこの「朝鮮楽器紋様文庫」は、現時点に
おいて実物の写真を確認することができておらず、装飾の詳細については把
握することができなかった。また、それぞれの献上品の題材への採択の経緯
など新聞報道は一切伝えておらず未だ不明な点も多い。しかし、「朝鮮雅楽」
がその文様の題材として採用されたという点は、1920年代初頭の李王職なら

びに李王職美術品製作所において、「朝鮮雅楽」が皇室への献上品として相応しい存在であり、それ相応の価値が見いだされていたということを示す貴重な資料と言える。

2．海を渡った李王職雅楽部 — 日本初の「朝鮮雅楽」公演

2．1　雅楽部員の京都派遣とその日程

　雅楽部の活動において唯一の日本公演である1924年の京都への雅楽部員派遣について、蔵書閣所蔵の「雅楽京都授」（以下「報告書」とする）という、1924年に雅楽部員の京都派遣終了後に作成されたとみられる旅の報告書を使用し、京都での活動実態を再現していく。

　京都への派遣は1924年1月15日から1月25日の11日間にわたり、移動時間を差し引きすると京都で丸一日行動できたのは7日間であった。形式上は京都府知事の招聘を受け李王職から派遣されるという形式をとってはいたが、派遣には朝鮮総督府や風俗研究会といったその他の民間団体の斡旋により実現しており、日本と朝鮮との官民一体で実施された旅であった。「報告書」と『京都日出新聞』（1924年1月12日付　夕刊）の報道をもとに、派遣された人物を列記すると以下のとおりである（括弧内は職位と公演での担当）。

　　　金寧済（雅楽師・楽員）、李奉基（雅楽手・楽員）、金永基（雅楽手・
　　　楽員）、金桂善（雅楽手・楽員）、金寿天（雅楽手・楽員）、朴三釗
　　　（雅楽手・楽員）、高永在（雅楽手・楽員）、李炳祐（雅楽手・舞員）、
　　　朴老児（雅楽手・舞員）朴聖在（雅楽生・舞員）、金先得（雅楽生・
　　　舞員）、李炳星（雅楽生・舞員）、金澡吉（通訳〔属〕）

　山本〔2010〕によると、派遣された楽師のなかでも指導者級の楽師が京都公演で演奏を担当し、養成所に在籍中の雅楽手や雅楽生といった若手楽師が舞楽を担当したという〔山本　2010：146〕。京都への雅楽部員派遣について、実際に京都で公演をおこなった雅楽部員としては唯一、金千興（1909〜2007）が自身の回顧録『心韶金千興舞楽七十年』において書き記している。

　　　ソウルから釜山まで特急列車で十余時間かかり、船便で釜山から下

関まで10時間かかった。公演団の引率は金寧濟楽師、李壽卿先生が
受け持ち、金桂善（大笒）、李龍振（笛）、金寿天（杖鼓）、高永在
（大笒）、朴徳仁（奚琴）、明鎬震（伽耶琴）、金得吉（玄琴）、朴昌均
（唐笛）、舞踊手としては李炳祐、朴老児、朴聖在、李炳星、金先得
であったと記憶している。この時、団員たちは黒い中折れ帽をかぶ
り、先生たちの中でも若い方はキャップをかぶっていた。しかし、
惜しまれる点としては、今から65年前の年が17才の時の出来事であ
り、いくら記憶をたどってみてもその時の状況が詳しく思い浮かば
ないことである。(原文は韓国語。筆者翻訳による)〔金　1995：45〕

　この回顧録と先に引用した「報告書」とでは、大きく異なる点が確認でき
る。それは、京都に派遣された雅楽部員の人選についてである。両者で示さ
れた人選において、舞員（舞踊手）5名がすべて合致している一方で、楽員
については5名分の相違がみられる。回顧録が出版された当時、金は既に年
齢が80代半ばを過ぎており、当時のことについては詳細な内容までは記憶し
ていなかったようである。しかし、金千興は京都派遣について、こうも回顧
している。

　　その時のやむを得ない事情により同僚のうち何名かだけが外国公演
　　に向かったのであるが、それを恨んだり理由に、羨ましがったりし
　　なかったことから、私たちはそれほど幼く、純真ではなかったので
　　はないかという考えが浮かぶ。いずれにせよ、この日本公演はもと
　　より小さな規模の演奏団であったが、我らの宮廷音楽と舞踊が初め
　　て日本に紹介されたという点において、大きな意味を持つといえる
　　〔金　1995：46〕。

　金がここで示した「やむを得ない事情」が果たして何を示すのかは判明し
ていない。しかし、派遣の直前で何かしらの事情が原因で人選に変化が生じ
たことは確かであろう。「私たちはそれほど幼く、純真ではなかったのではな
いか」という言葉からは、雅楽部員の中にはこの日本への派遣に対して特段
の思い入れがあったというわけではないという、いくぶん含みを持たせた文
章にも読めるが、それはあくまでも推測の域を出ない。金の回顧録からも分

かるように、雅楽部のなかでも少数の部員のみが派遣された、本来の規模ではない演奏と舞踊を披露することとなった。この回顧録の中でも最も注目すべき点は、「我らの宮廷音楽と舞踊が初めて日本に紹介されたという点において、大きな意味を持つといえる」という箇所である。この言葉からは、派遣された雅楽部員が派遣の目的を京都の歌舞会への歌舞音曲の伝授ではなく、朝鮮の宮廷音楽と舞踊を日本に紹介する「初の日本公演」として認識していたということを読み取ることができる。

　それでは、「報告書」を参考に雅楽部員の京都における旅程を再現すると以下のとおりである。

表1.「報告書」に記載された滞在日程

年月日（時刻）	訪問先及び活動内容
1月15日（午前10時）	京城駅発。
1月16日（午後11時18分）	京都駅着。京都府より指定された旅館に宿泊。
1月17日	報告者、一同を代表して京都府庁に知事代理白根内務部長に面接。京都到着の報告と日程の調整。
1月17日（午後1時）	伏見桃山の両御陵参拝。帰途、乃木神社、竹中缶詰工場等を参観。歌舞練場にて設備を視察。
1月18日（午前）	歌舞練場にて演奏と舞楽の練習。その他の準備。
1月18日（午後1～5時）	歌舞練場にて公演。
1月19日（午後1～5時）	歌舞練場にて公演。
1月20日	休養。京都市所在の名所旧跡を歴覧。
1月21日（午前）	休養。名所旧跡工場等を巡覧。
1月21日（午後）	歌舞会教師へ「長生寳宴之舞」の一部を伝授。京都府知事代理の和田府理事官が報告者の宿所を訪問。一同の状況、特に健康状態を聴取される。
1月22日	前日と同様（歌舞会教師へ歌舞の教授）。
1月22日（午後11時）	李王職次官・礼式課長一行の京都駅通過、東上につき報告者及び金（通訳・属）は、派遣員一同を代表し敬意を表し、且つ本日までの行動要領を報告。
1月23日（午前）	旧御所（京都御所）、二条離宮（二条城）拝観。
1月23日（午後）	歌舞教師の楽と舞を参観。前日に続き、「長生寳宴之舞」の一部を伝授。本日を以って、予定全て終了。報告者、一同を代表して京都府庁を訪問し、府知事に面接。退京の旨を報告。在京中の歓待を謝し退庁。
1月24日（午後8時30分）	京都駅発。帰任の途に就き、府庁より知事代理として和田理事官が駅に見送り。
1月25日（午後6時50分）	派遣員一同、異状なく京城駅着。帰任

　この旅程からは、公演に2日間、観光に4日間、歌舞会への歌舞教授に3日間（1日当たり4時間）を費やしていることがわかる。

2.2　京都における「朝鮮雅楽」公演

　続いて、1月18・19日に2日間にわたり実施された公演についてみていくこととする。公演は2日とも祇園新地にある歌舞練場において開催された。18日の参観者は、在京華族、京都府知事、府市官公吏、公職者、大学・高等学校・専門学校教授、新聞記者等の約300百名であった。披露された曲目は「瑞日和之曲」、「太平春之曲」、「演百福之舞」（図3）、「萬波停息之曲」、「長生寶宴之曲」、「堯天舜日之曲」、「春鶯囀」であった。2日目公演時には、有職保存会[5]員、風俗研究会[6]員、雅楽研究者、一般音楽家を主とした音楽関係の研究者や音楽に趣味をもつ人士が約500名参観したという。『京都日出新聞』（1924年1月20日付　夕刊）は、公演1日目の様子を写真入りで報道し、今年の都をどりのテーマとなる朝鮮舞楽を李王職雅楽部員が試演したということを伝えた（図4）。雑誌『歴史地理』には、初日である18日の公演を観た者の随筆（「朝鮮の雅楽」）が掲載されている。

　　服装から、節調から、舞曲から、唱詞から、すべてが極めて優美荘重なもので、庶民の艱苦の何物たるかを夢想だもせず、自分等限りの富貴にまかせて、日夜管絃の宴に耽り、表面の太平に惑溺して居た平安朝頃の大宮人の有様が、想ひ出される底のものであった。（中略）成る程時勢の要求に副はぬ所に、所謂雅楽の雅楽たる所があるのだなと思つた事であつた。〔日本歴史地理学会　1924年3月：265-266〕

　以上の感想からは、「朝鮮雅楽」がいかに当時の暮らしから乖離した、浮世離れした存在であるかを認識したかということがみてとれる。
　この観覧者による随筆には、どのような態度で「朝鮮雅楽」を鑑賞したか、その「まなざし」が反映されている。それは、「朝鮮雅楽」を朝鮮王朝由来の祭祀・宴礼の楽として、その伝統の粋を理解しようという態度ではなく、あくまでもその姿を日本の雅楽、それも平安時代に遡った雅楽の姿に重ねているという点である。「朝鮮雅楽」に向けられた恐らく日本人であろうこの筆者

によるまなざしは、雅楽
部の「朝鮮雅楽」(朝鮮
舞楽を含む)を日本の舞
楽の旧来の姿に置き換
えるという、まさに悠久
の時代の雅楽の淵源を
「朝鮮雅楽」に見出そう
としている姿であるとい
える。このような「朝鮮

図3　1月18日に歌舞練場にて「演百福之舞」を披露する雅楽部員(『技芸倶楽部』第2巻第2号、1924年2月、口絵)

雅楽」に向けられたまなざしは、風俗研究会員の記した随筆にも同様の態度
を確認することができる。

> 一月十九日は京都祇園歌舞会の辻村多助氏及び会員都踊背景主任野
> 村芳光[7]氏の御尽力によって会員一同が祇甲歌舞練場に於て今回聘
> せられ入洛せられた朝鮮李王職の官楽の拝観が出来た。太平春の曲、
> 萬波倚(ママ)息の曲や濱百福の舞長生寶宴殊に春鶯囀の舞は日本
> 中古の舞と対比して大に参考となつた。楽器はすべて非常な古いも
> ののみで、四千年の由来を有するものさへあり、舞は舞楽と似たも
> ので、五人舞であつた。が春鶯囀は一人舞であつた服装もすべて優
> 婉で春鶯囀のが最も珍しかつた。舞に独唱が入るのも朗詠のを思ひ
> うかべて床しい心地がした。〔風俗研究会　1924：25〕

　上記の随筆からは、雅楽部員による「朝鮮雅楽」を日本の雅楽の古来の姿
を比較し想像する手段として鑑賞している筆者の視点が示されている。上記
に引用した雑誌『歴史地理』、『風俗研究』における「朝鮮雅楽」に対する随
筆は、植民地期の朝鮮を日本の藤原朝の時代と同一視するいわゆる「停滞

図4　雅楽器の前に着座する雅楽部員(『技芸倶楽部』第2巻第2号、1924年2月、口絵)

論」[8]のまなざしを多分に含んでいるといえよう。

2.3　渡航制限の緩和と監視の強化

　ここまで、雅楽部員による京都派遣について、主に歌舞練場で実施された公演に焦点を当ててみてきた。しかし、この京都派遣ならびに日本公演の背景と実態を解明する上でもう一点ふれておかなければならない事柄がある。それは、1924年1月に朝鮮人である雅楽部員が日本を渡航するという点についてである。ここでは、雅楽部員をめぐる日本側の受け入れ態勢について、主に日本の警察の対応を中心に、1924年1月時点における日本渡航における朝鮮人を取り巻く日本の状況について明らかにする。雅楽部員が京都に派遣されたのは、関東大震災からちょうど4か月が過ぎた頃であった。震災後、内務省では関東地方における秩序の確保や、増え続ける朝鮮人労働者の日本への流入を考慮したうえで、朝鮮人の日本への渡航禁止の制限をもうけることとなる。ただ、例外的な措置として学校生徒や公用での渡航者のみに渡航が許可されていたという（『京城日報』1923年12月22日付　朝刊）。『京城日報』（1923年12月22日付　朝刊）は、「関東の秩序回復」として、禁止されていた朝鮮人の日本への渡航が12月19日以降に緩和され、今後は最寄りの警察署において証明書の発行を受ければ渡航が可能となったことを伝えている。震災前の1920年代以降においても、朝鮮人の内地渡航に際しては「内地渡航証明書」を警察署で発行してもらう必要があったため（『大阪朝日新聞』1922年9月15日付）、制限の緩和といっても渡航禁止前の状態に戻ったということであろう。ただ、雅楽部員は京都府知事の招聘による公的な日本渡航であるため、これらの内地渡航に対する規制の例外的措置に該当する。

　しかし、上記の震災後における朝鮮人の日本への渡航制限以外にも、日本の警察は日本に滞在・居住する朝鮮人に対して監視の度合いを強めていた。その要因は、皇太子の婚儀を目前に控えた日本における、相次ぐ「不敬事件」の勃発である。とくに、1924年1月5日に皇居二重橋付近で朝鮮人の金祉燮が引き起こした「二重橋事件」は、日本における朝鮮人への警察の警戒と取り締まりを更に強化させる結果となった。雅楽部員が滞在中の京都でも「水も漏らさぬ御慶事の警戒」として、皇太子婚儀を控えた東京から警察の監視の目を逃れ京阪神方面に逃れて来た朝鮮人に対する、尾行や取り締まりが強化されていった（『京都日出新聞』1924年1月19日付　朝刊）。

　雅楽部員の京都派遣に関する「報告書」には、1月17日に報告者が京都府庁において内務部長と日程調整などをおこなった際の詳細が記されている。その中に「在京中派遣員外出ノ際ハ之ヲ保護スル為ノ所管警察署ヨリ相当人数ノ平服警官ヲ附スルトコロナリ居レリ尚ホ宿所モ時ニ巡回セシムル予定ナリト」との記述がある。「報告書」において、雅楽部員保護のために外出時には平服の警官を複数名帯同させると記載されている点については、不測の事態を避けるための文字通り「保護」を目的としていたと捉えるべきか、それとも一連の朝鮮人への取り締まり態勢の強化に伴う「監視」であったのかについては疑問の余地が残る。いずれにせよ、1924年1月時点における日本への朝鮮人の渡航は、関東大震災の余波や婚儀に伴う警備・監視の強化により物々しさを帯びた状態であったということは確かであろう。

3．都をどりと「朝鮮雅楽」

　朝鮮から李王職雅楽部を招聘し、都をどりのために「朝鮮雅楽」（朝鮮舞楽含む）を伝授してもらった歌舞会であるが、実際にどのような作品が都をどりで披露されたのかについて見ていくこととする。1924年の都をどり（4月1日〜4月30日）は、1872年の第1回都をどりから数えて第56回目にあたる。1924年の公演題目は「浮宝春の賑」である。朝鮮総督府の機関誌『朝鮮』は、「祇園新地の産土大神として尊崇

図5　1924年「都をどり」のパンフレット表紙（「都をどり」発行所「都をどり」1924年パンフレット、1924年、表紙）

してゐる官幣大社八坂神社の祭神素戔嗚尊は朝鮮に深き御由緒があられること、、今年は丁度併合後十五年に相当するので、この機会をもつて朝鮮の芸術風景を内地に紹介したいと云ふ趣旨に基づくものである」〔朝鮮総督府1924年4月：183〕として、都をどりの公演趣旨についての説明をおこなっている。ここからは、1924年公演「パンフレット」（図5）をもとに、演目の構成や詳細についてみていくこととする。

表2．1924年都踊「浮宝春の賑」

場面	場面名称	装置の詳細	使用する小道具
第1景	新年言志	銀地の襖に巻簾	御桜の枝団扇
第2景	八坂の桃	八坂神社西の御門の北辺で、桃の花が灼々と咲き誇っている春景色	扇
第3景	伊太祁會の森の納涼	紀伊国海草郡山東村に鎮座し給う官幣中社伊太祁會神社の神苑	木の苗を納れてある籠
第4景	朝鮮の宮殿	朝鮮の昔の正殿で、現今で云はゞ昌徳宮の仁政殿に当たるべき宮殿	牡丹の折枝
第5景	牡丹台の月	旧都である平壌に在つて、大同江畔に屹立する牡丹台の秋夜の景	（踊り無し）
第6景	金剛山の紅葉	奇厳霜楓で有名な朝鮮金剛山の晩秋の景	羯鼓
第7景	敦賀の港の雪	越前敦賀港	舞楽の蘇志摩利に用いる笠
第8景	岡崎の桜	官幣大社平安神宮神域内の桜花爛漫たる美観	桜の折枝と扇

　第3景は、伊太祁會神社の祭神である「五十猛命が御父の素戔嗚尊と共に新羅の曾尸茂利の処にましました御事に因んだもの」とある。したがって第2、3、7景が『日本書紀』に由来する朝鮮との関りが深い祭神を祀った神社や土地を舞台にしているのである。第4景は李王家、第5、6景は朝鮮の風光明媚な場所を舞台にしている。雅楽部に伝授してもらった「長生宝宴之

図6　1924年「都をどり」（第4景）における「長生宝宴之舞」（「都をどり」発行所「都をどり」1924年パンフレット、1924年、口絵）

舞」は、第4景において披露されている（図6）。舞楽を舞う際の衣裳は、「西陣の高城装束店[9]で調進した」（『京都日出新聞』1924年3月27日付　夕刊）とあり、恐らく雅楽部員の着ていた衣裳を参考に一から作り上げたとみられる。公演パンフレットには「囃子には朝鮮の楽器である座鼓、杖鼓、敔、磬、大笒、奚琴などを用いるが其音調を髣髴と模する位の程度で、不完全はまぬがれないのである」と記載されているが、どのようにしてこれだけの朝鮮雅楽器を入手したのか、もしくはこれらに類似した日本の雅楽器を使用したのかについては不明である[10]。

　最後に注目したいことは、この都をどり公演の観客についてである。『京都日出新聞』（1924年4月3日付　夕刊）によると、初日の観客数は1等席に861名、2等席に1004名、3等席に2414名（うち外国人が50名）として、例年よりも客の入りが悪くとくに3等席の入りが少なかったという。観客には海外の要人も招待されており、米国特命全権大使のサイラス・E・ウッズ（1861～1938）が、馬淵京都市長の接待により1924年度「都をどり」を鑑賞している。『京都日出新聞』は、ウッズによる「自分は世界の舞踏を見たが、未だ都踊りの様な婀娜な優雅な舞踏を観たことがない日本人が此の美術的な舞踏を有すると云ふ事は実に誇りであると思ふ自分は世界を通じて是れに匹敵すべき何ものもない事を断言して憚らない」（『京都日出新聞』1924年4月11日付　夕刊）という感想を伝えている。折しも、朝鮮舞楽が採用された「都をどり」は、世界に誇れる「日本の舞踏」としてウッズによってお墨付きを得ることとなった。

　雑誌『朝鮮』では、都をどりの公演開始前から、都踊りの当事者つまりは歌舞会が、「この好機会をして意義あらしめたい為、在京都の数千人の朝鮮人諸君を慰安し、故郷の風物に接せしめたいと云ふ心根から、開演の時間を一時間余り繰り上げ、四時から五時までの間これ等の同胞諸氏の為に提供し、無料で観覧に供したいと云つて警察側

図7　「都をどり」と朝鮮人観客（朝鮮総督府『朝鮮』109号、1924年5月、口絵）

とも交渉してゐたから、遠からずこの企も実現することであらう」と予告をおこなっていた。この計画は、公演中4日間にわたり在京都の2千余人の朝鮮人を無料招待するという形で実現することとなる[11]（図7）。

４．幻の日本公演─「朝鮮雅楽」

　雅楽部は植民地期において様々な活動を行なっていた。しかし、日本公演に限っては1924年1月に2日間にわたる京都公演を実施しただけである。ただ、一度の日本公演しか実施されなかったからといって、その他にいっさいの日本公演の予定がなかったという訳ではない。実際には、1920年代から

1940年代にかけて新聞や雑誌媒体を通して度重なる公演の予告が報道されていたのであるが、どれも実現に漕ぎつけることはなかったのである。

　ここからは、雅楽部の日本公演に関する予告報道を通して、雅楽部に期待されていた公演いわば「幻の日本公演」について明らかにする。1928年3月29日付『大阪朝日新聞附録朝鮮朝日』「世界で唯だ一つの李王家の雅楽　今秋御大典前後に天覧に供し奉る」という報道をとおして、1924年の京都公演以来はじめて雅楽部の日本公演に関する話題が取り上げられることとなる。この報道は、3月24、5両日に京城で日本音楽の公演に出演するために朝鮮入りし、日本へと帰路についた田辺尚雄を関釜連絡船の寄港先である下関にて3月28日に取材した内容である。取材にたいし田辺は、以下のように述べたという。

　　朝鮮の雅楽は昨年保存会が組織され我宮内省からも相当の補助金を
　　支給されるやうになつたので非常に盛んになつてゐる、世界中で李
　　王家以外には絶無といはれるその純粋な雅楽の完全な保存方法が講
　　ぜられたことは誠に喜ぶべきことである、今回渡鮮中八十六歳の老
　　雅楽部長明完璧翁その他と折衝の結果今秋の御大典の前後に明完璧
　　翁以下二十五名の楽団が内地に来り東上天覧に供した後東京、大阪、
　　京都など主要都市で一般に公開することになつた、その日程は四月
　　末に決定のはず

　田辺は1928年11月10日に京都御所でおこなわれる昭和天皇の「即位礼紫宸殿の儀」前後に、雅楽部員を東京に派遣し天皇のための御前公演を実施したのち、東京・大阪・京都等の主要都市で一般公開演奏を実施することを、ここで明らかにしているのである。すでに、雅楽部の楽部長である明完璧（1842〜1929）とも交渉中であったということから、かなり現実味を帯びた報道であると考えられる。この1928年における御前公演の予告については、朝鮮語新聞においても4月3日付『大阪朝日新聞附録朝鮮朝日』とほぼ同一の内容を『毎日申報』が1928年4月3日に「雅楽を東京で公演」として一足遅れる形で報道している。

　ここで、もう一点注目したいのは、『東亜日報』（1928年4月6日）「世界に誇る雅楽を数人の日本人が観覧」という報道である。この記事によると、

前日本宮内省に勤務していた田辺某、久保某は、雅楽隊が世界で貴
重なものであることを知り、これをなんとしてでも自分たちが管理
し、ある目的を満たそうと、雅楽隊を李王職に任せていれば終いに
は絶滅してしまうということを、自ら宮内省に交渉し財団をつくり
永久に保存しなければならないと一部日本の新聞を利用し宣伝して
いるのに対し、李王職は憤慨しその内幕を調査中であるという。（原
文は韓国語。筆者翻訳による）

　終始一貫した強めの語調で、田辺を自らの私利私欲のために「朝鮮雅楽」
を狙う不届きものであると言わんばかりの『東亜日報』の報道は、先の御前
公演の予告が『毎日申報』で報じられたわずか3日後のことである。ここで
の田辺が「ある目的を満たそうと」しているという記述は、恐らくであるが
先の御前公演の交渉に対する指摘を含んでいるものと推測される。また、こ
の報道からは、雅楽部の内部や李王職側の人間に田辺の言動、とくに宮内省
や皇室と「朝鮮雅楽」とを接近させようとする行いに対して、反感を持つ者
がいたであろうということである。
　田辺の言葉を通して伝えられた1928年の雅楽部の御前公演及び日本巡演の
企画は、結局のところ実現はしていない。その要因としては、田辺が公演の
交渉をしたという楽部長の明完璧が翌年の1929年に逝去していることから、
楽師の高齢を理由に渡航を取り止めた可能性が考えられる。
　次に日本公演の予告がなされたのは、1936年7月28日付『朝日新聞外地版
南鮮版』「近代的な楽譜に再生の朝鮮雅楽　近く東京で演奏会」である。ここ
では、「専門家を雇用し実施していた朝鮮雅楽の採譜が10年越しに完成した
ことを機に、東京において朝鮮雅楽演奏会を開催することになった」と報じ
ている。また、公演の打ち合わせのために李王職長官の篠田治策（1872～
1946）が東京へ赴いたことも同時に報じており、雅楽部の外部の人間である
田辺の言葉を伝えた報道よりも、さらに信ぴょう性の高い報道といえる。し
かし、この報道も予告だけに終わってしまい公演は実現していない。ただ、
同年に楽部長の咸和鎮以下1名が東京出張を実施し、宮内省楽部や楽部の公
開公演を視察するなどしている。
　最後に『東京日日新聞』（1940年3月8日付　夕刊）をみていくこととす
る。「朝鮮雅楽が初の公開「皇紀」を祝つて五月上京」と題して報じられたそ

の内容は、雅楽部が1940年5月に紀元2600年奉祝のために日本に赴き、東京・大阪で公演をおこなうというものである。紙面において雅楽部は「周代より連綿として今日まで伝はり、人皇十九代允恭天皇の御代はじめてわが国に楽人八十人を貢したといふ古き由縁を持つ朝鮮雅楽を今日まで継承する李王家の雅楽部」と紹介されている。

　そして、紀元2600年を記念して雅楽部では新たに「皇紀二千六百年頌祝歌」（皇化萬年之曲）という奉祝歌を作曲したとして、そのお披露目も兼ねて日本での初公演を実施するというものであった。雅楽部員が公演に向けて日夜、演奏練習に励んでいることや、李王職長官の篠田治策が雅楽部の日本への派遣について「大乗気」であり、楽師も30名派遣すると報じられるなど、その派遣についてはかなり現実味を帯びていたようである。同時期の日本では、日本文化中央連盟を中心に洋楽・邦楽・雅楽による奉祝歌の研究・制作がおこなわれていた。しかし、この『東京日日新聞』の報道は、雅楽部における奉祝歌「皇化萬年之曲」の誕生を、宮内省楽部を含めた日本側の動きよりも一足早い奉祝歌の誕生であるとして吉報のように報じたのである。これらの雅楽部の奉祝公演や楽曲の誕生に関する報道からは、朝鮮側の奉祝事業にかける並々ならぬ力の入れ様について読み取ることができる。

　『東京日日新聞』では、この公開演奏の予告について宮内省楽部楽長の多忠朝（1883～1956）にも取材をおこなっている。しかし、多は取材に対し「李王職の雅楽が内地に来る話は初耳です」と答えており、雅楽部の日本公演の予定について、宮内省楽部側には1940年3月時点で何の情報も伝わっていなかったことが分かる。1936～45年まで宮内省楽部の楽長を務めた多ですら、雅楽部の日本公演の予定について知り得ていなかったという点からは、李王職及び朝鮮総督府、田辺をはじめとする日本人支援者が水面下で日本公演の交渉にあたっていたことがうかがえる。

　『東亜日報』は、この紀元2600年奉祝公演について、1940年3月10日付の紙面で伝えているが、内容は『東京日日新聞』の報道とほぼ同一であり、日本の報道をそのまま引用したものと考えられる。ここで取り上げた雅楽部の日本公演に関する報道の中でも、1936年を除いた1928、1940年の報道は、いずれも天皇の奉祝に因んだ公演であり、両者ともに御前公演を念頭にしたものであったことが確認できた。また、いわゆる「民族系」の新聞である『東亜日報』は、日本語の新聞を引用する形で報道をおこなう一方、田辺を中心

とする日本人の「朝鮮雅楽」をめぐる動向に否定的な論調を展開していた。

おわりに

　雅楽部が京都において公演や歌舞伝授をおこなった1924年は、震災復興と皇太子結婚奉祝という二大目標を掲げた変革の時期にあたる。かつての雅楽部員の回顧録からは、1924年における京都派遣をあくまでも雅楽部での初の日本公演として位置付けている点が確認できた。この点は、京都歌舞会における「歌舞音曲の伝授」という目的と認識が大きく異なっていた。

　また、雅楽部においては、その目的を朝鮮の宮廷音楽と舞踊を日本に紹介するとして、朝鮮の文化・芸術としての「朝鮮雅楽」を日本人観客の前で披露した。一方で、観覧者である日本人研究者ならびに関係者は、「朝鮮雅楽」を朝鮮における祭祀・宴礼楽としてではなく、日本の雅楽の淵源を保持する存在として、その資料的な価値を見出していた。観客による随筆からは、かつての平安時代の宮廷文化の面影を「朝鮮雅楽」に求める、「停滞論」的なまなざしが含まれていたことが明らかとなった。

　1924年における雅楽部による京都公演は、1945までの李王職雅楽部の活動における唯一の日本公演であった。雅楽部員の京都派遣については、その目的が歌舞会への歌舞教授のためであるとして新聞報道がおこなわれた。歌舞会をはじめとする都をどり制作者側は、1924年度開催の都をどりの開催趣旨を「日韓併合十五周年」であると伝えた一方で、朝鮮での新聞報道は「皇太子の結婚」「震災復興」など、その報じられ方には多少の差が生じていた。雅楽部員が京都に派遣された1924年1月前後の朝鮮における動静については、当時の朝鮮における皇太子婚儀への奉祝への気運の高まりについて明らかにすることができた。また、このような奉祝ムードの中において、日本では朝鮮人への取締り・監視態勢の強化が図られるなど、朝鮮人を取り巻く環境に変化が生じていった。

　植民地期に活動した李王職雅楽部をめぐっては、1920〜40年代にかけて数回にわたり「御前公演」の予告報道がおこなわれていた。そのいずれもが、実現に至らぬ「幻の公演」となり、ついには1924年1月の京都公演が雅楽部にとっては最初で最後の日本公演の場となった。ただこれらの報道は、雅楽部の「御前公演」への待望論が、李王職をはじめとする雅楽部関係者やその

周辺の人々の間において高まっていたということを如実に示している。

　これらの点から、雅楽部員の京都派遣について、その派遣元である朝鮮総督府ならびに李王職におけるその派遣の目的が単なる歌舞会への歌舞教授に留まらぬ、皇太子婚儀への奉祝としての意味合いを併せ持つ公演の実現にあったと捉えることも十分に可能であるといえよう。

◆参考文献◆

『織元高城装飾店商報』（京都：高城喜八装束店、1927年、1927年2月号）.
「雅楽京都授」（作成者不詳、蔵書閣所蔵、MF35-004656、1924年）.
『純宗実録附録』（東京：学習院東洋文化研究所『高宗第四・純宗実録』（影印版）
　　1967年）.
『都をどり』（一九二四年公演パンフレット）（「都をどり」発行所、1924年）.

〈日本語新聞〉
『朝日新聞外地版　南鮮版』
『大阪朝日新聞附録朝鮮新聞』
『京都日出新聞』
『京城日報』
『朝鮮新聞』
『東京朝日新聞』
『東京日日新聞』
〈朝鮮語新聞〉
『東亜日報』
『毎日申報』

〈日本語文献〉
小原源一郎『京・祇園：幽玄なる伝統美の世界』（日本地域社会研究所、1994年）.
技芸倶楽部『技芸倶楽部』第1巻第5号（1923年8月）.
　―――――『技芸倶楽部』第2巻第2号（1924年2月）.
史学研究会『史林』第1巻第3号（1916年7月）.
朝鮮総督府『朝鮮』第106号（1924年2月）.
　―――――『朝鮮』第108号（1924年4月）.
　―――――『朝鮮』第109号（1924年5月）.
　―――――『朝鮮』第110号（1924年6月）.
　―――――『朝鮮』第113号（1924年9月）.

日本歴史地理学会『歴史地理』第43巻第3号（1924年3月）.

旗田巍『日本人の朝鮮観』（勁草書房、1969年）.

廣井榮子「花街に創出された「異空間」―大正期の都をどりにおける「琉球」と「朝鮮」の事例をめぐって」『近代日本における音楽・芸能の再検討』（京都市立芸術大学日本伝統音楽研究センター、2010）、pp.91-107.

風俗研究会『風俗研究』46（1924年3月）.

御荘金吾「ビゴーと日本画家の関係（一）野村芳光について」『日本古書通信』第47巻第7号（1982年7月、日本古書通信社）pp.8-9.

武藤優「「朝鮮雅楽」の公開演奏―朝鮮神宮例祭における奉納の事例を中心に」『韓国朝鮮の文化と社会』第18号（風響社、2019年10月）pp.132-170.

山本華子「李王職雅楽部の日本公演（一九二四年）が意味するもの―「都をどり」との関りから―「先足論叢」第39号、（2010年）pp.139-152.

〈韓国語文献〉

金千興『心韶金千興舞楽七十年』（民俗苑、1995年）.

註

1　植民地期朝鮮において、朝鮮王朝時代から続く宮廷の祭祀・宴礼楽を掌った楽人集団。旧韓国皇室の家務を掌った李王職に属し、文廟や宗廟における朝鮮王朝時代からの演奏活動を継続する一方で、1920－40年代においては、ラジオ放送への定期出演や活動写真撮影、レコード収録、野外演奏、朝鮮神宮例祭における「朝鮮雅楽」奉納といった様々な演奏活動をおこなった〔武藤　2019：136〕。

2　「朝鮮雅楽」とは、李王職雅楽部によって演奏・演舞される朝鮮の宮廷楽・祭祀楽の総称として、1920－40年代の植民地期朝鮮及び日本において使用された〔武藤　2019：134〕。

3　1924年当時の歌舞会の教員は、舞踊教師の井上春子、鈴木ギン子、点茶教師の吉田エツ子、長唄教師の北村ハツ子、小林静子であり、いずれも女性である〔「都をどり」発行所　1924：口絵〕。

4　山本〔2010〕は、日本側と朝鮮側の都をどり開催趣旨に関する報道の違いについて、雑誌『技芸倶楽部』、『京城日報』、朝鮮総督府機関誌『朝鮮』では、ともに「日韓併合一五周年記念」と明記しているのに対し、『東亜日報』（1923年12月23日付）では「皇太子殿下結婚時には」と報道されており、朝鮮人に対して「日韓併合の記念という開催の趣旨を知らせようとしなかった」と結論付けている〔山本　2010：142－143〕。この点については、『京城日報』（1923年12月23日付　夕刊）において「皇太子殿下の結婚」の年に当たると報道されており、日本語新聞である『京城日報』と朝鮮語新聞である『東亜日報』の間に報道の差があったとは言えない。廣井〔2010〕も同様に、朝鮮側では皇太子御成婚記念として楽員が招聘されると報じた一方、日本では「日韓併合」という言葉が報道で使用された点を指摘し、朝鮮と日本における報じ方の差異について指摘している。

5　有職保存会は有識故実の研究を目的として、1908年1月に京都に創立された。会長は山科言縄とし、1914年6月より雑誌『有職』を発行〔史学研究会　1916：168〕。

6　風俗研究会は朝廷幕府民間神社寺仏に関する研究を目的として、1911年12月に京都市立絵画専門学校及び美術工芸学校の職員卒業生在学生間において、創設された団体。大正天皇即位礼（1915年）の記念事業として機関誌『風俗研究』の発行を決定し、1916年に創刊

号を発行した［風俗研究会　1916：1－2］。

7　野村芳光は、日露開戦後、養父二代目野村芳圀の後を継ぎ、「都をどり」の背景画主任となる。以後、50余年間「都をどり」の背景を描き続け、1958年に88歳で死去した。高橋邦太郎（『明治の風刺画家ビゴー』）によると、風刺画ビゴー（1860－1927）の最初で最後の弟子であるという〔御荘　1982：8〕。

8　「停滞論」とは、朝鮮が近代化におくれて混迷している根源が朝鮮に封建制度が欠如した点にあるとして、植民地期朝鮮の状況が日本に封建制度が成立した鎌倉時代よりもさらに古い時代である平安時代（藤原時代）に留まっているという主張である。経済学者福田徳三をはじめとする、当時の多くの日本人研究者の間で共有された認識である。とくに、喜田貞吉は朝鮮人の風習・生活のいたるところに平安朝の日本との相似を見つけだし、この視点は「日鮮同祖論」をつよめる意味をもった〔旗田　1969：245－247〕。

9　衣裳の製作をおこなった高城装束店とは、京都市西陣上立売堀川芝之町に店舗を構えていた「高城喜八装束店」を指すと思われる。なお当店舗の「商報」によると、高城喜八装束店は「宮内省御用祭典用器具」「神官神職御制服」「有職装束品」「法官御制服」を自社製作・販売する店であった。

10　朝鮮雅楽器の使用については、『京城日報』（1924年3月11日付　朝刊）「京都の都踊に朝鮮の楽器使用」において、「囃は全部朝鮮の楽器を使用することになつてゐる」（東京電報）と報道された。

11　雑誌『朝鮮』によると、2千名以上の朝鮮人が無料で都をどりに招待されたというが、その招待者側の情報については何ら明記されていない〔朝鮮総督府　1924年5月：171〕。

脱植民過程에서의 歷史解釈 :

記憶, 知識 그리고 権力

朴 明圭

（서울大學校&光州科學技術院）

1. 연구과제

解放直後 韓國의 사회변동과정은 흔히 두가지 과제로 설명된다. 즉 억압되었던 民族的 正體性을 回復하는 일과 새로운 社會體制를 建設하는 일로서 보통 '民族解放'과 '社會革命'의 二重課題로 일컬어진다. 여기서는 이 두 과제를 '탈식민화'(decolonization) 라는 맥락에서 파악하고자 하는데 이 두 과제가 동전의 양면처럼 밀접하다는 사실, 그리고 식민성 (coloniality) 이라는 것이 정치적 해방만으로 완료되지 않는 복합적인 내용을 갖는다는 점을 강조하기 위해서이다.

해방직후의 脱植民化 過程은 일정정도 自發的으로 진행되었다고 볼 수 있다. 해방과 함께 잊혀졌던 이름과 言語, 慣習들이 회복되는데에는 별다른 措處가 필요하지 않았다. 식민권력의 상징이었던 神社들은 해방직후 며칠만에 파괴되었고 숨겨졌던 전통적인 요소들이 곳곳에서 복원되었다. 하지만 脱植民을 표방한 모든 과정이 葛藤없이 자발적으로 진행되었던 것은 아니었다. 오히려 구체적인 상황에서는 적지 않은 對立과 葛藤이 나타났는데 이런 對立 속에는 植民性이란 무엇인가, '우리'는 누구인가, 傳統이란 무엇인가 등에 대한 文化的, 認識論的 爭點들이 내포되어 있었다. 그리고 이런 爭點들은 궁극적으로는 어떤 세력이 脱植民化 過程을 主導할 것인가라는 문제와 직결되어 있었다.

이런 상황에서 過去 事件이나 特定 人物에 대한 社會的 記念行爲 (social commemoration) 가 주요한 함의를 지닌다. 흘바하는 歷史的 記憶과 自傳的 記憶을 區別하였는데 후자가 個人의 記憶과 經驗 속에서 존재하는 것인데 비해 전자는 記錄, 記念式, 祝祭등과 같은 사회적 과정을 통해 集團化되는 것을 의미한다 (Halbwachs,1992). 週期的인 社會的 記念行爲는 역사적 기억을 만들어내는데 매우 중요한 계기가 된다. 그것은 개인적 · 주관적 차원에 머물러있는 傳己的 記憶(autographic memory)을 집단적 · 사회적 차원의 歷史的 記憶(historical memory)으로 전환시키는 과정이며 따라서 記憶의 集團性을 강화시키고 이를 통해 共同體의 統合과 正體性을 강화시키는 역할을 한다. 그런 만큼 記憶의 主導權을 놓고 政治勢力들 간의 對立이 불가피했다. 어떤 對象을 記念할 것인가, 어떻게 記念할 것이며 누가 主導할 것인가 하는 문제들이 모두 정치적이면서도 동시에 문화적인 갈등이었다. 어떤 의미에서 탈식민화 과정전체가 문화적인 긴장을 내포하지 않을 수 없는 것이었다.

　三一運動은 한국인으로서는 누구도 부인할 수 없는 全民族的 抗日獨立運動이었다. 그럼에도 불구하고 이 운동의 解釋과 그 事件을 記憶하는 방식을 둘러싸고 對立과 葛藤이 심각하게 전개되었다. 정치세력들 간의 주도권 싸움, 해방시점의 상황을 어떻게 이해하는가 하는 정치적 판단, 사회와 역사를 바라보는 세계관의 차이 등이 함께 결합되어서 그 對立은 격화되었던 것이다. 이 글은 三一運動의 記念을 둘러싼 대립상을 살펴봄으로써 탈식민화 과정에서 나타난 문화적 대립의 성격을 검토해 보려는 것으로 다음 세가지 물음애 답하려는 것이다. 첫째, 三一運動의 社會的 記念을 둘러싸고 對立이 야기된 주된 이유가 무엇인가? 둘째, 이 과정애서 어떤 歷史解釋이 부각되었고 그것은 무엇을 의미하는 것이었는가? 셋째, 이 과정을 통해 설명할 수 있는 韓國의 脫植民化의 특성은 무엇인가?

2. 社會的 記念의 動學 : 記憶, 知識, 權力

　記念행위가 사회적으로 이루어질 때 크게 세 요인이 작용하게 된다. 첫째는 특정 시점에서 민중들이 공유하는 집합적 記憶의 내용이다. 이것은 특정한 시공간에 속해있는 평범한 사람들에게 공통적으로 주어져 있는 경험과 의식을 말한다. 물론 이것은 동질적인 것이 아니며 고정된 것도 이니다. 그것 자체가 역사적으로, 누적적으로 形成되어진 것으로 文化의 일부분이 된다. 새로운 解釋이나 경험의 재구성도 이런 記憶들을 바탕으로 하여 덧붙여지고 재구성되는 것이다.

　둘째의 요인은 세계와 사물을 파악하는 知識체계이다. 이것은 일상적 경험과는 달리 체계화되고 정교화된 지적 구성물로서 다양한 현상들을 이해하고 설명하는 논리적 틀을 제공한다. 知識체계 자체가 사회적이고 歷史적인 산물인만큼 그 내용이 변함에 따라 歷史에 대한 解釋이나 관점이 달라지는 것은 당연하다. 제국주의는 그 자체가 무력이고 폭력인 동시에 특정한 세계관을 강요하는 지식유형이었고 해방은 이 植民的 知識體系로부터의 탈출이 일어나는 계기였다.

마지막으로 사회적 記念行爲에는 헤게모니를 장악하려는 政治鬪爭이 작용한다. 개인적으로나 집단적으로 서로 다른 다양한 경험과 해석 가운데 어떤 것을 공동체의 것으로 규정하고 확산시킬 것인가는 어떤 勢力이 정치적 헤게모니를 장악하는가에 의해 좌우된다. 歷史的 解釋에 의해 뒷받침되는 權力은 그 正當性을 인정받을 수 있기 때문에 정치투쟁은 언제나 歷史解釋의 主導權을 둘러싼 葛藤을 동반하게 된다. 특히 權力의 안정적 제도화가 이루어지지 못한 狀況에서는 더욱 그러하다.

3. 기억을 둘러싼 싸움 : 식민지 하에서의 3. 1운동 해석

식민통치 기간 내내 식민당국과 한국인 사이에서는 過去 歷史를 어떻게 이해하는가를 둘러싼 끊임없는 葛藤이 지속되었다. 朴殷植이나 申采浩의 歷史書는 한국인에게는 독립을 고취하는 정신적 바탕이 되었고 반면 일제의 입장에서는 탄압의 대상이 되었다. 한국인의 시각에서 쓰여진 역사서를 억압하고 일제의 관점에서 새롭게 조선사를 편찬하려한 이유도 일본에 의한 조선의 지배를 문명론적인 발전으로 보는 지배자의 관점이 강하게 깔려 있는 것이었다. 해방 공간에서의 文化的 對立도 바로 이 지점에서 출발한다.

三一運動은 수많은 사람들이 지역, 계층, 종교, 신분을 넘어서 하나의 '民族'임을 확인하고 공통된 '적'에 대한 항거를 표한 事件이었다. 이로 인해 사상과 생애에 결정적인 전환을 경험한 사람들도 적지 않았다. 일제하의 대표적인 혁명가의 한 사람이었던 金山(장지락)은 '대중운동의 힘이 내 존재를 뿌리로부터 뒤흔들어 놓았다'고 하면서 '내 정치경력은 三一運動으로부터 시작되었다'고 고백하였다 (Nim Wales,1984,46-60). 社會主義者 金綴洙나 民族主義者 朴殷植에게도 유사한 영향을 볼 수 있다(지수걸). 三一運動 직후 많은 청년들이 해외로 건너가 민족운동에 헌신할 수 있었던 주된 힘도 三一運動의 충격으로부터 나왔다고 할 수 있다.

따라서 이 날을 記念하려는 움직임이 없을 수 없었다. 3.1절을 전후해서는 '선동 문구가 적힌 붉은문서'가 다수 돌아다니고 경찰이 대대적인 예비검속을 실시하거나 요시찰 인물을 대거 체포해 각 경찰서유치장이 만원이 되곤 했다. 일제하 韓國의 사회운동은 모두가 三一運動의 직간접적 영향을 받았다. 1920년대 초 文化運動, 實力養成運動을 추진한 세력들은 이 운동의 정신을 지속적으로 강조하였고 동아일보는 '1919년의 사건'을 회고하고 되살리려는 기사를 종종 게재하였다 (동아일보 1924. 8.29). 특히 1929-30년 기간에는 3.1절, 三一運動 記念에 관한 기사들이 상당 수 등장한다. 1930년대 초반에는 사회주의자들 역시 그들만의 '歷史만들기' 작업의 주요 소재로 三一運動을 활용하기 시작하였다. 조선공산당은 메이데이나 勞農革命記念日을 더욱 중시하였고 三一運動을 실패한 운동으로 규정하였으면서도 이 날을 중요한 記念日의 하나로 여겼다.

하지만 三一運動에 대한 社會的 記念은 일제 하에서 매우 제한적일 수밖에 없었음은 물론이다. 三一運動을 평가하는 總督府의 공식적 규정은 '騷擾事態' 또는 '暴動'이었다. 植民權力의 관점에서 이것은 소수의 인사들이 '국제정세를 오판'하여 벌인 폭동이었고 앞으로 재발해서는 안되는 사태였다. 文化統治 기간 중 이론적으로 과격한 글들이 소개되는 곳에서도 三一運動에 대한 논의는 거의 불가능했다는 사실은 이의 재조명이 미칠 사회적 파장에 대한 식민권력의 통제가 그만큼 컸음을 말해준다. 三一運動의 직접적 영향으로 창간되었던 동아일보조차 三一運動 관련자 49인의 재판소식을 부각시키거나 해외의 三一運動 記念에 관한 소식을 기사화하는 수준 이상으로 이 운동의 의미를 부각시킬 수는 없었고 오히려 이와 관련하여 탄압을 받기 일쑤였다[1]. 1920년 상해의 三一運動 1주년 記念式에서 安昌浩가 말했던대로 "日人은 이 날을 無效化하려 하였고 우리는 이날을 有效하게 하려 싸"우는 형국이 지속되었던 것이다 (독립신문 1920. 3.2)

三一運動에 대한 국내에서의 記念활동이 매우 제한되어 있었던 데 비하여 海外의 韓人들에게는 사정이 달랐다. 이들에게 三一運動은 보다 강력하고도 구체적인 의미로 재구성되고 있었다. 三一運動 記念行事는 해외의 한인들에게 연례행사처럼 자리잡았고 또 한인을 상징하는 記號로 사용된 예도 적지 않

---

1 창간 이후 동아일보가 처음 받은 정치적 탄압도 三一運動 관련기사 때문이었다. 특히 1921년부터는 그 억압이 매우 심하여 '별다른 記念행사도 시위도 없는 쓸쓸한 3월1일, 동아일보는 투옥중인 관련자들의 근황을 사진과 함께 보도하는 것으로 記念행사를 대신' 할 수밖에 없었다.

았다[2]. 1923년부터 1932년까지 매년 상해 한인사회의 三一運動 記念式에 참여한 한 한인의 회상에 의하면 '웃을 기회를 갖지 못하는 쓸쓸한 亡命客들이 1년 동안 이날 밤의 오락을 기다리고 있었던 것 같았던' 들뜬 분위기를 전하면서 '독립운동가 가족에게는 3.1절이야말로 크리스마스보다도 설날보다도 가장 기쁜 날이었다'고 회상하였다 (한상도). 실제로 三一運動은 해외한인들, 특히 독립운동조직이 있는 중국 관내를 중심으로 연례행사가 되었고 그때마다 한인들의 상호교류와 정체성을 확인하는 자리가 되었다. 국내와는 달리 해외 한인들에게 三一運動은 자신들의 正體性과 존재의미를 재확인하는 주요한 象徵으로 記念되고 있었던 것이다.

물론 해외 한인들에게서도 三一運動의 記憶은 체계적으로 전승되었다고 보기 어렵다. 분산되어 있는 거주지, 생활환경의 어려움, 교육체제의 미비 등은 過去 事件의 체계적 記憶을 어렵게 만드는 조건이었다. 뿐만 아니라 그들이 거주하는 지역, 추구하는 사상에 따라 記念하는 방식과 의미 부여의 내용이 달랐다. 특히 1920년대 후반 이후 민족운동의 사상적 대립과 조직적 분화가 심화되면서 이 事件에 대한 의미부여도 달라졌다. 민족운동을 표방하는 단체들에게 三一運動은 '3.1精神'이라 이름할 만한 民族的 意志, 집합적 정신이 발현된 사건으로 解釋되었다. 이때 3.1정신이란 '계급, 성별, 직위, 당파, 연령, 종교 등의 차별을 초월한 民族大團結 思想'으로 이해되었던 것이다 (재만조국광복회). 이에 반해 사화주의자들에게는 三一運動이 民衆의 등장을 의미하는 사건으로 解釋되었다. 1922년 모스크바 極東民族大會에서 三一運動은 '조선인 프롤레타리아트의 각성', 다시 말해 '革命的 農民과 새로운 의식을 지닌 가난한 勞動大衆'의 覺醒을 가져온 것으로 解釋되었다. 1932년 3월 1일을 전후하여 간도지방에 배포된 [三一節 記念鬪爭檄文] 에는 3.1절이 '資産階級 및 地主와 一戰을 벌였던 날'로 규정되고 규정되고 '일체의 애국주의를 타도하자'는 구호가 표방되기까지 했던 것이다.

---

2 1923년 노령지역 한인사회의 언론文化운동을 주도했던 [선봉] 은 三一運動 4주년인 1923년 3월 1일 창간된 신문이었고, 블라디보스독 신한촌에 세워진 '삼월일일조선독립'이란 문구가 새겨진 붉은 문의 독립선언기념문은 각종 집회의 집결장소로 사용되었다. 또 1930년대 전반기 재만공산당 동만특위 기관지의 이름이 [3.1월간] 이었다. 반병률 (1999) 참조

4. 解放과 記憶의 再生

(1) 臨時政府와 3.1運動記念

　일반인의 입장에서 보면 8월 15일의 해방은 급작스러운 것이었고 따라서 이를 記念하기 위해 준비된 집합적 행사도 없이, 자발적이고 즉각적인 만세시위만으로 이 날을 맞았다. 하지만 해방과 함께 잊혀진 전통, 독립운동의 記憶들이 되살아나는 것은 당연한 것이어서 왜곡되고 억압되었던 다양한 記憶들이 빠르게 복원되었다.

　해방 직후 전국적으로 나타난 만세시위는 三一運動에 참여했던 세대들의 경험과 記憶을 되살렸을 가능성이 크다. 하지만 해방 직후 사회변동을 주도하였던 勢力들이 三一運動에 대한 직접적 언급을 한 예는 잘 보이지 않는다. 예컨대 가장 빨리 해방직후의 정치과정을 준비했던 건국준비위원회도 그 선언서에서 '과거 36년동안의 해방투쟁'을 언급했을 뿐이고 '전후문제의 국제적 해결'이 해방의 직접적 계기임을 강조하였다. 많은 知識人들의 이름으로 8월 18일에 발표된 성명서에서도 '유구한 역사, 아름다운 言語, 전아한 藝術의 전통과 더불어 血汗의 鬪爭 속에 자라나던 新文化 30년의 노력'이 회고되었으나 三一運動에 대한 직접적 언급은 보이지 않는다. 9월 7일 朝鮮人民共和國의 수립을 결정한 건국준비위원회의 전단에서도 '海內外의 여러 동지의 오랜 혁명적 투쟁'이 언급되어 있을 뿐 三一運動에 대한 특정한 언급이 부각되지는 않았다. 오히려 '소미영중 연합국의 힘으로 자유와 해방의 길을 걷게 됨'이 함께 강조되었다.

　해방 직후 三一運動에 대한 記憶을 재생시키는데 결정적인 요인이 된 것은 臨時政府 (臨政) 의 존재였다. 9월 3일 金九 주석의 성명서가 발표되어 국내에 전해졌고 4일에는 重慶에 있는 대한민국임시정부의 국무위원 명단이 신문에 발표되었다. 한 연구자는 건국준비위원회가 인민공화국이라는 정부조직을 급조하게 된 이유가 臨政推戴論이 부각되는 분위기에 대항하기 위한 것이라고 했는데 (김남식, 49-50), 이처럼 건국준비위원회와 臨政은 정치적 주도권을 다투는 중요한 勢力으로 이해되었던 것이다. 宋鎭禹를 중심으로 하는 韓國民主黨은 3.1운동의 記憶을 주도하는 주요 勢力이었다. 9월 7일 송진우가 위원장이 된 국민대회소집준비회가 개최되었고 여기서 명확하게 '우리의 국가대표는 己未 (1919년) 獨立 이후로 구현된 대한민국 임시정부가 최고요 또 유일의 존재'라고 주장했다 (논쟁사, 145-6). 한국민주당 발기인 이름으로 9월 8

일 나온 격문에서는 '기미 (1919) 이래의 독립운동의 결정체요 국제적으로 승인된 재외 우리 임시정부'를 강조하면서 건국준비위원회와 인민공화국을 비난하는 내용이 실려 있다. 송진우는 일찍부터 상해 臨政에 대한 과도한 신뢰를 갖고 있었고 (서중석204) 또 여운형 주도의 건준에 동의하지 않았다. 이 격문에서 臨政이 국제적으로 승인받았다는 내용은 사실과는 사실과는 다른 것이었지만 臨政을 핵심적인 정치勢力으로 부각시키려는 의도는 명백하였다. 한국민주당에 의해, 건국준비위원회를 비판하는 논의 속에서 三一運動에 대한 記憶이 재생되고 있다는 점은 매우 시사적이다. 이에 대하여 조선공산당에서는 임시정부의 역할보다 '절대다수인 노동대중' 이야말로 일제에 저항한 해방의 진정한 주체라고 강조하였다 (논쟁사, 99). 韓國민주당과 조선공산당 사이에 임시정부 평가를 둘러싸고 오고간 이 설전은 이후의 진전과정을 함축적으로 드러내는 것이라 할 수 있다.

臨政과 三一運動에 대한 논의가 강한 강한 정치적 의미를 갖게 된것은 김구 일행이 11월 23일 귀국하고 실질적인 정치활동을 전개하면서부터였다. 이들은 미군정 당국에 의해 '정부'가 아닌 개인자격임을 조건으로 하여 귀국할 수 있었다. 하지만 귀국한 다음날 臨政 선전부장 嚴恒燮은 기자회견에서 臨政의 자격문제와 관련하여 '공식적으로는 개인자격' 이지만 '인민에 대한 태도'에서는 그렇지 않다고 주장했다. 그에 의하면 일본에 대한 선전포고도 三一運動과 동시에 이루어졌고 그 이후 반일투쟁을 주도해온 주체가 바로 臨政이었다는 것이다. 다시 말해 三一運動은 臨政의 정통성을 보장하는 핵심근거로 제시되었던 것으로, 臨政의 주요 요인들을 설명할 때에는 반드시 '己未年 萬歲'事件을 언급하였다. 趙素昻에 의하면 '임시정부는 기미년 당시에 대중의 기초위에서 국내대중 지지하에 탄생되 것' (자료집, 581) 이었다.

臨政을 중시하는 움직임은 건국준비위원회 및 인민공화국에 대한 비판으로 연결되었다. 12월 7일 韓國민주당은 臨政지지를 위한 국민운동을 결의하면서 '독립완성을 방해하는 참칭 조선인민공화국에 대하여 즉각 해산명령을 발할 것'을 결의하였다 (535) 臨政의 위상과 관련한 대중적 집회가 12월 19일 서울운동장에서 열렸는데 송진우는 臨政을 '1919년 이래 우리 民의 政治力의 本流' 라고 규정하면서 '임시정부가 中核이 되어서 모든 亞流 支派를 求心力的으로 凝集함으로써 국내통일에 절대의 領導를 발휘' 해야 한다고 주장하였다 (자료집 1, 625). 그는 또 정치세력들의 행동통일이 불가능한 이유를 '인민공화국과 중경임시정부의 대립' 에서 찾고, 임시정부의 지지를 강조했다. (자료1, 273) 이 자리에서 김구는 '임시정부는 3. 1대혁명의 민족적 대유혈투쟁 중에서 산출한 유일무이한 정부……그야말로 전민족의 총의로 조직된 정부이고 동시에 왜적의 조선통치에 대한 유일한 적대적 존재' 임을 강조하면서 남과 북, 좌와 우, 남녀노소의 단결을 호소하였다.

三一運動은 臨政의 헤게모니를 이중으로 강화해주는 것이었는데 臨政이 三一運動의 산물이라는 역사적 사실과 전민족적 단결이라는 슬로간이 계급 투쟁을 강조하는 좌파에 대한 효과적인 비판이 될 수 있었기 때문이었다. 하지만 臨政계의 이러한 주장에 대하여 좌파 진영에서는 전혀 동의하지 않았다. 이들은 臨政의 일정한 역할을 부인하지 않으나 그것은 독립운동 勢力을 통괄해은 조직이 아니라 소수의 운동가들로만 유지되어온 일개 정파에 불과하다고 보았다. 獨立同盟의 金枓奉을 비롯하여 해외 독립운동진영서도 臨政에 대한 평가는 제한적이었다. 따라서 臨政이 과도정부로서의 권위를 자임하면서 臨政 중심의 정치통합을 주장하는 것에 대하여 매우 비판적이었다. 9월 11일 조선공산당은 한민당의 성명서에 대한 반박문에서 '만반사를 현재 민중과 괴리되어 있는 해외정부에만 기대하고 목하 급절히 요구되는 민중의 혁명적 제 과업을 전연 간과' 해서는 안된다는 점을 강조하고 임시정부의 한계성을 부각시키려 했다 (심지연, 101). 건국동맹 역시 해외의 독립운동 조직이 하나 둘이 아닌 狀況에서 臨政만을 인정할 까닭이 없다는 것과 결코 중경의 臨政이 국제적 승인을 받은 정부조직이 아니라는 점을 강조하면서 한민당의 태도는 '민중을 기만' 하는 것이라고까지 비판하였다 (103).

이처럼 1945년 12월에 이르면 三一運動은 臨政의 위상과 관련하여 매우 중요한 정치적 상징으로 부각되었다. 臨政이 三一運動의 결과 만들어진 민족적 구심체의 하나임은 분명하였지만 그것이 현실정치의 주도권과 연관되는 만큼 파당적 논의로부터 자유로울 수 없었다. 특히 臨政推戴를 주도한 勢力이 한민당을 비롯한 右派勢力이고 일부 친일혐의자들까지 여기에 가세하게 됨으로써 권력투쟁의 요소가 결부되지 않을 수 없었던 것이다. 이런 분위기는 45년 12월에 당시 학술원 등의 단체가 臨政에 전달한 메시지에서 잘 드러난다. 이들 단체는 '덮어놓고 뭉치자는 무원칙 통일론' 은 친일파, 민족반역자 등에게 일종의 '활명수' 가 되었다고 주장하고 그런 의미의 통합론은 극구 부정되어야 함을 강조하였다. (중앙신문 1945.12.9)

(2)託治問題와 政治的 龜裂

45년 12월 말 전해진 모스크바 삼상회의의 신탁통치 구상은 해방 직후부터 주도권을 놓고 對立하고 있던 정치세력들을 두 개의 뚜렷하게 對立하는 그룹으로 재편하는 결정적 계기가 되었다. 모스크바 삼상회의 결의가 공식적으로 발표되었던 12월 28일 국내 언론에는 오직 신탁통치구상만이 크게 보도되면서 여러 정치지도자들의 반응들이 소개되었는데 대체로 신탁통치에는 반대하는 분위기였다. 하지만 곧 우파와 좌파가 反託과 贊託이라는 전혀 상반된 노선을 선택하고 이를 대중적으로 확산시키려 함으로써 전국적인 對立구도가 심화되었다.

反託運動은 金九를 비롯한 臨政勢力이 주도하였다. 12월 29일 김구, 이승만 등은 반탁운동을 결의하고 대중적인 정치운동으로 전개시킬 것을 구상하였다. 대중적 지지라는 측면에서 약세에 있었던 우파진영으로서 반탁운동이라는 것은 대중적인 영향력을 확대시키는 좋은 구실이 되었다. 흥미있는 사실은 臨政계의 신탁통치 반대운동이 임시정부 추대운동을 동시적으로 포함하고 있었다는 점이다. 12월31일 시위대회에서는 '대한민국 임시정부를 우리의 정부로서 세계에 선포'한다는 결의문이 채택되었고 같은 날 신익희는 臨政 내무부장의 이름으로 모든 공무원들에게 臨政의 지휘를 받을 것을 공포하였다. 군정으로부터 權力을 이양받으려했던 이 시도는 미군정의 강력한 반대로 실패하였다. 그럼에도 불구하고 반탁운동은 臨政추대운동과 뗄 수 없는 관계를 갖고 진행되었다.

반면 좌파는 초기에 신중한 반응을 보였지만 곧 찬탁의 입장을 표방함으로써 우파와 확실히 對立되는 노선을 선택하게 되었다. 여운형은 신탁통치 자체에는 반대했으나 삼상회담의 결의를 소박한 民族감정으로 반대, 배격한다면 통일의 기회는 없으며 남북에 냉전이 일어난다고 판단하였다. 인민당의 李如星 역시 비슷한 반응을 보였다. 朴憲永 역시 연합국 노선을 반대해서는 안된다는 판단을 피력했고 더구나 소련정부의 정책에 대한 과도한 신뢰를 표명했다. 이것은 박헌영이 조선을 소련의 속방으로 만들고자 한다는 보도와 맞물려 좌파 勢力에 대한 강력한 불신과 비난을 불러 일으키는 한 계기가 되었다.

이후 정치세력은 반탁운동을 중심으로 결집된 우파와 찬탁을 주장하는 좌파로 뚜렷하게 분열되었다. 1월초 좌우의 여러 정당이 삼상회의의 결정을 원칙적으로 지지할 것과 문제가 되는 '신탁'은 장래 수립될 정부로 하여금 해결케 할 것을 합의하였지만 곧 한민당의 파기와 인공 및 임정계의 거부로 무산되고 말았다. 이후 김구는 이승만과 함께 비상국민회의를 결성하였고 이를 바탕으로 과도정권 수립을 위한 우파의 조직체를 구성하고자 했다. 하지만 이 국민회의는 미군정의 자문기구인 南朝鮮大韓國民代表民主議院으로 전환됨으로써 우파주체의 조직체가 되고 말았다.

左派의 여러 정당들도 탁치논쟁을 거치면서 결집하였다. 1월 20일 民主主義民族戰線 결성을 위한 준비위원회를 구성하고 좌파의 통일전선을 形成하였는데 역시 과도적 임시정부의 역할을 담당할 것임을 밝힘으로써 臨政계의 과도정권구상과 정면으로 對立하였다. 1월 29일 독립동맹, 조선공산당 등 좌파 단체들은 臨政주최의 비상국민대회를 비난하는 성명서를 채택했는데 여기서 臨政을 추대하려는 움직임을 강력하게 비판하고 모스크바 삼상회담 지지를 표명하였다(조선신민당연구,185-6). 같은 시기인 2월6일 북한에서도 김일성을 위원장으로 하는 북조선임시인민위원회가 창설되었는데 이로 인해 한반도에는 과도정부 수립의 대표권을 주창하는 여러 권력체가 나타난 것이다(서중석,349).

모스크바 삼상회의의 결정을 둘러싼 쟁점은 韓國문제에 대한 연합국의 전후 처리방침이라는 차원에서 접근되어야 할 것이었음에도 贊託과 反託이라는 단순논리가 주도하게 된 것은 불행한 일이었다. 하지만 그 결정이 韓國人들의 강렬한 독립의지를 과소평가함으로써 민중들의 거대한 저항을 초래한 측면도 분명하다. 제대로 된 정보나 토론의 기회가 제한된 속에서 정서적인 차원에 호소하는 대중정치의 소용돌이 속에서 중간파의 입지나 이성적인 토론의 장이 자리잡을 가능성은 매우 취약했다. 반탁운동이 民族의 이름으로 反蘇反共을 주장하는가 하면 民戰大會에 참석한 공산당의 한 인사는 '오늘 조선의 정치적 분열은……민주주의와 반민주주의와의 원칙적 분열이며 오늘에 있어서는 중간파라고 하는 것은 존재할 수 없다'고 강변하였다. 이런 對立구도의 급격한 편제가 탁치쟁점을 둘러싸고 진행되었던 것이다.

5. 사회적 기념을 둘러싼 갈등 : 27주년 三一運動 記念式

해방후 처음으로 맞는 27주년 三一運動 記念式을 준비하기 위한 조직은 1946년 1월 25일에 처음으로 공식화되었다. 이 모임을 주도한 세력은 託治反對運動을 전개하기 위해 조직된 것으로서, 국민당과 한민당, 그리고 천도교와 기독교 등이 적극 참여한 우파 중심의 기구였다. 반탁운동을 추진하기 위해 조직된 기구가 3.1절 記念행사를 추진하는 주체가 된 셈인데 위원장은 이승만, 김구이고 회장은 신익희가 맡았다. 이들은 미군정의 자문기구로 출범한 대한국민대표민주의원의 주요 구성원들이기도 했고 3.1절을 國慶日로 만드는 일에 주도적인 역할을 하였다. 미군정은 민주의원의 요청을 받아들여 46년 2월에 3.1절을 국경일로 결정하였는데 이때 군정청은 '이 날은 대한독립의 大義에 殉死한 애국열사를 追念하기 위하여 奉呈된 것'이라고 말하였다(46.2. 18.). 반면 독립동맹, 인민당, 신한민족당, 공산당, 조선민주당 등 좌파정당들은 우파 주도의 기념행사에 반대하면서 2월 14일에 3.1절 기념행사를 공동으로 추진하기 위한 독자적인 모임을 갖고 별도의 행사를 준비하였다.

해방 후 처음 맞는 三一運動 記念을 좌우파가 별도로 개최한다는 것에 대한 비판이 거세지면서 46년 2월 8일 한민당, 국민당, 신한민족당, 인민당, 조선공산당, 서울시 인민위원회 등 6개 단체대표가 모여 미소공동위원회의 환영연 준비와 함께 三一運動의 공동개최를 논의하였으나 이견을 좁히지 못하고 결국 결렬되었다. 이후 한민당과 국민당을 제외한 5개 좌파정당이 행사의 통합을 촉구하였지만 그것도 실패하고 말았다[3]. 급기야 서울 시내 13개 신문, 통신사 대표들이 양 준비위를 그대로 둔 채, 記念행사만을 통합할 것을 요구하는 새로운 제안을 내놓았다. 이들은 자신들의 중재안에 불응하는 측의 행사는 기사화하지 않을 것을 결의함으로써 언론의 힘을 동원해서라도 행사의 통합을 성사시키고자 했다. 하지만 이 제안에 대해서도 우파는 거부의사를 전함으로써 끝내 행사는 통합되지 못했다.

우파나 좌파 모두 3.1절 기념행사를 함께 치루어야 한다는 원칙론에는 반대하지 않았다. 다만 이 기념행사가 반탁운동의 의미를 갖기를 희망했던 우파로서는 그들이 주도하는 행사를 고집하고자 했고 좌파와 함께 행사를 치르는 것을 반대하였다. 언론사 대표들은 記念행사 분열의 책임이 우파에 있다고 비난했지만 우파는 '기본 이념을 달리하는 인민계열의 2-3단체'의 문제일 뿐이라고 대응하였다. 동아일보는 2월 28일부터 3월6일까지 지속적으로 三一運動과 관련한 기사 및 사설을 게재하였는데 신문인들의 통합강요를 '遠慮없는 聲明書의 輕率'이라고 지적하고 근본적으로 이념의 정리가 되지 않고서는 어떤 일도 제대로 되기 어렵다는 점을 지적하였다. 동아일보의 다음 사설은 당시 이

---

3 이들은 세가지 원칙을 내세웠는데 1) 전 民族이 공동으로 記순할 것 2) 기존의 두개 준비위원회는 발전적으로 해소하고 記念행사를 5개정당에 위임할 것 3) 대회의 명예회장은 독립선언서 서명자 중 변절치 않은 자 중에서 추대할 것 등이었다.

운동을 독점할 수 밖에 없었던 우파 진영의 생각을 잘 보여준다.

　　三一運動의 具現인 亡命政府의 無視로써 출발한 人共이 拙作의 手段과
　　獨立을 尙早라 하여 他力의 管理를 自願 支持한다는 方針을 固執한다 할
　　진대, 合一도 물과 기름일지니 無意味한 合一이오 不純한 合一이다. 反
　　反託을 强行한 手法 그대로 民主와 民族의 名目下에서 共産과 階級의 內
　　綜을 意圖하는 權謀 그대로, 만약 三一記念日의 名分下에서 또다시 三一
　　을 욕되게 하는 放恣를 敢行하여서는 첫째 三一에 犧牲된 烈士의 忠魂이
　　容認치 않을 것이다.

　한편 통합행사를 지속적으로 요구했던 좌파는 2월 26일 이 행사의 분열책
임이 '한민당 및 국민당 양당의 지도자들'에게 있다고 주장하였다. 解放日報
는 3월 1일자 사설에서 민족해방운동의 전투적 참모본부인 혁명적 전위당의
필요성, 민족부르조아지의 지도는 믿을 수 없으며 전투적 노동자계급의 영도
를 필요로 한다는 것, 농민의 요구인 토지문제를 해결해야 한다는 것, 민족해
방운동은 인민대중을 동원하는 조직적, 계획적, 목적의식적인 운동이어야 한
다는 것 등을 주장하였다.

　결국 1946년 3월 1일 두 개의 별도 記念행사가 진행되었다. 우파는 종로 보
신각 앞에서 기념식을 가졌는데 이승만이 사회와 개회사를, 吳世昌이 선언문
낭독, 金九의 축사, 金奎植의 만세삼창 등으로 진행되었다. 이 행사에서 이승
만은 三一運動을 비폭력혁명, 자유에의 사랑 등으로 의미부여했고 김구는 세
계혁명운동사에서의 의의와 통일성을 강조하였다. 이승만의 三一運動 해석은
미국식 자유민주주의를 부각시키려는 의미로 이해될 수 있는데 좌파의 폭력성
을 상기시킴으로써 그 정당성을 약화시키려는 면도 있었다. 이승만은 '한국이
지금은 공산주의를 원치 않는다는 결심'을 강조하였고 安在鴻은 '그때 없었
던 계급분열로써 민족해방의 대의를 위해함을 허치 않는다'고 분열을 비난하
였다. 김구는 '삼일운동이 우리 한국민족의 독립운동의 초석이 됨……이를 통
하여 임시정부라는 영도기관을 탄생시켰'다고 강조했다. 나아가 그는 삼일
운동의 위대한 의의는 실로 그 통일성에 있는 것, 지역의 동서가 없었고 계급
의 상하가 없었고 종교사상 모든 국한된 입장과 태도를 버리고 오로지 나라와
겨레의 독립과 자유를 찾자는 일념'만이 존재했다고 강조하였다. 또 이 자리
에는 미 군정장관 하지가 참여하여 축사를 하였는데 그는 '조선인 상호간 협력

하는 능력'을 강조하였다.

한편 좌파 역시 별도의 행사를 가졌다. 민주주의민족전선은 파고다 공원에서 기념식을 가졌는데 기념행사 분열에 대한 성명서를 채택하여 '일부 정객의 고집과 친일파의 책동'을 비난하였다(자료집2.160). 좌파의 연합기념식은 남산공원에서 개최되었는데, 이차욱의 사회, 許憲의 국가계양, 해방의 노래, 김광수의 개회사, 鄭魯湜의 선언서 봉독, 李康國의 기념문 낭독 등으로 진행되었다. 이 행사에서 2월 20일 군정장관이 발표한 정당등록법을 폐지할 것을 주장하는 결의문을 채택하였다. 북한에서는 또 다른 형태의 기념식이 거행되었는데 평양에서 거행된 기념식에서 김일성은 대중연설을 하였고 여기서 '우리 민족이 자기의 자유를 위하여 고귀한 피를 흘린 날'로 정의하였다. 동시에 三一運動은 '실패'하였음을 강조하고 그 이유를 '운동을 령도할 만한 혁명적 계급과 혁명적 당이 없는데'서 찾았다. 또 국제적 도움, 특히 사회주의 진영으로부터의 지원을 얻을 수 없었던 탓도 지적하였다. 그는 친일파와 반동분자의 숙청, 토지문제의 해결, 교육제도 개혁, 모스크바 삼상회의 결정의 적극지지, 소련인민과의 친선관계 강화 등을 주장하였다. 金日成의 1946년 3.1절 기념사는 비록 운동의 실패이유를 강조하고 있지만 당시 좌파진영 중에서는 가장 三一動의 역사적 의의를 높이 평가하고 있다. 하지만 "자기 동포가 자기 민족을 착취하는 소작제도를 취소하고 농민에게 밭을 주는 원칙하에서 토지문제를 해결"할 것을 강조함으로써 좌파의 정치적 주도권을 장악하는데 중점을 두었다 (박명림, 186).

三一運動 記念式의 분열현상은 탁치문제를 둘러싸고 진행된 정치세력의 양극화가 주된 원인이었고 46년 3월의 시점에서는 三一運動에 대한 對立的 解釋이 결코 고착되거나 조직화되었던 것은 아니었다. 명확한 정치적 헤게모니가 확립되지 않았던 탓이기도 했고 그만큼 다양한 記憶들이 동시적으로 표출될 수 있었음을 의미한다. 위에서 살펴본 언론사들의 통합노력에서도 볼 수 있듯이 대부분의 사람들은 좌우파의 독점적 解釋을 동의하지 않았다. 부산을 비롯한 다른 지역에서는 좌우의 對立 없이 記念행사가 이루어지기도 했다. 또 46년 3월 1일을 전후하여 북한 전역에서 반공시위와 테러가 번지기도 했다.

6. 歷史解釋의 定型化

(1)知識人의 役割

46년 3月을 거치면서 三一運動에 대한 집합적 記憶은 再構成되기 시작하였다. 해방 후 경험한 여러 事件과 변화들이 새로운 解釋의 자원으로 활용되었고 三一運動의 의의를 둘러싼 논쟁이나 記念행사를 둘러싼 정치적 對立 자체가 記憶의 재구성에 기여했다. 새로이 간행된 각종 잡지와 신문들이 또한 이 경험을 부활시키는데 힘을 거들었다.

이제 모든 현상은 좌우파의 對立이라는 새로운 경험과 결부되어 이해되기 시작했다. 臨政과 조선공산당으로 대별되는 좌우의 對立구도가 모든 記憶과 記念의 현장에 반영되기 시작했던 것이다. 지식인들이 적극적으로 이 事件의 解釋에 참여한 것이 이런 점을 보여준다. 45년부터 48년까지의 3년간 쓰여진 三一運動 관련 책사나 논문의 숫자는 거의 100여편에 가까운데 해방 직후의 狀況에서 過去 事件에 대한 글로서는 가장 많은 경우에 해당될 것이다. 그 중에서도 상당한 분량이 46년 한 해동안 쓰여졌다. 1946년이라는 정치사적 격변기에 三一運動에 대한 지식인들의 관심과 평가작업이 매우 중요한 의미를 지니고 있었음을 의미한다. 1946, 47년 동안 [신천지], [대조] ,[개벽], [민주주의] 등 좌우를 막론하고 잡지들은 三一運動에 관한 글들을 특집으로 실었다. 한편 단행본 형태로도 적지 않은 책자가 쏟아졌다.

46년 한 해에 三一運動을 다룬 단행본을 보면 대부분 臨政계와 연관을 지닌 우파 진영의 지식인들이 주요한 필자로 동원되었음을 알게 된다. 이들은 주로 三一運動 당시의 狀況을 기록한 자료들을 정리하고 33인 民族代表에 대한 내용, 그리고 해외독립운동을 臨政중심으로 서술하는 방식을 취하고 있었다. 그 논지는 한결같이 三一運動을 민족통합의 정신이 출현한 계기로 설정하고 그 정신의 결정체가 臨政이었음을 밝히려는 것이 었다. 특히 이들은 좌파가 三一運動을 실패한 운동으로 규정하는 것에 비판적이었는데 梁又正은 三一運動은 결코 '무의미한 희생'이 아니며 '순수한 민족정신의 발로이요 실로 한민족독립운동의 역사적 발족'이라고 보아야 한다고 주장했다 (87). 그는 '3.1정신'이라는 것이 역사적으로 형성되었고 그것을 근간으로 하여 각종 민족운동이 가능했던 것이라 주장했다. 韓稚振은 三一運動에서 '모든 사회적 지위와 차별을 떠난 平民的 凡人으로서의 우리 朝鮮人民'이 강조되고 부각되었음을 지적하였다(66). 그는 건국이 '민주주의국가'의 건설을 목적으로 하는 것이고 이때 '민주의 기초가 되는 인민의 자주정신의 각성'을 강조하였다 (82).

반면 좌파 知識人들은 三一運動이 실패한 운동이며 그 실패요인을 밝힘과 함께 새로운 투쟁을 전개하는 것의 정당성을 드러내는 일에 전념하였다. 朝鮮科學者同盟이 편찬한 책은 三一運動의 주도세력이 결코 소수 지도자들이 아니라 이들과 대립적이었던 노동자, 농민, 진보적 소시민, 학생이었음을 논증하기 위한 것임을 밝혔다. 李基洙는 '三一運動이 우리 역사상 가장 빛나는 反帝民族解放闘爭'이라고 인정하면서도 '全民族的이라는 外觀에 너무 眩惑되어서는 안되고 거기에 三一運動의 弱點이 있다'고 지적하였다. 三一運動 당시 전계급이 민족감정에 휩쓸린 까닭은 노동자, 농민이 제국주의와 봉건세력에 대한 투쟁을 철저하게 전개하지 못한 때문이라고 규정하면서 이 운동의 역사적 의의는 오히려 그 한계를 지적하는데서 얻어진다고 주장하였다. 대표적인 글이 全錫淡의 '三一運動과 民族問題'인데, 이 글에서 그는 三一運動은 단순한 민족감정만으로 일어난 것이 아니고 '지주 및 자본가 계급이 민족을 배반하고 도리어 일본제국주의에 야합한 탓'에 농민을 중심으로 하는 민중의 저항이 야기된 것이라고 주장했다. 따라서 '조선민족문제는 階級問題와 不可分離的으로 合體되어 있으며……민족 내부에 있어서의 階級解放이 民族問題解決의 先行條件'이라고까지 주장했다. 異民族間의 대립과 투쟁에 앞서 계급적 대립과 투쟁을 해결하는 것이 중요하고 바로 이 점이 명료하게 된 것이 三一運動의 실패가 준 교훈이었다는 것이다. 이들은 모두 '三相 決定의 總體的 支持'가 三一運動의 진정한 계승이자 성취가 될 것이라고 주장하였고 '10월 인민항쟁'이 이 운동의 교훈을 가장 옳게 실천한 것이라고 강변했다.

이처럼 三一運動에 대한 知識人의 해석에도 정치적 분열상은 크게 반영되어 있었다. 이런 가운데 三一運動을 통해 검토할 만한 다른 쟁점들, 예컨대 민족과 계급의 적절한 연관구조, 개인주의와 민주주의의 연관성, 반일투쟁의 진정한 의미 등은 전혀 사회적으로 부각되지 못하였다. 이것은 탈식민화과정을 매우 협소하게 만드는 결과를 가져왔다. 해방공간의 정치과잉은 역사적 사건에 대한 해석에 있어서도 대립적이고 정형화된 틀을 벗어나지 못하게 만들었다. 이 결과는 이후 오랫동안 분단체제와 결부되어 한국현대사에 부정적 그림자를 드리웠던 것이다.

(2)定型化된 記念方式의 擴散

27주년 三一運動 記念式이 있은 직후 우파가 중심이 된 민주의원에서는 尹奉吉, 李奉昌, 白定基 등 3의사의 유해봉환과 추도식을 준비하였는데 이 기념식에 좌파의 핵심인물들은 참여하지 않았다. 반면 6.10운동 20주년 記念행사는 좌파인 민주주의민족전선의 주최로 열렸는데 역시 우파는 참여하지 않았다 (자료집2,734). 메이데이 기념식 역시 두 개로 나뉘어져서 개최되었는데 조소앙과 안재홍이 참여한 한 모임에서는 '조선건국을 위해서는 8시간 이상이라도 일할 각오'를 다졌는데 반하여 박헌영이 참석한 또다른 메이데이 기념행사에서는 '8시간 노동제의 전취'를 강조하였다.

이런 대립적 기념행사는 8.15 해방 1주년 記念행사에서도 그대로 나타났다. 3.1절 기념행사의 통합실패를 안타까워하던 이들이 중심이 되어 해방 기념식은 공동으로 거행할 것이 강하게 주장되었다. 洪命憙는 '3.1記念의 좌우익 분열행사가 우리 민족의 수치'였다고 지적하였고 이강국은 '좌우합작의 실천 제1보로서 이 8.15 기념행사를 거행할 것'을 주장하였다 (자료집2, 918). 백남운은 '분열행사는 생각하는 것 부터가 죄악'이라고 말하였다. 하지만 결과적으로 이 행사도 분열을 면치 못하였다. 우파는 '8.15 평화 및 해방1주년 시민경축대회'를 미군정과 공동으로 군정청 광장에서 거행하였는데 이 자리에는 좌우의 대표적인 인사들이 함께 초청되었다. 이는 8.15가 한국인만의 記念日이 아니라, 2차세계대전 종전일로서 미국에게도 의의가 큰 날이었기 때문이었다. 여기서 맥아더 사령부로부터 일한병합조약문과 舊韓國政府 印章, 玉璽 등을 돌려받는 행사를 벌었다. 하지만 오세창 위원장, 하지와 아놀드, 이승만과 김구 등은 참석하였으나 기념사를 하도록 초치된 김규식,여운형,허헌은 불참함으로써 결국 우파와 미군정이 주도하는 기념식이 되고 말았다. 이승만은 독자적인 소감으로 '삼천만 동포의 일치단결'을 강조하였다. 이에 반해 좌파는 민주주의민족전선의 주관으로 8.15해방 1주년 기념식을 서울운동장에서 개최하였는데 허헌의 개회사, 여운형, 박헌영, 김원봉 등이 명예회장으로 선임되었다. 여기서 토지개혁, 주요산업국유화, 노동법령 개정, 미소공위재개 등 매우 광범위한 사회문제들에 대하여 좌파의 의견들이 결의문의 형태로 주장되었다 (조선일보, 1946.8.17). 8월 29일 국치일 기념식 역시 우파와 좌파가 각기 별도로 거행하였다. 민주주의민족전선이 주관한 기념식에서는 다양한 당면과제들이 결의문의 형태로 주장되었다. 우파의 記念이 민족적 수치를 강조하고 臨政의 주도권을 강조하는 것이었는데 반해 좌파의 기념식은 삼상회의 결정을 반대하는 세력 비판, 단정음모 비판, 입법기관 설치문제와 국대안에 대한 비판, 좌파 3당합당에 대한 지지 등이 포함되어 있었다 (자료집3, 226-7). 46년 말에 이르면 記念式 자체가 정치사회적 混亂의 계기가 된다는 명분으로 광주학생사건을 기념하는 학교의 행사가 경찰에 의해 금지되기조차 했다 (조선일보 ,1946.11.7)

46년 후반과 47년 초를 거치면서 미군정은 좌우합작을 추진하였고 사회적으로도 좌우를 아우를 중간층의 역할에 대한 기대가 크게 부각되었다. 하지만 좌우합작은 실패하였고 결국은 좌우의 정치적 對立이 더욱 심화되는 상태에 이르렀다. 이승만과 김구는 46년 말 모스크바 협정의 폐기와 반탁운동의 재추진을 합의했는데 여기서 반탁운동은 국내적으로 좌우합작위원회에 대한 공격을 의미하는 것이었다 김구는 47년 2월 8일 좌우 합작을 비판하면서 '독립운동의 최고기관' 을 설치할 것을 주장하였고 이를 계기로 비상국민회의가 개최되어 '국민의회' 가 구성되었다. 김구는 이를 '상설적 대의조직' 이자 '대한민국의 유일한 歷史的 입법기관' 이라고 규정하였고 과도정권 수립을 위한 대의기구로 역할할 것을 기대하였다.

좌파의 경우도 미군정의 통제가 심해지는 가운데 주류는 극좌적 모험주의로 경도되기 시작했다. 46년7월 조선공산당은 민족통일전선에서 계급투쟁으로 노선을 전환하게 되었는데 9월에는 전국에 걸친 대파업을 주도 하였고 10월에는 대구의 인민항쟁을 주도했다. 10월의 事件은 다시 한번 좌파와 우파 사이에 '인민항쟁' 과 '폭동' 이라는 對立的인 解釋을 불러 일으켰고 이것은 기왕의 대립구도를 더욱 심화시켰다. 하지만 전반적으로 박헌영의 체포위협, 공산당의 실질적 불법화, 행정적 통제 등으로 인해 좌파의 활동은 상당부분 제약되지 않을 수 없는 狀況이 나타났다.

이런 시점에서 三一運動이 다시 한번 좌파와 우파의 정치적 상징성을 강화시키는 계기로 이용된 것은 불가피한 일이었다. 김구는 3.1절 28주년 기념식을 새로운 정치적 계기로 삼으려 했다. 즉 국민의회를 근간으로 하여 3월 1일 새로운 과도정부의 출현을 선포하려 한 것이었다. 이런 움직임은 미군정이나 이승만으로부터도 지지를 받지 못했지만 김구가 주도하는 기념식은 이후 반탁시위행진으로 연결되었다. 좌파에 대해서는 '독립을 싫다하고 탁치를 갈망하는 찬탁진에서 3.1절을 기념하겠다는 것은 알 수 없는 수수께끼' 라고 비난하였는데 (동아 ,1947.2.23.), 모스크바 三相會議 支持 = 託治贊成 = 獨立否認 = 3.1節 記念資格不在라는 관점을 확산시키려 노력했다. 한편 좌파인 민주주의민족전선은 남산공원에서 3.1기념시민대회를 개최하였다. 여기서 긴급동의와 결의안을 채택했는데, 박헌영 체포령 취소, 전평간부 즉시 석방, 테러 박멸, 국대안반대, 토지개혁실시 등 현안문제 전반에 걸친 정치적 의견표명이었다. 三一運動 기념식이 각 정치세력의 의견을 표명하고 주도권을 장악하려는 노력의 일환으로 이해되고 있음을 잘 보여준다. 47년의 행사는 단순한 기념행사의 대립에 그치지 않았다. 급기야 양측의 대결과 충돌을 불러 일으켜 사상자가 생겼다. 서울에서는 남대문에서 좌우의 시위대가 충돌하여 경찰이 발포하게 되고 이로 인해 많은 사상자가 나왔다. 지방에서도 부산, 제주, 정읍 등에서 좌우익이 충돌하여 전국적으로 16명 사망, 22명이 부상했다 (동아,1947.3.4.). 46년에는 對立하지 않았던 부산지역이 47년에 분열된 것은 46년 한해 동안의 정치적 분화가 매우 격심했음을 말해준다.

결국 48년에 이르면 역사적 사건에 대한 기념행위가 權力에 의해 관리되는 모습을 보이게 된다. 행정명령 13호로 記念祝式 거행에 대한 법적 규제조치가 나타나게 되었던 것인데 이에 따라 서울시가 주최하는 기미독립선언 記念大會가 관주도로 개최되었다. 이미 이 시기는 남한만의 총선거로 단정수립이 기정사실화되고 있었고 三一運動 기념식의 정치적 비중도 상대적으로 낮아졌다. 이승만의 단정에 반대하던 김구는 이제 한독당 주최로 별도의 기념행사를 경교장에서 거행하였다. 좌익은 이미 상당정도 억압되었기 때문에 공개적인 행사를 개최하지 못하였던 것으로 보인다. 하지만 이런 내부적 대립상의 완화가 기념행위를 둘러싼 역사해석의 갈등을 넘어선 결과였던 것은 결코 아니었다. 오히려 남북의 체제이데올로기와 역사해석이 맞물려 고착화됨으로써 보다 견고한 냉전적 해석체계의 틀 속에 역사적 기억들이 전유되었다고 보아야 할 것이다. 그 결과 48년에 이르면 지금까지 단일행사를 전개하던 일본의 동포들조차 이제 두개 단체로 분열되어 각기 독립선언 기념행사를 거행하기에 이르게 된다. 이런 상황이야말로 탈식민과정이 냉전적인 대립 속에서 새로운 방향으로 전개되었음을 보여주는 것이라 하겠다.

7. 탈식민과정의 특성과 한계

해방 후 三一運動에 대한 記念의 對立이 나타나게 된 데에는 몇가지 요인들이 작용했지만 가장 중요한 요인은 정치세력들 간의 권력투쟁 때문이었다. 三一運動이 갖는 상징적 효과가 큰 만큼 모든 정치세력이 자신의 헤게모니 확보를 위해 이 事件에 대한 독점적 해석권을 가지려 했던 탓이 크다. 특히 三一運動이 臨政 헤게모니와 결부되어 있었다는 사실이 중요한 요인이 되었다. 臨政의 헤게모니는 건국준비위원회 내지 인공의 부인을 의미하는 것이고 이는 곧 좌파에 대한 우파의 지배력을 강조하는 의미를 갖는다. 실제로 三一運動의 記憶을 끊임없이 되새기고 이를 강화하려 한 주체는 김구 중심의 臨政系와 한민당 세력이었고 이 운동은 臨政推戴論이라는 정치노선과 결부되었다. 좌파 역시 三一運動의 記念을 臨政헤게모니를 부정하는 것에 맞출 수밖에 없었고 그러기 위해서 三一運動에 대한 그들 나름의 解釋을 강조할 수밖에 없었다. 적어도 이 부분에서는 歷史解釋의 差異로 인한 政治葛藤이 아니라 政治的 葛藤에 따른 歷史認識의 對立相을 보여준다.

三一運動의 기념행사를 臨政 헤게모니 확보를 위해 활용하려 했던 우파나 공산당 헤게모니를 정당화하기 위하여 이 운동의 이미지를 이용하려 했던 좌파 모두 정작 중요한 脱植民化 課題를 해결하는데는 성공하지 못한 셈이다. 우파는 이 운동을 臨政勢力의 헤게모니라는 정략적인 차원에서만 강조함으로써 민중적인 힘과 지향성에 크게 주목하지 못하는 결과를 낳았다. 三一運動을 실패한 사건으로 규정한 左派 역시 자신들의 헤게모니 확보를 위해 당면한 정치투쟁에만 관심을 쏟음으로써 민중의 민족적 통합과 정체성을 무시하는 한계를 드러냈다. 가혹한 식민통치를 갓 벗어난 한국사회에서 민족적 정서를 記憶하는 일은 결코 무시할 수 없는 文化的 힘을 갖는 것인데 사회과학이라는 이름으로 계급적 세계관의 절대적 타당성만을 고집하였던 좌파의 논리는 정치적 헤게모니를 확보하는데 있어서 歷史解釋의 도움을 받을 기회를 스스로 한정시켰던 것이다.

三一運動의 記念式을 둘러싸고 좌우간에 벌어졌던 해방공간의 對立은 韓國의 脱植民化과정에서 중요한 社會的 議題들이 왜, 어떤 과정을 거쳐 縮小되었는지를 설명해준다. 三一運動에 대한 記憶을 통해 부각시킬 수 있는 다양한 쟁점들, 예컨대 民主主義의 원리나 民族과 階級의 연관 방식 등에 대한 충분한 논의들이 정치투쟁의 와중에서 묻혀버리고 말았다. 나아가 자본주의와 민주주의의 관계는 무엇인가, 강대국과 신생국가간의 적절한 관계는 어떠해야 하는가, 친일파란 무엇이며 어떻게 처리되어야 하는가, 토지개혁은 어떻게 이해되어야 하는가 등의 많은 쟁점들이 충분히 논의되지 못한 채 해방과 건국의 과정이 진행되었던 狀況을 보여 준다. 植民地下에서 形成된 학계의 지체된 쟁점들이 그대로 반복된 부분도 있다. 脱植民化 과정의 이러한 제한성은 남북한이

미소의 군정으로 분단될 수밖에 없었던 외적 조건에 그 일차적 요인이 있지만, 그 자체가 이후 한국의 분단체제 형성과정에서 지속적인 영향을 미치는 족쇄가 되었던 것이다.

참고문헌

국사편찬위원회, [資料 大韓民國史] 1-3권
[韓國現代史料書]

김경일, "挫折된 中庸 : 日帝下 知識形成에서의 普遍主義와 特殊主義", [社會와 歷史] 51,1997.
도진순, [韓國民族主義와 南北關係], 서울대학교 출판부, 1997.
박명규, "歷史的 經驗의 再解釋과 象徵化", [社會와 歷史] 51, 1997.
박명림, [韓國戰爭의 勃發과 起源] 1,2, 나남, 1996.
박찬승, [韓國近現代政治思想史研究], 歷史批評社,1992.
방기중, [韓國近現代思想史研究], 歷史批評社,1992.
서중석, [韓國現代民族運動研究], 歷史批評社,1992.
심지연, [朝鮮新民黨研究], 동녘, 1988.
전우용, "三一運動 關係 주요 자료논저 목록", [3.1民族解放運動研究],1989.
정근식, "集團的 歷史經驗과 그 再生의 地坪", [脫話와 意識의 社會史], 韓國社會史學會,1995.
지수걸, "三一運動과 國內 共産主義 系列의 民族解放運動", [韓國獨立運動史研究] 13,1999.
한상도, "中國管內 地域 獨立運動 勢力의 三一運動 認識과 繼承" [韓國獨立運動史研究] 13,1999.
한치진, [民主主義論] 1-3, 南朝鮮過渡政府,1947.
Halbwachs, M. (L.A. Coser trans.) On Collective Memory, The University of Chicago Press, 1992.
Schwartz, B. "The Social Context of Commemoration: A Study in Collective Memory", Social Forces 61, No.2, 1988.

※이 글은 박명규, "탈식민과정에서 31운동의 문화적 재구성: 기억, 지식, 그리고 권력", 박원호, 류준필 편, [1919년 3월 1일에 묻다] (성균관대학교출판부, 2009), 802-837쪽을 약간의 수정을 거쳐 재수록한 것이다.

80주년을 앞둔 카이로 회담에 대한 재고

朴　泰均

(서울대학교 국제대학원)

1. 서론

2023년은 카이로 회담 80주년이 되는 해이다. 카이로 선언은 샌프란시스코 체제의 기원이 되는 선언이었다. 이후 테헤란, 얄타, 포츠담으로 이어지면서 전후 아시아 체제의 틀을 형성하는 기원이자, 원칙으로 작동했던 것이다.

한국에 있어서도 카이로 회담과 카이로 선언은 매우 중요하다. 모든 역사교과서의 현대사 부분에서 언급되고 있는 사건이다. 2차 세계대전 중 열강들이 한국의 독립을 처음으로 약속한 선언이었다. 그러나 동시에 한국에 대한 신탁통치를 고려했다는 논란을 불러 일으키기도 한 선언이었다. 특히 신탁통치안은 8.15 이후 한국 내에서 찬반탁 운동의 소용돌이를 일으키는 중요한 사안이었다.

문제는 한국 내에서 카이로 선언을 보면서 주로 '한국의 독립' 문제와 그 시기와 방법에 대한 논의에만 주목하고 있다는 점이다. 카이로 선언은 짧은 내용 안에 너무나 중요한 문제들을 담고 있다.

이러한 의미를 2023년, 즉 카이로 선언 80주년을 앞둔 상황에서 다시 한번 짚어보고자 한다. 특히 2023년은 미중갈등, 중국과 타이완의 갈등, 일본의 보통국가화 등 카이로 선언에서 시작된 샌프란시스코 체제의 지속이냐, 재편이냐의 문제를 결정할 수 있는 중요한 전환의 시기이다. 또한 정전협정 70주년이 되는 해이기도 하다.

이러한 상황에서 카이로 회담의 의미를 다시 한번 짚어보는 것은 매우 의미 있는 일이 될 수 있을 것이다. 본고에서는 특히 카이로 선언에 앞서 1943년에 열린 퀘벡회의로부터 시작해서 카이로 선언이 갖는 의미에 대해 되짚어보도록 하겠다.

2. 카이로 선언의 배경 - 제1차 퀘벡회의

제1차 퀘벡 회담 (코드명 "Quadrant") 은 제2차 세계 대전 중 영국, 캐나다, 미국 정부가 개최한 매우 비밀스러운 군사 회담이었다. 1943년 8월 17일부터 24일까지 퀘벡 시에서 Citadelle 과 Château Frontenac 에서 진행 되었다. 캐나다 수상 William Lyon Mackenzie King 이 주최하는 형식을 띠었고, Winston Churchill 과 Franklin D. Roosevelt 가 참여하였다. 소련 의 지도자 이오시프 스탈린 은 회의에 초대를 받았지만 군사적 이유로 참석하지 않았다.

주요 논의사항은 아래와 같다.

— 프랑스에 대한 상륙작전 실시 (Operation Overlord 작전)
— 이탈리아 작전 (정전협정 체결) 회담 도중에 전달됨. 포츠담 회담에서 핵 실험 성공이 전달된 것과 유사했던 상황.
— 원자력 폭탄 개발에 대한 미국 영국 협조. 영국의 Tube Alloy 계획 미국에 전달
— 발칸반도 작전은 게릴라 보급에 국한. 티토의 유고슬라비아 게릴라들에 대한 영국의 지원.
— 팔레스타인 문제 해결과 독일의 폴란드에서의 만행 규탄
— 일본 본토 작전을 위한 노력. 라바울을 패스하는 작전을 결정.

퀘벡회의의 주요한 논의사항들은 다른 전중회담과 마찬가지로 대체로 유럽과 대서양 문제에 집중되었다. 특히 원자력 폭탄의 개발과 관련된 미국과 영국 사이의 퀘벡 합의는 전후 영국의 핵무기 개발 문제에도 관련된 매우 중요한 사안이었다. 그러나 아시아에서의 논의가 무시되지는 않았다.

무엇보다도 중요한 것은 결국 달성하지는 못했지만, 1944년 중에 유럽에서의 전쟁을 끝내고자 하는 계획이었다. 이탈리아는 퀘벡 회담 중에 정전협정 체결이 가능한 상황이 되었기 때문에 이후 프랑스로의 상륙작전이 빠르게 진행된다면, 1944년 중에 독일의 항복을 받을 수도 있을 것이라는 장밋빛 전망을 갖게 된 것이었다.

문제는 유럽의 전선이 이렇게 진행된다면, 주축국들 중 유일하게 일본만이 남게 되는 것이었다. 일본과의 태평양 전쟁은 1942년의 미드웨이 해전을 깃점으로 미국에게 유리하게 전개되었지만, 1943년의 상황은 연합군에게 아주 유

리한 상황이 아니었다. 유럽과는 달리 영국이 전면적으로 참전할 수 없는 상황이었기 때문에 미국으로서는 태평양 전쟁에서 영연방의 일원이었던 호주, 식민지였던 인도, 그리고 본토에서 일본과의 전쟁으로 고전을 거듭하고 있었던 중국이 유일하게 미국과 함께 할 수 있는 전투력이었다.

퀘벡 회담에서 일본과의 전역에 대한 문제를 논의한 이후 미국은 카이로 회담의 개최를 서둘렀다. 이는 태평양에서의 전쟁을 빠르게 마무리하기 위한 것이기도 했다. 카이로 회담을 개최할 수 있는 여건은 1943년 1월 11일 영국이 중국에서의 치외법권의 특권을 포기하는 조약을 맺음으로서 이미 마련되었다. 영국은 인도, 중국과 'Treaty Between His Majesty In Respect Of the United Kingcom and India and His Excellecy The Presidetn of the National Governmet of the Republic of China for the Relinquishment of Extra-Territorial Rights In China and The Regulation of Related Matters（With Exchange of Notes and Agreed Minute）'를 맺었다.[1]

이 조약으로 중국은 영국이 호의와 우의를 표현했다고 판단했다. 물론 이 조약의 범위에서 홍콩이 제외되어 있었기 때문에 문제가 모두 해결된 것은 아니었다. 최혜국 조항이라든가 연안에 대한 조사권 등의 문제는 그대로 남아 있었지만, 1843년 청나라와 영국이 맺은 통상장정과 추가조약에서 영사재판권을 허가한 이래 100년만에 해당 조항이 무효화된 것이었다. 이런 분위기 속에서 카이로 회담이 개최되었다.

3. 카이로 선언의 의미 1 – 한국인의 노예상태[2]

1943년 12월 미국의 루즈벨트 대통령, 영국의 처칠 수상, 그리고 중국의 장제스 총통이 카이로에 모였다. 그리고 일본에게 무조건 항복을 요구하면서, 전후 일본 처리 문제를 위한 기본적인 지침으로서 카이로 선언을 발표하였다. 이 시기는 1943년 11월6일 도쿄에서 대동아회의가 개최된 직후였다.

여기에는 만주국과 중국, 필리핀, 버마, 인도의 일본 괴뢰정부 대표들이 초청되었다. 대동아회의에서는 대동아선언이 채택되었는데, 그 내용은 아래와

---

1 Shian Li, "The Extraterritoriality Negotiation of 1943 and the New Territories," *Modern Asian Studies 30, 3*, 1966, pp. 617-650
2 본 발표문 3장과 4장은 졸고, 「미국의 관점에서 본 한국의 8.15」, 『군사』, 2015에서 수정, 재인용하였다.

같다.

"미국과 영국은 자국의 번영을 위해서는 타 국가와 타 민족을 억압하고 특히 대동아 예속화의 야망을 키워 결국에는 대동아의 안정을 근저로부터 뒤집으려고 했다. 대동아전쟁의 원인은 여기에 있다. 대동아 각국은 서로 연계하여 대동아 전쟁을 완수하고 대동아를 미영의 질곡에서 해바시켜 그 자존자위를 완전하게 하고 (중략) 대동아를 건설하여 세계평화의 확립에 기여할 것을 기약하는 바이다." [3]

대동아 선언은 영국과 미국으로부터 아시아를 해방시키겠다는 것이었다. 그리고 이것이 일본이 태평양 전쟁을 일으킨 원인이라는 것이었다. 카이로 선언에서는 이러한 일본의 의도에 반박하는 강한 어조의 내용을 포함하고 있었다. 특히 미드웨이 해전 이후 전세가 바뀐 상황에서 선언이 나왔다는 것도 중요한 의미를 갖고 있었다. [4]

"3대 동맹국은 일본의 침략을 정지시키며 이를 처벌하기 위하여 이번 전쟁을 속행하고 있는 것으로, 위 동맹국은 자국을 위하여 어떠한 이익을 요구하는 것은 아니며 또 영토를 확장할 의도도 없다. 위 동맹국의 목적은 일본이 1914년 제1차 세계대전 개시 이후에 일본이 탈취 또는 점령한 태평양의 도서 일체를 박탈할 것과 만주, 타이완 및 펑후(膨湖) 제도와 같이 일본이 청나라로부터 빼앗은 지역 일체를 중화민국에 반환함에 있다. 또한 일본은 폭력과 탐욕으로 약탈한 다른 일체의 지역으로부터 구축될 것이다. 위의 3대국은 한국민의 노예 상태에 유의하여 적절한 시기에 한국이 자유롭고 독립적이 될 것을 결의한다. 이와 같은 목적으로 3대 동맹국은 일본과 교전 중인 여러 국가와 협조하여 일본의 무조건적인 항복을 촉진하는 데 필요한 중대하고도 장기적인 행

---

3 와다하루키, 박은진, 「카이로 선언과 일본의 영토문제」, 『영토해양연구』 5권, 2013
4 물론 전황 자체가 연합국에 완전히 유리한 상황은 아니었다. 퀘벡담 직후에 있었던 타라와 해전에서 연합군이 승리를 거두었지만, 엄청난 사상자가 발생함으로 인해서 미국 의회 내에서 청문회가 진행되기도 했다. 물론 미국은 잠수함의 성능 개선, B-29 폭격기 개발 프로젝트, 그리고 1944년 초 임팔전투와 북마리아나 전투를 통해 완전한 승기를 잡기도 했다. 따라서 카이로 회담에서는 중국의 청두에서 B29가 출격해야 일본 본토를 폭격하는 문제도 논의되었다. 그러나 이는 퀘벡 회담과 카이로 회담 이후의 상황이었다. 카이로 회담은 오히려 퀘벡회담 이후 타라와에서의 쓰라린 경험과 임팔전투를 앞둔 상황에서 개최되었다.

동을 속행한다."[5]

'일본을 처벌' 하겠다는 내용과 함께 '폭력과 탐욕으로 약탈' 한 지역이라는 표현, 그리고 '한국민의 노예상태' 라는 내용이 포함되어 있다. 지금까지 이 선언에서 한국인들이 주목한 것은 "한국이 자유롭고 독립적이 될 것을 결의" 한다는 대목이었지만, 보다 주목할 부분은 다양한 수식어로 일본이 일으킨 전쟁이 정의의 전쟁이 아니었으며, 그렇기 때문에 '무조건적인 항복' 을 해야 한다는 조항을 포함시켰다. 일본으로서는 일본 왕의 지위를 위협할 수 있는 부분이었다.[6]

이런 관점에서 보면 보다 유의해야 할 부분은 이 선언에서 "위의 3대국은 한국민의 노예 상태에 유의하여" 라고 되어 있는 부분이다. 일본의 대동아 선언을 가장 적극적으로 반박할 수 있는 내용이었다. 이 부분은 의심할 바 없이 한국의 독립운동가들과 3.1운동이 가져온 결과였다.

임시정부 요인들은 1943년 7월26일 장개석을 면담했다. 이 면담에는 김구 주석, 조소앙 외무부장, 김규식 선전부장, 이청천 광복군 총사령, 김원봉 광복군 부사령, 그리고 통역 안원생이 참석했다.[7] 김구와 김규식은 미국이 주장하는 위임통치, 또는 국제공동관리에 대해 반대하면서 한국의 독립을 관철시켜줄 것을 요구했다. 이는 1945년 12월 말에 시작된 신탁통치 반대운동의 기원이라고도 할 수 있을 것이다.[8]

이에 장개석은 카이로에서 루즈벨트를 만나 한국의 독립을 요청했고, 영국 측에서는 '한국을 자유롭게 독립하도록 한다' 는 문구를 '일본의 통치에서 벗어나게 한다' 로 바꿀 것을 제시하였고, 중국 측은 이에 대해 반대하면서 원

---

5 정병준, 「카이로회담의 한국문제 논의와 카이로 선언 한국조항의 작성과정」, 『역사비평』 107호, 2014

6 일본은 1945년 초 스위스를 통해 연합국과 항복 조건을 교섭하면서 일본 왕의 지위를 건드리지 않는다는 조건을 제시하였다. 이런 점을 염두에 두면 '무조건적 항복' 은 일본에게는 매우 충격적인 내용이었다고 할 수 있다. The Secretary of State to the Swiss Chargé (Grässli), Washington, August 11, 1945, FRUS 1945, British Commonwealth, the Far East, Vol. VI; The Secretary of State to the Ambassador in China (Hurley), Washington, August 11, 1945. FRUS 1945, the Far East, China, Vol. VII.

7 양지선, 「백범 김구와 장개석의 6차 접견」, 『백범김구기념관 개관 20주년 기념 학술대회 자료집』

8 지금까지 신탁통치 반대운동은 1945년 12월 모스크바 3상회의에서 한국문제에 대한 결정이 발표된 이후에 시작된 것으로만 알려져 있지만, 이미 카이로 회담 이전에 임시정부 인사들은 한국에 대한 신탁통치, 또는 위임통치에 대한 반대의사를 표명하고 있었다.

안대로 결정되었다.[9] 독립의 시점에 대해서도 '일본의 몰락 후 가장 빠른 가능한 시점에서 (at the earliest possible mement after the downfall of Japan)'에서 '일본의 몰락 후 적당한 시점 (at the proper moment after the dawnfall of Japan)'으로 바뀌었고, 최종적으로 처칠이 '적당한 과정(in due course)'으로 수정되었다.[10]

이러한 논란이 된 과정에도 불구하고, 중요한 점은 한국인의 상태를 '노예상태'로 보았다는 점이다. 이는 일본의 군국주의자들이 당시뿐만 아니라 현재까지도 계속 얘기하고 있는 식민지 근대화론이 잘못되었음을 국제적으로 규정하는 부분이라고 할 수 있다. 이는 일본의 패망으로 일본 제국이 해체되는 과정에서 한국이 독립되어야 한다는 점과 함께 인권의 측면에서 왜 한국이 자유롭게 되어야 하는가에 대한 이유를 설명하는 부분이라고 할 수 있다.

당시 한국 사회의 상황에 대해 한국인의 노예상태에 대한 발언은 3.1운동과 독립운동의 큰 성과 위에서 가능했던 것이었다. 당시 열강들은 한국 내 독립운동에 대한 보도를 통해 한국의 상황에 대해서 알고 있었으며, 이는 곧 카이로 선언에 한국 상황에 대한 설명이 명기되어도 큰 문제가 없다는 점을 인식하고 있었다는 것을 의미한다.

이는 다른 한편으로 일본의 대동아 공동선언에 대한 전면적인 반박이기도 했다. 일본의 대동아 공동선언은 제국주의의 약탈에 대한 비판이었지만, 미국과 영국을 중심으로 하는 연합국들은 일본의 태평양 전쟁의 기본 목적이 아시아인들의 해방이 아니라 미국에 의한 경제봉쇄로부터 공급처를 확보하기 위한 것이라는 점을 알고 있었다. 이는 군사전략에서도 동남아시아와 일본열도를 연결하는 해상로를 끊고자 했다는 점에서도 잘 드러난다. 미국의 잠수함 활동이나 미 해군에서 필리핀을 패싱하고 오키나와와 타이완으로 이어지는 해상로를 먼저 확보하자고 했던 점도 이러한 일본의 약점을 알고 있었기 때문이었다.

이상과 같이 많은 연구자들이 카이로 선언에서 '한국의 독립'과 '적당한 과정'에 대해 주목하고 있지만, 실제로 더 중요했던 점은 '노예상태'로 규정한 한국 내부의 상황에 대한 묘사였다고 볼 수 있다. 이는 다양한 측면에서 당시 한국이 제국으로부터 분리되어야 하는 상황을 잘 보여준 문구였다고 할 수 있다.

---

9 영국은 카이로 회의에서 한국의 독립을 언급하는데 대해 반대 의사를 갖고 있었다. 이는 전후 영국의 식민지 문제와 연결될 가능성에 대한 염려 때문이었던 것으로 보인다.

10 정병준, 앞의 글, 331-336쪽

4. 카이로 선언의 의미 2 - 유럽의 귀환

카이로 선언은 일본에 대한 전후 처리 문제를 다루면서 다른 아시아 국가에 대해서는 일언반구도 언급하지 않은 채 한국만을 언급하고 있다는 점에서 한국에게는 매우 중요한데,[11] 왜 이 선언에 한국만이 포함되었는가의 문제는 학계에서 거의 주목받지 못했다. 한국의 입장에서는 일본의 패망과 함께 한국을 독립시킨다는 것이 세계 강대국에 의해서 결정되었다는 것이 매우 중요한 사실이었고, 이러한 결정이 어떤 국가의 이해관계를 반영했는가가 중요했기 때문이다.

그러나 카이로 선언에 대한 한국 내에서의 관심이 한국에만 집중되어 있었기 때문에 그 선언이 갖는 미국의 전후 정책적 측면에서의 함의에 대해서는 거의 관심을 기울이지 못했다. 즉, 이 선언에는 당시 루즈벨트 대통령이 갖고 있었던 전후 아시아 정책의 전반적인 구상이 포함되어 있었는데, 그 부분에 대한 해석이 제대로 이루어지지 않은 것이다. 루즈벨트의 아시아에 대한 구상과 전략을 이해할 때 당시 미국의 입장에서 일본이 패망하는 시점에서 한반도에 대한 처리 계획을 파악할 수 있기 때문이다.

루즈벨트는 원래 대서양 헌장 제3조에 있는 민족자결권이 제2차 세계대전 이후 전 세계에 걸쳐 적용되어야 한다는 입장을 갖고 있었다.[12] 그러나 유럽 국가들의 입장은 달랐다. 처칠은 민족자결권 조항이 전범국가인 독일 점령하의 유럽국가에만 적용되어야 하고, 유럽국가의 식민지에는 적용되어서는 안 된다는 입장이었다. 식민지 지역에 민족자결권을 인정하거나 신탁통치를 실시하는 것은 유럽의 제국 질서를 와해하려는 미국의 새로운 정책이라고 판단했던 것이다.5)

물론 그렇다고 해서 제2차 세계대전을 통해 부상하고 있는 미국의 주도권에 대해 대안없이 반대할 수 있는 처지도 아니었다. 루즈벨트 대통령은 1943년 3월 27일 영국 외상 이든(Anthony Eden)과 전후 만주, 한국, 타이완, 인도차

11　정병준은 카이로 선언이 다음과 같은 세 가지 의미를 갖는다고 해석했다. 첫째로 전후 한국독립을 약속한 연합국의 최초의 공약이었다. 둘째로 전쟁 직후가 아니라 '적절한 시기'에 독립할 것을 약속함으로써 신탁통치 실시를 암시하고 있다. 셋째로 연합국 사이의 대한 정책 차이가 외교적 언어로 표현된 것이었다. 정병준, 앞의 글, 308쪽. 정병준의 이 글에서 카이로 선언에대한 기존 연구를 잘 정리하고 있기 때문에 본고에서는 따로 정리하지 않겠다.

12　윤충로, 「베트남의 1945년 8월혁명과 분단」, 『몽양여운형기념사업회 발표논문』, 2015년 7월 10일, 프레스센터, 2쪽

이나에 관해 논의하면서 인도차이나에는 신탁통치를, 만주와 타이완은 중국에 반환하며, 한국은 미국. 중국 외에 1~2개 나라가 더 참여하는 국제신탁통치하에 두자고 제안했다.

이든은 이 제안에 호의적으로 응답했다.[13] 그러나 영국의 식민지 지역에 대한 신탁통치에 대해서는 반대하는 입장이었고, 프랑스 역시 반대의 입장을 갖고 있었다. 이러한 유럽 제국의 입장은 얄타회담에서도 그대로 나타났는데, 미국은 기존에 신탁통치를 실시하고 있는 곳, 이전에 적의 영토였던 곳, 그리고 신탁통치를 자발적으로 받아들이는 곳에만 적용할 것이라는 입장을 갖고 물론 당시 모든 정책결정자들이 이러한 생각을 갖고 있었던 것은 아니었다.

외교관계협의회 (Council on Foreign Relations: CFR) 의 전후 구상 관련 논의를 보면 만주와 한국을 중국에 반환하거나 독립시키기보다는 일본의 주도권 하에 계속 두어야 한다는 주장도 제기되었다. 물론 이러한 주장이 전후 중국과 소련에 대한 견제를 위한 극단적인 사례였지만, 아시아의 다른 지역에 대한 전후 구상 역시 크게 다르지 않았다.[14]

이러한 미국과 유럽의 입장은 카이로 회담에서도 그대로 반영되었다. 장제스의 입장은 한국을 독립시킬 뿐만 아니라 중국과 미국이 전후 인도차이나의 독립을 위해 공동으로 노력해야 하고, 태국 역시 독립 지위를 갖도록 해야 한다는 것이었다. 장제스의 입장에서는 중국의 주변국이 유럽제국 내에 편입되어 있다는 사실이 불편할 수밖에 없었다. 카이로 선언과 관련된 "미국의 대외관계 (Foreign Relations of the United States: FRUS)" 에 실려 있는 장제스와 루즈벨트 사이의 대화기록을 보면 루즈벨트가 이러한 장제스의 발언에 대해 동의를 표한 것으로 나온다.

그러나 FRUS 의 기록에는 장제스의 인도차이나 및 태국의 독립 제안에 대해서는 루즈벨트가 부정적인 반응을 보였다는 각주가 달려 있다. 즉, 루즈벨트는 이들 국가. 지역의 '독립' 이 아니라 '미래 지위' 에 대한 연합국의 합의를 강조한 것이다.8) 그렇다면 대화에서 루즈벨트가 동의를 표한 것은 외교적 수사에 그치는 것으로 실제로는 인도차이나의 독립에는 부정적 견해를 갖고 있었음을 알 수 있다.

이상과 같은 당시 미국의 입장을 고려한다면, 카이로 선언의 내용은 중국의

13　정병준, 위의 글, 314쪽
14　안소영, 「태평양전쟁기 미국의 전후 대일 대한정책 및 점령통치 구상 : 이중적 대립축과 그 전환」, 『한국정치외교사논총』 31집 2호, 2010, 171쪽

주장을 수용하면서도 유럽의 입장을 고려한 것이었다. 당시 중국을 카이로에 불러낸 것이 미국이었고, 가장 중요한 의제의 하나가 미얀마 전선에서 일본군을 공격하는데 있어서 중국과 영국의 협조를 구하는 것이었다는 사실을 고려한다면, 미국으로서는 중국의 입장을 어느 정도 고려해주지 않을 수 없었다.[15]

따라서 일본이 점령한 과거 중국의 영토였던 지역을 다시 회복하는 것과 함께 한국의 독립에 대한 중국의 주장이 카이로 선언에 반영되었다. 그러나 아시아의 다른 지역에 대해서는 "일본은 폭력과 탐욕으로 약탈한 다른 일체의 지역으로부터 구축될 것"이라는 애매한 표현만을 쓰고 있다. 이 표현은 어떻게 해석되어야 하는가?

카이로 선언은 첫째로 제2차 세계대전 이전 유럽의 식민지였던 아시아 제국의 독립을 규정하지 않았다. 이는 제1차 세계대전 이후 제창된 민족자결주의가 승전국의 식민지에는 적용되지 않았던 것과 동일한 방식이었다. 따라서 일본의 식민지였던 지역에는 대서양 헌장 3조의 '민족자결권'이 적용될 수 있지만, 다른 지역은 과거의 상태로 되돌아갈 수 있는 가능성을 그대로 남겨두었다. 선언문의 서두에서 이 선언에 참여한 강대국들이 "자국을 위하여 어떠한 이익을 요구하는 것은 아니며 또 영토를 확장할 의도도 없다"라고 했지만, 미래의 문제에 대해서는 어떠한 결정도 내리지 않았다.[16]

둘째로 유럽과는 다르게 전범국가를 처리하는 방식을 채택했다는 점이다. 유럽에서는 전범 국가들을 분할점령하는 방식을 취했다. 즉, 독일과 오스트리아가 4개국 · 미국, 소련, 영국, 프랑스 · 에 의해서 분할된 것이다. 이를 통해 전범국가들을 무력화시키고 이들에 의해 미래에 또 다른 무력갈등이 일어날 가능성을 차단한 것이다. 그러나 아시아에서는 전범국의 제국(empire)을 분할하는 방식을 채택했다. 일본 제국이 더 이상 전쟁을 수행할 수 없도록 하기 위해서는 제국을 분할하여 그 힘을 약화시키는 방식을 채택한 것이다. 물론 한국에 대한 4개국 신탁통치론은 유럽에서 독일이나 오스트리아의 경우를 감

---

15 1943년 11월 22일에 있었던 미. 영. 중 회담에서 논의된 내용. FRUS, The Conferences at Cairo and Tehran 1943, (Washington D.C.; US Government Printing Office,1961),pp.329~334. 중국은 영국 해군의 참전이 시급하다는 입장이었고, 영국은 이탈리아와 해전을 치른 영국 해군이 인도양으로 바로 기동하는 것은 어렵다는 입장이었다. 효과적인 작전을 위해 중국군의 작전지휘권이 연합군 사령부 밑으로 들어가야 한다는 점과 인도 및 서아프리카 부대의 이용에 대한 논의도 있었다.

16 윤충로에 따르면 프랑스는 식민지를 통해서 전후 부흥을 달성하는 방안을 고려하고 있었다고 한다. 윤충로, 앞의 글,3쪽

안했던 것으로 볼 수 있다.[17] 1946년 영국이 한반도에 대한 신탁통치 참여에 대한 우려를 표명하면서 호주가 영국 대신 참여할 의사가 있음을 표하기도 했다.

일본 제국의 분할은 다른 한편으로 미국이 일본에서 배타적인 주도권을 행사하면서 중국과 러시아를 견제할 수 있는 기회도 제공했다. 미국의 CFR에서는 태평양 지역에서 미국의 권익에 중국이나 소련이 위협요인이 될 우려는 거의 없다고 보고 군국주의 일본을 지탱하고 있는 군대와 산업기반을 파괴하고 만주와 조선에 대한 지배권을 박탈해야 한다는 견해에 공감대를 형성했다. 한편, 이 회담에서 미국은 중국이 일본 점령 및 오키나와 점령에 참여할 것을 제안하기도 했다.[18]

미국이 이러한 방식을 채택한 데에는 유럽과 아시아에서의 전쟁 성격이 달랐던 점도 중요하게 작동했던 것으로 보인다. 유럽의 경우 미국과 영국 외에도 소련이 연합국으로서 중요한 역할을 수행했다. 서부유럽보다도 소련이 가장 치열한 전쟁터였으며, 유럽 동부전선에서의 소련의 활약은 독일이 힘을 잃는 데 결정적인 역할을 했다. 따라서 미국과 서유럽 국가들은 유럽에서의 전후 문제를 논의하는데 있어서 소련의 활약을 부인할 수 없었고, 소련은 전후 유럽 재편에서 중요한 하나의 행위자(actor)였다.

반면 아시아에서 소련은 1939년의 할힌골 전투 이후 어떠한 역할도 수행하지 않았다. 특히 1941년 일본과 불가침 조약을 맺은 후 소련은 서부전선에만 집중하고, 동부전선에서는 어떠한 역할도 수행하지 않았다. 오히려 불가침 조약 이후 동부전선에서 문제를 일으킬 수 있는 중국공산당 산하의 일부 게릴라 부대를 소련 영토 안으로 이동시킴으로써 일본과의 군사적 갈등이 발생할 수 있는 불씨를 제거하기도 했다.

따라서 아시아 태평양 지역에서의 제2차 세계대전은 미국이 절대적인 주도권을 가진 상태에서 진행되었다. 동남아시아와 남아시아에 식민지를 갖고 있었던 영국, 프랑스, 네덜란드, 그리고 동남아시아에 이해관계를 갖고 있었던 호주가 미국과 공동 작전을 펼치고 있었지만, 주력은 미군이었다. 독일에게 점령당한 프랑스와 네덜란드, 그리고 독일의 폭격에 시달리고 있었던 영국이 아

---

17 이는 한국을 독일이나 오스트리아와 같은 패전국으로 보는 의미보다는 한국이 어느 한 나라의 영향권 아래에 독점적으로 들어가는 것을 막기 위한 조치였던 것으로 보인다. 이는 8.15 직후 미국의 정책 문서 속에서 잘 드러나는데, 미국은 19세기 말 동북아시아의 불안정한 상황을 고려하면서, 한반도가 어느 일국의 영향권 하에 들어갈 경우 동북아가 불안정했던 역사적 교훈에 대해 감안하고 있었다. 박태균 앞의 글 참조.

18 안소영, 위의 글, 172쪽

시아 지역에서 군사적 활동을 할 수 있는 여건이 되지 못했다. 인도차이나 지역에서 일본군이 진주한 1940년부터 1945년 3월까지 프랑스와 일본이 베트남 지배에 대해 공조했던 것도 이러한 상황을 잘 보여주는 것이라고 할 수 있다.

이로 인해 한국을 제외한 다른 지역에서는 1945년 8월 15일의 일본 패망이 곧바로 독립을 의미하는 것이 아니었다. 영국의 경우 인도에게 이미 제1차 세계대전 시 독립을 약속했고, 제2차 세계대전에서도 인도가 일정한 역할을 하고 있었기 때문에 독립시켜 줄 수밖에 없었지만, 영연방의 틀 안에서 특수한 관계를 유지하였다. 인도차이나와 인도네시아에는 프랑스와 네덜란드가 복귀했다. 인도네시아의 독립운동 세력들은 1945년 독립을 선언했지만, 1949년까지 네덜란드를 상대로 독립전쟁을 벌여야 했다. 인도차이나 중 베트남도 1945년 독립을 선언했지만, 프랑스가 복귀하면서 1946년부터 1954년까지 독립전쟁을 치러야 했다.

제1차 세계대전 당시 일본이 산동반도에서 독일과의 전투를 통해 승전국이 됨으로써 독립의 지위를 얻지 못했던 한국은 제2차 세계대전에서는 일본의 패전과 동시에 일본 제국으로부터 해방될 수 있는 기회를 얻었다. 그러나 그것은 한국의 입장에서는 기회였지만, 열강들의 입장에서는 카이로 선언을 통해 '적절한 과정(in due course)'으로 자유로운 국가가 되어야 한다는 결정이었다. 카이로 선언은 1945년 일본 패망을 앞두고 포츠담 선언 8항을 통해 재확인되었다.

이렇게 본다면 미국의 관점에서 볼 때 카이로 선언에 있는 말 그대로 "become free and independent"를 의미했다. 그것은 독립 그 자체가 아니라 '일본 제국으로부터 자유롭고 독립된'이라는 뜻이고 이는 곧 '제국으로부터의 분리'를 의미하는 것이었다. 독립운동가들과 중국 정부는 한국 관련 내용이 포함되는데 결정적 역할을 했지만, 미국의 전후 정책으로 인해 한국은 완전한 독립을 약속받지는 못했던 것이다. 이런 의미에서 본다면, 지금까지 논의의 초점이 되었던 '적절한 과정'이 신탁통치안인가의 여부에 대한 논의 역시 중요하지만, 유럽과는 다른, 아시아에서 미국의 전후 처리방식에 의해서 의미를 규정하는 것이 더 중요하다고 할 수 있다.

5. 카이로 선언과 일반명령 1호 – 결론을 대신하여

카이로 선언의 주요한 내용은 일본의 패망과 항복을 처리하는데 그대로 연결되었다. 선언 내에 있는 지역들은 중국에 반환하거나 일본 제국으로부터 분리되었다. 만주와 타이완, 펑후, 그리고 한국이 그러한 사례였다. 그리고 동남아시아 지역에는 과거의 유럽 제국들이 다시 복귀하였다.

이러한 내용은 1945년 8월17일에 발표된 일반명령 1호에 그대로 반영되었다. 일본군이 점령하면서 일본의 괴뢰국이 수립되어 있거나 일본의 식민지 지역에서 일본군의 무장해제의 방법을 결정한 것이다. 여기에는 한국과 중국, 그리고 인도차이나 지역의 분할에 의해 일본군의 항복을 받는 방안도 있었지만, 일본군의 항복을 받으면서 그러한 지역들을 일본 제국으로부터 분리한다는 것이 기본적인 내용이었다.[19]

일본 제국으로부터의 분리를 위한 내용들은 1945년 이후 미국의 SWNCC 문서들을 통해 잘 드러나고 있다. 한국에 대한 점령의 기본 방침은 일본과의 연결을 끊는다는 것이었고, 이를 위해 설치된 미군정의 시기를 최소화하면서 이후 미군이 철수하고 신탁통치를 실시한다는 것이 기본적인 복안이었다. 그리고 한반도의 38선 이북과 만주를 제외하고 소련의 개입을 막는 동시에 미국과 유럽이 동북아시아와 동남아시아에서 주도권을 갖겠다는 것을 의미했다.

유럽의 복귀는 실상 토쿄 재판과도 관련된 것이었다. 토쿄 재판, 즉 극동국제군사법정은 카이로 선언의 기본적인 내용을 계승한 포츠담 선언에 기초한 것이었다. 주요한 재판 내용은 '뉘른베르크 재판'과 마찬가지로 '평화에 대한 죄(Crimes against Peace)', '인도에 대한 죄(Crimes against Humanity)', 그리고 '통상의 전쟁범죄(Conventional War Crimes)' 등 3가지 부문이었다.

문제는 이러한 사항들이 1945년 이전 유럽 제국의 아시아 식민지 진출 및 유지 과정에서도 동일하게 적용될 수 있다는 점이었다. 이와 함께 미국의 전략폭격과 원자폭탄 사용 역시 인도주의의 문제가 제기될 수 있는 사안이었다. 이러한 문제들이 변호인들에 의해 제기되었음에도 토쿄 재판에서 논의되지 않았기에 이 재판에 대해 '승자의 재판'이라는 별칭이 붙기도 했다.[20]

---

19 1905년 포츠머스 조약에서 일본에 할양된 사할린 섬의 남부와 그 주위의 섬들에서 소련군이 일본군이 항복을 받는다는 조항도 포함되어 있다. 이는 러일전쟁 결과 일본의 행정권으로 편입되었던 지역을 다시 돌려준다는 것을 의미한다.
20 클라우스 크레스 저, 김영석 역, 「침략범죄에 대한 국제형사재판소의 관할권 개시에 관한 고찰」, 『서울국제법연구』 25권 2호, 2018, 223-224쪽

유럽 제국들의 이러한 문제는 일본의 패망 이후 유럽 제국들이 식민지를 회복하고자 하는 과정에서 다시 한 번 그 실체를 드러냈다. 인도네시아와 베트남에서는 1945년 이후 제국주의 국가들이 귀환하면서 각각 4년에서 10년의 독립전쟁을 다시 치루어야 했고, 인도의 일부 도시들을 조차하고 있었던 포르투갈도 1960년대를 통해 조차지를 둘러싼 전쟁을 벌일 수밖에 없었다.

결국 카이론 선언은 일본 제국의 해체를 위한 기본적인 틀을 제공했음에도 불구하고 1940년 이전의 체제를 극복하고 대서양헌장의 기본 원칙으로 나아가는 내용을 전부 담고 있지는 못했다. 이는 1951년 샌프란시스코 조약에서 식민지에 대한 배상이 거부된 것과도 동일한 맥락에서 이해할 수 있을 것이다. 만약 일본이 과거 식민지였던 한국과 타이완에게 배상을 했다면, 식민지를 유지했었고, 이를 계속 유지하기 위하여 다시 전쟁을 벌였다가 패퇴했던 프랑스와 네덜란드는 과거 식민지 국가에 거대한 배상을 했어야 했다.

이렇게 과거 제국주의 시대의 질서에 대한 불철저한 청산은 1951년 샌프란시스코 조약을 통해 일본의 과거 식민지 문제에 대해서 면죄부를 주면서 미국이 일본 중심의 아시아 질서를 만들어가는 기초를 마련해준 것이다. 물론 이로인하여 유럽과 달리 아시아에서는 집단안보체제를 만들지 못하고 양자 중심의안보협정이 맺어지게 되었다. 결국 카이로 선언은 한국의 독립과 과거 중국의영토 및 일본이 1차 세계대전으로 독일로부터 획득한 영토와 태평양 전쟁 당시 점령한 지역으로부터 철수하는 상황이 기원이 되었지만, 제2차 세계대전이전의 질서로부터 벗어나지 못한 채 전후 질서를 만들어가는 기초가 되었다고 할 수 있다.

日本教科書に表れた韓国文化コンテンツ変化様相の分析[1]

朴　素瑩

（韓国学中央研究院）

1．はじめに

1．1　研究背景と目的

　日本が韓国を植民地化する過程で形成された韓国に対する蔑視観と日本の優越感が戦後にも残存している中、韓国への認識に変化が表れ始めたのは1980年代の中半以後である。この時期から韓国の製品が日本に流入し、両国間の人的・物的な相好交流と交易が本格的に始まり、また衛生放送のような媒体を通じて情報の相好浸透が始まった。また、1988年のソウルオリンピックの成功的な開催、飛躍的に増大する民間レベルでの韓国交流、貿易大国への進入と韓国経済に対する高い評価、韓国企業の高い認知度などで日本内での韓国への認識に大きな変化が生じた。

　このような認識の変化は日本教科書の韓国関連叙述からも分かる。1970年代までの教科書には韓国が農業国に扱われるだけで、韓国文化に関する内容は無い。その後、1980年代の中半までの教科書にも韓国文化に関する内容は殆ど登場しないが、1990年代からハングル・オンドルなどの韓国伝統文化に関する具体的な叙述が表れ始まるようになった。

　このような日本教科書での韓国文化に関する叙述変化に着眼し、本稿では日本教科書に表れる韓国文化に関する叙述変化を分析し、これを通じて日本教科書での韓国文化コンテンツの変化を明らかにする。

　日本教科書で外国の文化がよく登場するのは世界地理の要素を持つ教科書である。一般的に地理教科目は地表面の現象に関わる自然地理と人的活動と

1　この論文は2013年11月発行の『韓国コンテンツ学会論文誌』13－11に掲載された原稿を日本語訳したものであり、2015年3月発行の『韓国言語文化研究』第21号にも掲載したものである。

関わる人文地理と大分できる。ある国の人の活動とそれから派生する文化などは世界の人文地理を扱う'世界地理'を通じて学習される。日本では小学校の'6年社会'、中学校社会の'地理的分野'、高等学校の'地理'に世界地理の要素が含まれている。しかし教育課程の編成上、高等学校の地理は選択科目であるため、本稿では必修として履修する小学校6年の'社会'、中学校社会の'地理的分野'を中心に韓国文化コンテンツの登場の様相を探る。

日本では民間教科書出版社が教科書を製作し、文部科学省の検定を受ける'検定教科書制度'を採択している。一科目当たり、検定を受けて発行する教科書は小学校の'社会'及び中学校の'地理的分野'の場合、5-7種である。この中で採択率が高い教科書が日本の学生に多く読まれるということから採択率の上位（1-2位）の教科書を主な研究対象とする[2]。

また、教科書の時系列な叙述変化を分析するため、収集が出来なかった教科書に対しては他出版社が発行した教科書に入れ替えた。

分析方法としては、まず本稿で扱う韓国文化コンテンツの概念と分析範囲を決め、分析対象の教科書に表れる韓国文化コンテンツの内容を把握する。その後、把握した内容を3つの文化的な要素に分類し、類型別な特徴を探る。また時代別にコンテンツの登場様相、叙述分量、写真及び挿絵の掲載方式に関する分析を通じて日本教科書に表れる韓国文化コンテンツの変化を総合的に考察する。

1.2　先行研究

1980年代から始まった日本と韓国との歴史教科書への葛藤により、両国では日韓の歴史教科書を中心とした研究は数多く行われた。一方、日本の地理教科書を対象とした研究としては、地理教育学的な観点から両国の地理教科

2　小学校'社会'及び中学校'地理的分野'採択率は次のようである。(出処:『教科書レポート』)

科目 採択順位		1位	2位	3位	
小学校'社会'	2005年度用	東京書籍 (49.9%)	教育出版 (26.3%)	大阪書籍 (17.1%)	
	2011年度用	東京書籍 (52.8%)	教育出版 (26.0%)	大阪書籍 (15.4%)	
中学校'地理的分野'	2006年度用	東京書籍 (43.0%)	帝国書院 (34.3%)	大阪書籍 (10.0%)	
	2012年度用	東京書籍 (47.9%)	帝国書院 (31.7%)	教育出版 (14.1%)	

〈表１．研究対象の教科書目録〉

番号	教科書名	検定年度	出版社
小－1	小学校社会　6下	1985	学校図書
小－2	新訂　新しい社会　6下	1988	東京書籍
小－3	新版　社会　6下	1991	教育出版
小－4	小学社会　6下	1991	大阪書籍
小－5	新しい社会　6下	2001	東京書籍
小－6	小学社会　6下	2001	教育出版
小－7	（新編）新しい社会　6下	2004	東京書籍
小－8	新しい社会　6下	2010	東京書籍
小－9	小学社会　6下	2010	教育出版
中－1	中学社会　地理的分野	1980	日本書籍
中－2	中学社会　日本の国土と世界	1981	清水書院
中－3	改訂　新しい社会：地理	1983	東京書籍
中－4	中学社会：地理的分野	1983	日本書籍
中－5	新しい社会：地理	1985	東京書籍
中－6	新しい社会：地理	1992	東京書籍
中－7	中学生の地理：世界の人々とわが国土	1992	帝国書院
中－8	中学生の地理：世界の人々とわが国土	1996	帝国書院
中－9	中学生の地理：世界の中の日本	2001	帝国書院
中－10	新しい社会：地理	2005	東京書籍
中－11	中学生の地理：世界の中の地理	2005	東京書籍
中－12	新しい社会：地理	2011	東京書籍
中－13	中学生の地理：世界のすがたと日本の国土	2011	帝国書院

書の構成を比較し韓国教科書への改善点を提示する研究あるいは国際理解教育及び世界市民性の教育という観点から両国の地理教科書を比較する研究などがある。

　反面、日本教科書に表れる韓国文化を分析した先行研究は多くない。これらの先行研究の共通点は高等学校の地理教科書を主な対象であり、地理教科書に書かれている韓国関連の内容を分析しているため‘文化’が主な分析対象ではない。その中でジョ・チョルギ（조철기）は分析当時の学習指導要領と地理教科書（2002, 2006年度の検定済み教科書）を対象に韓国関連内容の

選定の根拠と叙述の特徴を分析した。韓国の独特な生活・文字・思想・宗教・衣食住・日韓交流・領土問題に関する内容を分析し、日本高校の地理教科書は主に生活と文化に焦点をおけており、事例学習を通じて知識と理解を含めさせるという地理教育の観点から探っている。

　本稿では今まで研究対象に含まれていない日本小学校の‘社会’を分析することと1980年代から現在に至る約30年間の韓国文化に関する叙述変化を考察することに特徴がある。

2．日本教科書に表れる韓国文化コンテンツの時代別の分析

2.1　文化コンテンツの定義

　‘文化’は多様な観点を持っており、使う目的により様々な定義が存在する。ユネスコは広い意味で、ある社会又は社会集団が特徴つける固有の精神的・物質的・知的・情緒的な特徴の総体として芸術・言語・文学に加えて伝統と信念も含めると規定している。

　デジタルgoo辞書では文化とは日本の生活様式の全体、人類がみずからの手で築き上げた有形・無形の成果の総体、それぞれの民族・地域・社会に固有の文化があり学習によって伝習されるとともに、相互に交流によって発展すると提示している。

　文化人類学分野では文化をある社会あるいは社会集団の学習された行動と観念（信念、態度、価値、理想を含む）の集合体として定義している。この中で行動を通じて生産物あるいは物質文化が生じ、ここでは慣習的な行動の産物である住宅・楽器・道具などが含まれる。

　このように文化が包括する範囲と定義が多様であるが、自然状態から離れた特定の社会集団の固有の精神、物質、行動の特徴への総体であるということは共通的に述べられている。

　次にコンテンツという概念を見ると、コンテンツ（Contents）は‘内容物’として解釈できるが、インターネットやケーブルテレビなどの情報サービスにおいて提供される文書・音声・映像・ゲームソフトなどの個々の情報のことと定義されている。しかし実際にコンテンツが意味する範疇の偏差は大きい。コンテンツという用語が時にはデジタル技術と直接につながらず、既存の形式の内容という意味でも使われるからである。このような概念に根拠し、

本稿で使う‘韓国文化コンテンツ’は韓国人の精神（観念）、物質、行動の特徴から生じる生産物（可視的・非可視的な部分）に関する内容として定義する。

2.2　韓国文化コンテンツの登場様相の分析

日本の小学校‘社会’と中学校社会の‘地理的分野’教科書（以後、これらの教科書を‘教科書’と称する）に登場する韓国文化コンテンツは時代別に変化している。これは教科書が時代的な談論と相関関係があり、日本社会での韓国文化への関心は教科書叙述に反映される可能性があるからである。また、教科書の内容を規定するカリキュラムの変化と当時代の教育思潮も影響を及ぼせる。

本節では時代別に教科書が韓国文化のどの要素に関心を見せているかを探る。一次的に小・中学校の教科書の韓国文化に関する内容と写真・挿絵などの詳細な内容をまとめる。

2.2.1　韓国文化コンテンツ

表2は分析対象の教科書を時代別に並べ、各教科書に登場する韓国文化関連叙述、写真及び挿絵の内容をまとめたものである。

教科書に登場する韓国文化コンテンツとその特徴を明らかにするため、表2でまとめたコンテンツを類型化する必要がある。類型化のため既存研究の文化分類の基準を借用する[3]。出野怜は海外で出版された日本語教科書の日本文化を分析する際、文化要素、文化の時代性、文化の次元という三つの要素を分析基準として設定した。本稿ではこの中で、文化の時代性（伝統、現代）と文化の次元（表層：可視的、深層：非可視的）を借用する。文化の要素に関しては表2でのコンテンツをもとに、基本的文化要素、独創的文化要素、時代反映要素に設定する。

基本的な文化要素は一般的に海外の国を学習する際、扱われる要素を意味する。衣食住をはじめ、国の象徴に関する内容である。独創的な文化要素は

3　本稿では出野怜の文化要素、文化の時代性、文化の次元という三つ分析の枠を基準にした。この際、文化要素は文化人　類学で使う相好作用、連帯、生計、性、空間、時間、学習、遊び、防衛、開発を設定し、文化の時代性としては伝統と現代に分類した。そして文化の次元としては表層と深層に分類し日本文化を分析した。

〈表２．教科書別の韓国文化コンテンツの細部内容〉

時期	番号	叙述主題	写真及び挿絵
1980年代	小－1	－	－
	小－2	－	－
1990年代	小－3	ソウルオリンピック	ソウルオリンピック
	小－4	韓国人の生活	伝統衣装、ソウル、ソウルオリンピック、小学校の様子
2000年代	小－5	日韓交流、韓国語の授業、学校生活、文化の伝達	姉妹学校の交流、食事の様子、韓国語の授業、日韓の仏像
	小－6	伝統衣装	伝統衣装
	小－7	文化の伝達、食文化、インターネット文化、儒教の影響、学校生活	日韓の仏像、ソウル、伝統衣装、学校生活、FIFA ワールドカップ、高層アパート、食文化
2010年代	小－8	韓国人の生活、儒教の影響、ハングル、伝統衣装、キムチ（キムジャン）、日韓交流、韓流、食文化	韓国料理、キムチ（キムジャン）、ソウル、学校生活、食文化、伝統衣装、石窟庵
2010年代	小－9	日韓交流、文化の伝達、韓流、FIFA ワールドカップ、食文化、オンドル、インターネット文化	ソウル、KTX、伝統衣装、FIFA ワールドカップ、伝統遊び、食文化、インターネット文化
1980年代	中－1	－	－
	中－2	－	－
	中－3	－	－
	中－4	－	－
	中－5	－	韓国の中心街
1990年代	中－6	ソウルオリンピック	ソウル、伝統衣装
	中－7	文化の伝達	漢字とハングルの使用、高層アパート団地、オンドル
	中－8	韓国人の生活、ソウル	佛國寺、慶州古墳、日韓交流、高層アパート団地、オンドル
2000年代	中－9	日韓の文化交流	文化の伝達、ハングル
	中－10	－	伝統衣装
	中－11	日韓の文化交流	文化の伝達、ハングル
2010年代	中－12	食文化	ソウル、食文化、日韓サーカー戦、キムチ（キムジャン）、オンドル、地域別の料理
	中－13	食文化	伝統結婚式、ソウル、食文化、キムチ（キムジャン）、オンドル、高層アパート

その国だけが持つ独自的な文化、社会的な現象に関する内容である。時代反映的な文化要素は時代像を反映した特徴的な文化と社会的な現象などに関する内容である。

〈表3．教科書に表れる韓国文化コンテンツの類型化〉

次元＼要素		基本的文化要素		独創的文化要素		時代反映的文化要素	
表層	伝統	伝統衣装、オンドル、韓国料理、伝統遊び	(4)	ハングル、文化遺産	(2)		(0)
	現代	高層アパート、ソウル	(2)	韓国人の生活	(1)	ソウルオリンピック、FIFA ワールドカップ、KTX、インターネット文化	(4)
深層	伝統	食事マナー	(1)	文化の伝達、礼儀作法	(2)		(0)
	現代		(0)		(0)	韓流、日韓交流	(2)

（ ）の数字は該当コンテンツの数字を意味する。

　表3は表2の韓国文化コンテンツを文化要素、文化の時代性と次元により類型化したものである。表3を見ると日本教科書に書かれた韓国文化の中で、基本的な文化要素である伝統衣装（韓服）、キムチ（キムジャン）、オンドル、高層アパートのような衣食住をはじめ、伝統の民俗遊び、首都ソウルのような表層的な要素が多い。韓国人の食事マナーも韓国の食文化と関連した深層要素として登場する。時代反映的な文化の表層的で現代的要素も多く見られており、ソウルオリンピック、FIFA ワールドカップ、KTX、インターネット文化などがその例である。独創的文化要素として登場するのはハングル、文化遺産、韓国人の生活のような表層的な部分と文化の伝達、儒教の影響を受けた礼儀作法のような深層的な部分に分類できる。

2．2．2　韓国文化コンテンツの時代別の登場様相

　表4は韓国文化コンテンツが教科書に登場する時期と比重をまとめたものである。これを基に教科書に表れる韓国文化コンテンツの登場様相を探る。

　まず、時代別に韓国文化コンテンツが教科書に登場する様子を見ると、1990年代から韓国文化に関する内容が教科書に登場し始める。文化を紹介する際、もっとも基本的な要素である伝統衣装、住居文化、韓国の首都ソウルをはじめ、ハングル、韓国人の生活、古代日本に文化を伝達した国として説明する。

〈表4．時代別コンテンツの登場様相[4]〉

コンテンツ			1980年代 小	1980年代 中	1990年代 小	1990年代 中	2000年代 小	2000年代 中	2010年代 小	2010年代 中
基本的要素	住居	伝統衣装			□	□	◎◆	□	□	□
		高層アパート				□	□			□
		オンドル				□			△	◆
	韓国料理						◎◆		◎◆	◎◆
	伝統遊び								□	
	ソウル				□	○□	◆		◆	
	食事のマナー						◎◆		◎◆	◆
独創的要素	ハングル					□	△□	□	△	□
	文化遺産					◆	◎□		□	
	韓国人の生活				◎		◎◆		◎□	
	文化伝達					○	◎□	○	○	
	礼儀作法						○□		○	
時代反映要素	ソウルオリンピック				△◆	△				
	FIFA ワールドカップ						□		△□	
	インターネット						○		△□	
	KTX								□	
	韓流								△	
	日韓交流					○			△	

◎：1ページ以上言及、○：段落言及、△：文章及び単語言及
◆：写真・挿絵2枚以上掲載、□：写真・挿絵1枚掲載

代表的な文化遺産として佛國寺、慶州古墳の写真が掲載されている。韓国の教育及び受験制度、学生の生活、住居文化としての高層アパート団地を紹介するのも韓国の特徴的な現象を説明するための要素として取られている。

　2000年代に入るとより拡張した韓国文化コンテンツが登場する。2002年のFIFA ワールドカップと韓国社会に広がっているインターネット文化に関する内容が2000年代の韓国の様子として新しく述べられている。その外、韓国の食文化、儒教影響を受けた韓国人の礼儀作法、ハングル（韓国語）への関心が教科書を通じて表れている。特に、韓国の代表的な料理であるキムチは1990年代の教科書までは登場しないが、2000年代からは他のコンテンツに比べて

4　表4のコンテンツの登場比重は時期別の小・中学校教科書で韓国関連叙述量が多い教科書を基準とした。

もっとも豊富な叙述と視覚資料が提示されている。

2010年代には日本社会での韓流、KTX（Korea Train eXpress）に関する叙述が新しく登場し、ユッノリのような伝統遊びに関する紹介に至るまで徐々に韓国文化コンテンツの範囲が拡張している。特に、中学校の地理教科書においては2000年代は目立つ叙述が少なかった反面、2010年代はその比重が高くなった。

表4から小・中学校に登場する時代別のコンテンツの性格を総合的にまとめると、時代の変化とは無関係に教科書に常に登場するのは伝統衣装（韓服）、高層アパート、ソウル、ハングル、韓国の学生の生活、古代の文化伝達である。これらは基本的文化要素と独創的文化要素であり、'文化伝達' を除いて表層的要素である。そして表層的な要素であるだけに写真及び挿絵で提示する傾向がある。

反面、時代反映的な文化要素は時宜性という性格から時間が経つにつれて他の内容に取替えらることもある。ソウルオリンピックの場合、1990年代までは登場するが、その以後は関連内容が登場しない。日韓 FIFA ワールドカップ、急速に拡散したインターネット使用に関する内容は2000年代の以後の教科書から登場し、韓流と KTX に関する内容は2010年代以後から表れている。

2.2.3 韓国文化コンテンツの提示方法の変化

本節では前節で取り上げた韓国文化コンテンツの登場方式の変化を探る。そのため表4をもとに韓国文化コンテンツの叙述量の変化、時期別の叙述内容、写真及び挿絵の提示の方法がどのように変化したかを検討する。代表的な事例として基本的要素である伝統衣装（韓服）・住居・食文化と独創的要素である日本への文化伝達に関する内容を中心に考察する。

（1）伝統衣装（韓服）

韓服は小学校の教科書に頻繁に登場するコンテンツである。時代別の韓服に間する内容を見てみると、小学校の教科書の場合、1990年代の教科書には韓服の写真を提示し '正月をはじめ祭日には多くの人が民俗衣装のチョゴリを着ます。' と説明している。2000年代の教科書には '韓国の民族衣装を着てみよう' という内容で 'おとなりの国韓国のチマ・チョゴリ（女の人の民族衣装）と、日本のゆかたとを比べて、どんなちがいや特徴があるか、考えてみました。' と書かれている。そして '韓国には立てひざですわる習慣がある

そうだよ。ゆったりした衣装と関係があるのかな。'という問いも一緒に提示されている。2010年代の教科書には伝統衣装を着た大家族の写真が掲載されており'上着をチョゴリ、ズボンをパジ、スカートをチマといいます。'と説明している。

　このように時代の変化により韓国の伝統衣装に関する説明と観点が変化している。1990年代には韓国の伝統衣装として韓服を説明しているが、2000年代には生徒が韓国の伝統衣装が韓服という事実を知っていることを前提に韓国を体験し、そのデザインの特徴も一緒に扱っている。2010年代には既存の'チマ'という名前で代表した韓服を'チョゴリ、パジ、チマ'のように、より細部的な名称を提示している。掲載した写真も説明内容と合わせて変化している。1990年代には主に伝統衣装を着た女子の様子が多かった反面、2010

年代	1990年代	2000年代	2010年代
関連挿絵			

年代には男女同一な比率の伝統衣装を着た大家族の様子を提示するなど、細かい装置が見られる。

　(2) 住居

　住居は小・中学校を問わず、1990年代から現在まで関心を持って説明するコンテンツで、2000年代の教科書には特に、オンドルに対する詳細な説明が見られる。高層アパートについては1990年代の教科書には'ハン川（漢江）の南岸のアパート群'という題目で、2000年代の教科書には'ソウルの高層住宅'という題目で高層アパートの写真が2010年代の教科書には'高層マンションが立ち並ぶソウルの住宅街'という題の写真が掲載されている。韓国の独特な住居文化といえる高層アパートに関しては写真では充実に提供しているが、なぜこれが住居文化の特徴的な部分であるかについては述べられていない。

　反面、オンドルについて中学校の教科書を中心に検討してみると、1990年

代の教科書にはオンドルのしくみと原理について‘床暖房（オンドル）のしくみ：あたたかい煙がそのまま流れ出ないよう、床下には、石などでつくったしきりがあります。’と内容を挿絵と共に説明している。一方、2010年代の教科書には過去の現在のオンドルを比較した挿絵を掲載している。

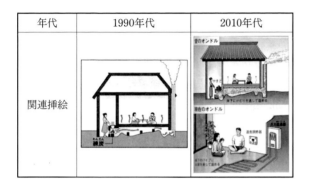

過去のオンドルは‘床下にけむりを通して暖める’と書き、現在のオンドルは‘床下のパイプにお湯を通して暖める。’と書いている。そして過去のオンドルは台所のかまどの熱気を、現在のオンドルはガス給湯器を利用していることを挿絵を通して説明している。

オンドルは独特な韓国だけの暖房文化として日本教科書によく登場しているが、2000年代の教科書までは説明資料として提示するのは伝統式のオンドルのしくみであった。オンドルのしくみに焦点をおくという点においては伝統式が基本情報として提示されているが、2010年代の挿絵のように、現代の暖房方式との比較提示はより進んだ方式であるといえる。

（3）食文化

食文化は2000年代の教科書から積極的に紹介されているいるコンテンツである。代表的な料理としてキムチ（キムジャン）、貯蔵方法としてのキムチ冷蔵庫をはじめ、日本と異なる食事方法とマナーに関して書いている。時代的には2000年代の教科書から韓国の食文化が登場し、他のコンテンツと比べて高い比重で、詳細に説明している。これは日本内での韓国料理への大衆的な人気と関心が反映されたと思われる。

小学校の教科書では2000年代には、韓国人家庭の食事様子の写真と食事マナーに関する内容が主である。例えば、お茶わんを手に持ったり、食器を口

につけたりすることは、行儀の悪いことだとかスプーンとはしは金属製を使い、目上の人が先に食事をはじめるとような内容である。2010年代にはキムジャンをつける様子とチヂミ作りを試す内容と写真を掲載している。中学校の教科書にはキムチ冷蔵庫の写真と焼肉、カルビなどの韓国料理、各地の料理の挿絵を提示している。'キムチ'で代表される韓国料理、'スプーンの使用'で代表される食事方法が主な内容であったのが、2010年代の教科書には事例調査及び体験の形で気候・地形と食文化とのつながりに関する調査に至るまで、提示する内容と方法が多様化している。

年代	2000年代	2010年代	
関連挿絵			

（4）文化伝達の架橋としての役割

　韓国が日本の近隣国家であり、このような地理的な関係から両国の文化的な共通点と相違点が存在するという内容を説明する中で、韓国が日本へ文化を伝えた架橋としての役割をしたという叙述が1990年代の教科書から見られる。

　1990年代の中学校の教科書では'日本は古くから大陸の文化を取り入れてきましたが、仏教・儒教や機織り技術などの大陸の文化の多くが、朝鮮半島をかけ橋として日本につたえられました。'のように書かれている。2000年代の教科書にも'日本文化には、儒教、陶磁器、薬、キムチ、焼肉料理など、朝鮮半島の文化の影響が多く見られます。'のような叙述と中国と朝鮮半島から日本に伝えられた文化を表で提示している。

　小学校の教科書にも2000年代の教科書に'漢字や仏教は中国や朝鮮半島か

ら伝えられた'と書いてあり、日韓の仏像の比較して提示している。2010年代の教科書には'5世紀ごろから韓国から到来人がさかんに日本にやってきて、大陸の進んだ技術や文化を伝えました。江戸時代には、朝鮮通信使が何度も日本をおとずれ、歓迎を受けました。'と叙述している。

このように、日本へ大陸の文化を伝えたという簡略な叙述を超え、韓国の影響を受けたと推定できる仏像の提示、中国と韓国から由来した言葉、朝鮮通信使の日本訪問に対する当時の日本の雰囲気が知られる内容などが最近の教科書に述べられるなど、文化伝達の架橋としての役割についてもより具体的に提示している。

年代	2000年代		
関連挿絵			

韓国（左）と日本（右）の仏像

3．結論

教科書という媒体の特徴は学習者に伝えようとする情報の代表性と圧縮性と言える。このような側面から教科書で扱われる韓国文化コンテンツの基本的文化要素と独創的文化要素に多くの比重が置かれると結論とつながる。これは韓国文化を扱う部分だけで見られる現象ではない。'国際理解'という教育目標のもとで教科書で扱う他国文化の理解において、各国の基本的文化要素と独創的文化要素は重要な内容として紹介している。

一方、教科書が持つ限界点は教育目標及び学習者の教育的な影響を考慮し作成されるため、時代の変化と教科書出版社を問わず、韓国文化を取り上げる際、その範囲が一定の部分において制限され、変化の様相も他の媒体と比べるとそれほど大きくない。それだけに本稿での考察結果は、このような教

科書の特殊性を念頭に置く必要がある。

　日本教科書に韓服、キムチ、オンドル、高層アパート、食事マナーのような衣食住をはじめ、ソウルのような表層的で基本的な文化要素が時期を問わず多く登場しているのは前述した教科書が持つ情報伝達における代表性と関連つけられる。このような韓国文化の体表性は最近の教科書であるほど内容と範囲が段々拡大する現象が表れる。基本的な文化要素の枠を超え、儒教の影響による韓国人の礼儀作法など深層的で独創的な文化要素だけではなく、2002年のFIFAワールドカップ、韓流など、当時代像を反映する要素も登場している。注目すべき部分は比重面において基本的な要素が多く表れるが、扱うコンテンツは徐々に増加している点である。

　コンテンツの提示方法は教科書が持つ情報の圧縮性と関連つけられる。制限されているページでいかに圧縮的に情報を伝えるかということとつながる部分で、韓国について割かれた紙面の変化とも相関関係がある。時期別の変化を見ると明らかに韓国への地面は増加している。従って、コンテンツ提示の方法も‘断片的な情報伝達形’から‘複合的な事例調査を通じた体験形’に変化している。このような変化は教育目標で提示する学習方法の変化とも関連する。例えば、小学校の場合、"我が国とつながりが深い国から数か国を取り上げる。その際、それらの中から児童が一か国を選択して調べるよう配慮し、様々な外国の文化を具体的に理解できるようにするとともに、(後略)"のように学習指導要領解説に明示されている。中学校の場合にも"世界の諸地域に暮す人々の生活の様子を的確に把握できる地理的事象を取り上げ、(中略)、世界の様々な地域又は国の調査を行う際の視点や方法を見に付けさせる。"のように解説している。即ち、コンテンツの提示方法において既存の‘知識注入’から最近の‘事例調査を通じた理解’という教授方法の変化は韓国に対して割かれている地面の増加と連動し、結果的に‘徐々に豊富な韓国文化コンテンツの具体的・多層的なアプローチ’という変化を導いている。ただし、このような変化は韓国だけで見られる現象ではないと思われる。他の国家の学習においても類似な変化が現れると予想される。

　従って、‘日本教科書における韓国文化コンテンツの変化様相’に関するより具他的な論議のためには他の国の文化コンテンツの変化様相との比較考察も必要な部分である。そして、日本社会での注目する韓国文化要素と韓国に対する談論の考察も並行すべきである。

　本稿での考察は、日本教科書の韓国文化コンテンツに対する地形図を把握したという程度であり、日本社会の談論との相関関係、他の国との比較考察に対しては今後の研究課題にしたい。

◆参考文献◆

有田和正　他『小学社会6下』（教育出版、2011年）、p.38、p.41

伊東光晴　他『小学社会6下』（教育出版、2002年）、p.42

五味文彦　他『新しい地理』（東京書籍、2012年）、p.99

北俊夫　他『新しい社会6下』（東京書籍、2011年）、p.53

教科書レポート編集委員会『教科書レポート2005』（出版労連、2005年）

─────────『教科書レポート2006』（出版労連、2006年）

─────────『教科書レポート2011』（出版労連、2011年）

─────────『教科書レポート2012』（出版労連、2012年）

佐々木木毅　他『新編新しい社会6下』（東京書籍、2005）、p.32、p.40

佐藤久　他『中学生の地理』（帝国書院、1997）、p.62

谷沢大二　他『中学生の地理』（帝国書院、1993）、p.320

出野伶「海外出版の日本語教科書にみる日本文化」『龍谷大学大学院国際文化研究論集』8（2011）、pp.67-84

中村和郎　外『中学生の地理』（帝国書院、2002）、p.199

─────『中学生の地理』（帝国書院、2012）、p.115

日比裕『小学社会6下』（大阪書籍、1992）、p.48

김기덕「콘텐츠의 개념과 인문콘텐츠」『인문콘텐츠』제1권（2003）、pp.5-27

박병섭「일본의 사회과 교과서와 독도문제」『독도연구』제11호（2012）、pp.7-24

박소영「일본의 한국관련 교육과정・교과서 정책과 대응방안」『주변국가의 한국관련 교육과정 및 교과서 정책연구（2003）、pp.97-147

───「일본지리교과서에 서술된 한국의 변화상 - 한국의 변모와 한국에 대한 인식변화를 중심으로」『제6회 세계한국학대회 발표논문집』（2012）

서은숙「한국문화콘텐츠 개발의 필요성과 방향」『한국콘텐츠학회논문지』제13권 제3호（2009）、pp.417-427

손용택「일본 고등학교 지리교과서에 나타난 한국관련 담론 분석」『대한지리학회지』제43권 제4호（1997）、pp.655-678

심광택「시민성 교육과정에서의 한국, 중국, 일본, 호주의 중학교 지리 교육과정, 교과서 살펴보기」『한국지리환경교　육학회지』제20권 제2호（2012）、pp.53-68

양원택「한일　고등학교 세계지리 교과서 내용 비교 분석 : 국제이해교육 관련내용

을 중심으로」,『한국지역지리학회지』제2권 제2호 (1996)、pp.75-92

이장열「일본의 중등지리교과서에 나타난 한국관」『관대논문집』제10권 (1982)、pp.455-467

이진우『한국과 일본의 고등학교 지리교과서 비교분석』성신여자대학교 교육대학원 석사학위논문 (2005)

이하나, 조철기「한일 지리교과서에 나타난 영토교육 내용 분석」『한국지역지리학회지』제17권제3호 (2012)、pp.322-347

조철기「일본 고등학교 지리교과서에 나타난 한국관련 담론 분석」『대한지리학회지』제43권 제4호 (2008)、pp.655-679

http://www.mext.go.jp/component/a_menu/education/micro_detail/__icsFiles/afieldfile/2009/06/16/1234931_003.pdf (2008年改定小学校学習指導要領解説　社会編)

http://www.mext.go.jp/component/a_menu/education/micro_detail/__icsFiles/afieldfile/2011/01/05/1234912_003.pdf (2008年中学校学習指導要領解説)

貿易理論（重力モデル）を用いた日韓研究交流・留学生交流に関する一考察

岩渕　秀樹
（文部科学省）

1．概要

　日本と各国との間の研究交流や留学生交流の相手国別の交流パターン（どのような国との間でどの程度の規模の交流が行われるのか）を分析することは、我が国全体の研究交流・留学生政策の企画立案・分析、各大学・研究機関における国際交流政策の企画立案・分析を行う上で有意義であるが、こうした交流パターンを計量的に分析するモデルが提起されることはこれまでほとんどなかった。

　そこで、かかる量的規模について理論化するため、国際経済学（貿易理論）から典型的な計量モデルである「重力モデル」を援用することを試み、この「重力モデル」が、日本と各国との研究交流や留学生交流の量的規模の分析に有効なことを、データに基づき実証する。

　以上の実証結果を基に、距離的に近い日韓間において、研究交流や留学生交流が量的に大きな規模で行われることが「重力モデル」において説明できることを確かめ、日韓交流の重要性を再確認する。

　また、我が国への留学生受入の量的規模に関する「重力モデル」に基づき九州大学の留学生受入状況を分析することにより、九州大学の現在在籍する韓国人留学生の数は、重力モデルの予測する数よりもかなり少ないことを確認する。

2．「重力モデル」について

　本稿は、各国間の研究交流や留学生交流のパターンについて考察するものであるが、こうした国際交流の規模を定量的に説明するモデルについて論じ

られることはほとんどなかった。他方、経済学の分野では、各国間の貿易パターンを定量的に説明しようとする国際経済学、貿易理論が発達してきた。貿易理論の中でも、実際の貿易パターンをよく説明するモデルとして挙げられるのは「重力モデル」である。（国際経済学の典型的教科書 Krugman & Obstfeld（2005）においても、「重力モデル」は貿易理論の第一のモデルとして挙げられている。）

国際経済学における重力モデルの基本形は次のようなものである。

2国（i,j）間の貿易量 $F_{ij} = G * \dfrac{M_i * M_j}{D_{ij}}$

（M_j は i 国の経済規模、D_{ij} は I, j 両国間の距離、G は定数）

これを更に一般化すると次のように表すことができ、このモデルを用いて各国間の研究交流や留学生交流のパターンを説明できるか検証してみたい。

$$\ln F_{ij} = \alpha + \beta_i \ln M_i + \beta_j \ln M_j + \gamma_{ij} \ln D_{ij} \cdots\cdots\cdots①$$

3．研究交流・留学生交流への「重力モデル」の適用

我が国の研究交流・留学生交流に上記モデル①を適用する際、研究交流・留学生交流の規模を示すような変数 F と、各国の研究コミュニティ、高等教育の規模を示すような変数 M を選ぶことが必要である。ここでは、実際の統計値の利用可能性も踏まえ、次のような変数を選ぶこととする。M については複数の変数を想定し、どの変数がうまく実際を説明できるかはデータに基づき検証する。

3．1　国際研究交流の場合

Fi：我が国の公的研究機関・大学全体の i 国から（へ）の研究者受入（派遣）数

【データ】単位は「人」。出典は文部科学省「国際交流の概況（平成18年度）」

（※国別の数値が公表されている最新年度）

Mi：(i 国の研究者数) 又は (i 国の研究投資額)

【データ】単位は「人」又は「十億米ドル」。出典は OECD、国連等のデータの最新値

(※基本的には2008年の数値)

３．２　留学生交流の場合

Fi： 我が国の大学全体の i 国からの留学生受入数

【データ】単位は「人」。出典は日本学生支援機構「平成21年度外国人留学生在籍状況調査結果」

(※我が国からの留学生へ件数に関するデータは無い)

Mi：(i 国の人口) 又は (i 国の GDP)

【データ】単位は「人」又は「十億米ドル」。出典は OECD、国連等のデータの最新値

(※基本的には2008年の数値)

３．３　共通

Di：成田空港から i 国の首都までのマイレージ距離

【データ】単位は「マイル」。出典は各航空会社。

４．回帰分析結果

４．１　研究者の国際交流（外国人研究者の受入）

4.1.1　モデル

次の3つのモデルについて重回帰分析を行った。

モデルA

ln (i 国からの外国人研究者入数) = a＋b*ln (東京と i 国首都の距離) ＋c*ln (i 国の研究者数) ＋d*ln (i 国の研究投資額)

モデルB

ln (i 国からの外国人研究者受入数) = a＋b*ln (東京と i 国首都の距離) ＋c*ln (i 国の研究者数)

モデルC

ln（i 国からの外国人研究者受入数）＝ a＋b*ln（東京と i 国首都の距離）
＋d*ln（i 国の研究投資額）

4. 1. 2　回帰分析結果

モデル A ～ C の重回帰分析の結果、各モデルの自由度調整済決定係数（補
正 R^2）と各係数は次のとおりであった。

	（首都間距離）係数 b	（研究者数）係数 c	（研究投資額）係数 d	モデルの補正 R^2
モデル A	−0.824***	＋0.742**	−0.117	0.763
モデル B	−0.863***	＋0.608***		0.768
モデル C	−1.001***		＋0.424***	0.627

***p<0.01, **0.01<p<0.05, *0.05<p<0.1
N=25（外国人研究者受入数上位30ヶ国のうち所要のデータがそろう国）

4. 1. 3　回帰分析結果の解釈

外国人研究者受入数は、距離と負の相関（b ≒ −0.9 ～ −1.0）があり、そ
の相関は確からしい（係数 b の p 値は常に p<0.01）

→比較的近い間の方が頻繁な往来が可能であり、元留学生等人の人的ネッ
　トワークも強いことなどから、研究者交流の量的規模が大きいものと推
　測される。

外国人研究者受入数は、受入相手国の研究者数や研究投資額と正の相関を
持つ（c ≒ ＋0.6, d ≒ ＋0.4）。研究投資額と比べると、研究者数を変数とし
て用いた方がモデルの当てはまりが良い。（補正 R^2:0.768>0.627）

→相手国に研究者が多いほど研者者受入の機会が多くなるのはある意味必
　然的。相手国の研究投資額は研究水準の高さ等に反映し、当該国からの
　研究者受入を行う要因の一つとなり得る。

4. 2　研究者の国際交流（我が国からの研究者海外派遣）

4. 2. 1　モデル

モデルA

ln（i 国への外国人研究者派遣数）＝ a ＋ b*ln（東京と i 国首都の距離）＋c*ln

（i国の研究者数）＋d*ln（i国の研究投資額）

モデルB

ln（i国への外国人研究者派遣数）＝ a ＋ b*ln（東京と i国首都の距離）＋c*ln（i国の研究者数）

モデルC

ln（i国への外国人研究者派遣数）＝ a ＋ b*ln（東京と i国首都の距離）＋d*ln（i国の研究投資額）

4.2.2 回帰分析結果

	（首都間距離）係数 b	（研究者数）係数 c	（研究投資額）係数 d	モデルの補正 R^2
モデル A	−0.567**	+0.180	+0.180	0.583
モデル B	−0.499**	+0.562***		0.586
モデル C	−0.667***		+0.439***	0.567

***$p<0.01$, **$0.01<p<0.05$, *$0.05<p<0.1$
N=29（外国人研究者派遣数上位30ヶ国のうち所要のデータがそろう国）

4.2.3 回帰分析結果の解釈

研究者派遣数は距離と負の相関をもつ（b ≒ −0.5 ～ −0.7）。但し、研究者受入の場合と比べると相関は弱い。（係数 b の絶対値が小さい。また、研究者派遣の場合係数 b の p 値は 5 ％水準の場合もあり、確からしさが相対的に低い。）

研究者派遣数は、相手国の研究者数や研究投資額と正の相関を持つ（c ≒ +0.6, d ≒ +0.4）。研究者数を用いても研究投資額を用いてもモデルの当てはまり（補正 R^2）はあまり変わらない。

→距離との負の相関、相手国の研究者数・研究投資額との正の相関は研究者受入の場合と同様に解釈できる。我が国研究者は、距離が近く、研究コミュニティの規模が大きい国に派遣される傾向がある。

→他方、研究者受入の場合と比較すると、距離との相関が相対的に小さく、研究投資額との相関が相対的に確からしい。このことから、研究者受入の場合と比べれば、研究者派遣先は、相手国の研究水準等に着目して決定される傾向が強いと推測される。

4.3　留学生交流（我が国の留学生受入）

4.3.1　モデル

モデルA

ln（i国からの留学生受入数）＝ a＋b*ln（東京とi国首都の距離）＋c* ln（i国の人口）＋d*ln（i国のGDP）

モデルB

ln（i国からの留学生受入数）＝ a＋b*ln（東京とi国首都の距離）＋c* ln（i国の人口）

モデルC

ln（i国からの留学生受入数）＝ a＋b*ln（東京とi国首都の距離）＋d* ln（i国のGDP）

4.3.2　回帰分析結果

	（首都間距離）係数b	（人口）係数c	（GDP）係数d	モデルの補正 R^2
モデルA	−1.895***	＋0.292*	＋0.140	0.658
モデルB	−1.788***	＋0.445***		0.650
モデルC	−1.964***		＋0.278***	0.631

***$p<0.01$, **$0.01<p<0.05$, *$0.05<p<0.1$
N=30（留学生受入数上位30ヶ国）

4.3.3　回帰分析結果の解釈

留学生受入数は距離と強い負の相関がある（b ≒ −1.8〜−2.0 、係数bは$p<0.01$）。

留学生受入数は相手国の人口や経済規模と正の相関を持つ（c ≒ ＋0.4 , d ≒ ＋0.3）。

→大学の評判等の情報は距離の近い国の学生に対して伝えやすく、学生も距離の近い国の大学を選好するものと推測される（国内学生の大学志願でも居住地周辺の大学が選好される（九州出身の学生が九大を選好する等）のと同様）。

→また、相手国の人口・経済規模が大きければ、留学生の候補となる母集団の学生数が大きいものと推測される。

→研究者受入の場合と比べると、距離との負の相関（係数bの絶対値）が大きく、相手国の人口や経済規模との相関は小さい（係数 c, d）。研究者

と比べれば、学生のもつ情報、行動の範囲は小さく、国際間移動が距離に強く依存しているものと推測される。

4.4 まとめ

○我が国の国際研究交流、留学生交流がどのような国と行われるかのパターンについては、国際経済学（貿易理論）で用いられる典型的な計量モデルである「重力モデル」により、良く説明できることが確認された。

○即ち、我が国の国際研究交流、留学生交流は、比較的距離の近く、研究コミュニティの規模や人口・経済規模の大きな国との間で盛んに行われる傾向がある。特に、研究者受入・派遣、留学生受入のいずれに場合にも、距離との相関が最も強い。

○重力モデルは相関を示すに過ぎず、因果関係や規範的意味を示すものではないが、国際研究交流、留学生交流について検討する際の一つの検討材料を提供するものとは言える。例えば、量的な交流規模が大きいと推測される近距離の国との間の関係については、注意深くその関係を検討するなど、重視する必要があると考えられる。

○なお、以上のような重力モデルによる分析には次のような課題が残されている。

　―各モデルの決定係数は低くないものの、他の変数により、よりよく国際交流のパターンを説明できる可能性がある。

　―このモデルは、我が国の国際交流規模（研究者受入数、留学生受入数等）が、他国と比べて大きいか小さいかを説明しない。

　―このモデルは、我が国のみならず、多くのアジア・欧州諸国の国際研究交流、留学生交流のパターンを分析する上でも有効と推定されるが、米国については大きな例外と考えられる。例えば、良く知られた通り、米国の大学に在籍する留学生は、インド、中国、韓国など遠方の国の出身者が多く、重力モデルの予測する内容と異なる。

5. 日韓交流への示唆

　本稿が掲載されている九州大学韓国研究センター年報の趣旨に鑑み、以上の重力モデルに基づき日韓交流の現状について考察すると次のとおりである。

○算出された「重力モデル」の係数から予測される韓国との交流の量的規模は、実際の交流規模とほぼ一致する。「重力モデル」は、我が国と距離的に近い隣国韓国との交流の量的規模が大きいことを良く説明している。

【注】実際値と重力モデルによる予測値が乖離するケースとしては次がある。

　　―研究者受入の場合、タイ、インドネシア、米国からの実際の受入数がモデルの予測する値をかなり上回る。

　　―研究者派遣の場合、タイ、米国、インドネシアへの実際の派遣数がモデルの予測する値をかなり上回り、ロシアからの実際の受入数がモデル予測値を下回る。

　　―留学生受入の場合、ネパール、中国、マレーシア、米国からの実際の受入数がモデルの予測する値をかなり上回り、フィリピン、インド、ロシア、トルコからの実際の受入数がモデル予測値を下回る。）

○韓国は世界的に見ても人口当たりの研究者数や、GDP 当たりの研究投資額の大きい国であり、更にそれらの数値は韓国政府の政策などにより急速に拡大しているところであり、我が国との間の研究者交流は受入、派遣とも更に拡大することが予想される。また、韓国の人口や大学生数は近年一定水準であるが、GDP は依然として成長期にあることから、我が国への韓国人留学生の数は緩やかに増加すると見られる。

６．九州大学日韓交流への示唆

　本稿が掲載されている九州大学韓国研究センター年報の趣旨に鑑み、以上の重力モデルに基づき九州大学の国際交流の現況について考察すると次のとおりである。

○九州大学には現在1848人の留学生がおり、その数は、中国（1109人）、韓国（260人）、インドネシア（109人）の順である。

○他方、上記4.3で日本全体の留学生受入数データから算出したモデルＡ－Ｃの各係数を基に、1848人の留学生の出身国別分布を推定すると（首都間距離の代わりに、福岡と各国首都の間の距離を使用して推定）、中国人留学生よりも多くの韓国人留学生が九州大学に在籍していることが推定

される。

○留学生受入数は近い国ほど多くなる傾向が強いこと、福岡と韓国の距離は東京と韓国の距離よりもはるかに近いこと、などを踏まえると、九州大学には、より多くの韓国人留学生を惹き付ける余地が残されていると考えられている。

○九州大学の外国人研究者データが不足していたため分析していないものの、研究者の受入・派遣についても、福岡から近距離にあり密度の濃い研究交流が可能と考えられる韓国との研究交流はさらに拡大する余地があると考えられる。

九州大学の留学生在籍数

	実際の在籍数 （総数1846人）	モデルAによる 予測値	モデルBによる 予測値	モデルCによる 予測値
中　　国	1109	530	612	305
韓　　国	260	930	751	1178
インドネシア	109	16	23	11

◆参考文献◆

Paul R. Krugman and Mautice Obstfeld（2005）,"International Economics: Theory and Policy", Addison Wesley

付記

本稿は『九州大学韓国研究センター年報』（第11号、pp.43-48、2011）に掲載したものを再収録したものである。

韓国における日本語教育の現況と展望
―教育段階別推移と学習者数減少の要因を中心に―

呉　先珠[1]
（培花女子大学）

第1章　世界の日本語教育の現況

　本研究は2006年度から2018年度までの韓国における日本語学習機関数、教師数、学習者数の比較と共に日本語学習者数減少の要因を探ることを目標とする。そのため、まず、世界の日本語教育の現況を機関数、教師数、学習者数別に調べた後、韓国の日本語教育の現況を教育段階別機関数、教師数、学習者数別に調べ、韓国における日本語教育の低迷を①少子化による学齢人口の減少、②社会・教育面におけるパラダイムシフト、③訪韓日本人観光客の推移から探った。

　蔡京希（2018:71）は2009年度から2015年度まで韓国における教育段階別日本語教育の現況と展望について詳しく調査している。本稿は、最新の日本語教育機関数、教師数、学習者数を調査すると共に日本語学習者減少の原因を探るため、調査範囲を広げて2006年度から2018年度までの教育段階別日本語教育の現状を調査対象とする。

　＜表1＞は国際交流基金が海外の日本語教育の現況を機関数、教師数、学習者数別に調べた「海外日本語教育の現状」を2006年度から2018年度まで纏めたものである。

　＜表1＞の通り、2006年度に比べて2018年度の日本語教育機関数は13,639機関から36％増加した18,604機関に増え、教師数は44,321人から74％増加した77,128人に、学習者数は2,979,820人から約29％増加した3,846,773人と機関数、教師数、学習者数共々増加傾向にある。

1　本論文は2020年東アジア日本学会『日本文化研究』第75輯に掲載した論文を修正したものである。

<表１＞海外日本語教育機関（2006・2009・2012・2015・2018）の年度別比較

	2006年度	2009年度	2012年度	2015年度	2018年度
機関数	13,639機関	14,925機関	16,046機関	16,179機関	18,604機関
	2003年度比 1,417機関 （11.6%）増	2006年度比 1,286機関 （9.4%）増	2009年度比 1,121機関 （7.5%）増	2012年度比 133機関 （0.8%）増	2015年度比 2,425機関 （15.0%）増
教師数	44,321人	49,803人	63,805人	64,108人	77,128人
	2003年度比 11,197人 （33.8%）増	2006年度比 5,482人 （12.4%）増	2009年度比 13,975人 （28.1%）増	2012年度比 303人 （0.5%）増	2015年度比 13,020人 （20.3%）増
学習者数	2,979,820人	3,651,232人	3,985,669人	3,655,024人	3,846,773人
	2003年度比 623,075 （26.4%）増	2006年度比 671,412人 （22.5%）増	2009年度比 334,437人 （9.2%）増	2012年度比 330,645人 （8.3%）減	2015年度比 191,749人 （5.2%）増

＊2007年度調査報告書（2006年度調査分）・2011年度調査報告書（2009年度調査分）・2013年度調査報告書（2012年度調査分）・2017年度調査報告書（2015年度調査分）・2019年度調報告書（2018年度調査分）による。

＊調査対象：2006年度調査（133か国・地域）・2009年度調査（133か国・地域）・2012年度調査（136か国・地域）・2015年度調査（137か国・地域）・2018年度調査（142か国・地域）

　ただし、世界の日本語教育において2015年度調査分のみ日本語学習者数が2012年度調査比8.3%減少した3,655,024人である。このような海外の学習者総数の減少は、日本語学習者数で世界の上位３国であり、かつ2012年度調査で学習者数全体の70%近くを占めていた韓国、インドネシア、中国の３国でいずれも大幅に学習者数が減少したことに因る[2]。

　また2015年度調査において機関数と教師数が増加しているものの、他の年より増加率の伸びが鈍いと言えるが、2015年度調査における韓国の日本語教育機関数は2012年度調査比1,052機関減少し、教師数も2,962人減少しているため、世界の日本語教育の機関数、教師数の増加率鈍化に影響したと思われる。

2　詳しくは2015年度世界日本語学習者数１位の中国は2012年度学習者数1,046,490人から2015年度は953,283人に93,207人、約8.9%減少、２位のインドネシアは2012年度学習者数872,411人から2015年度は745,125人に127,286人、約14.6%減少している。３位の韓国は2012年度学習者数840,187人から2015年度は556,237人に283,950人、約33.8%減少し、日本語学習者数の多い上位３国で合計504,443人減少していたことが反映され、世界の日本語学習者数減少に影響を与えたと見られる。

第2章　韓国における日本語教育の現況

1．韓国日本語教育機関の現況

　上述の通り、世界の日本語教育は教育の機関数・教師数・学習者数共々増加傾向にあるが、韓国における日本語教育の機関数・教師数・学習者数は減少傾向にあり、特に2012年度調査から2015年度調査における学習者数の減少幅は大きい。

<表2>韓国日本語教育機関（2006・2009・2012・2015・2018）の年度別比較

	2006年度	2009年度	2012年度	2015年度	2018年度
機関数	3,579機関	3,799機関	3,914機関	2,862機関	2,998機関
	2003年度比 246機関 (7.4%) 増	2006年度比 220機関 (6.1%) 増	2009年度比 115機関 (3.0%) 増	2012年度比 1,052機関 (26.9%) 減	2015年度比 136機関 (4.8%) 増
教師数	7,432人	6,577人	17,817人	14,855人	15,345人
	2003年度比 1,201人 (19.2%) 増	2006年度比 855人 (11.5%) 減	2009年度比 11,240人 (170.9%) 増	2012年度比 2,962人 (16.6%) 減	2015年度比 490人 (3.3%) 増
学習者数	910,957人	964,014人	840,187人	556,237人	531,511人
	2003年度比 16,826人 (1.9%) 増	2006年度比 53,057人 (5.8%) 増	2009年度比 123,827人 (12.8%) 減	2012年度比 283,950人 (33.8%) 減	2015年度比 24,726人 (4.4%) 減

＊ 国際交流基金「海外日本語教育の現状」2007年度調査報告書（2006年度調査分）・2011年度調査報告書（2009年度調査分）・2013年度調査報告書（2012年度調査分）・2017年度調査報告書（2015年度調査分）・2019年度調査報告書（2018年度調査）
＊2006年度調査分：韓国は機関数（1位）、教師数（2位）、学習者数（1位）
＊2009年度調査分：韓国は機関数（1位）、教師数（2位）、学習者数（1位）
＊2012年度調査分：韓国は機関数（1位）、教師数（1位）、学習者数（3位）
＊2015年度調査分：韓国は機関数（1位）、教師数（2位）、学習者数（3位）
＊2018年度調査分：韓国は機関数（1位）、教師数（2位）、学習者数（3位）

　韓国の日本語教育機関は2006年度3,579機関・2009年度3,799機関・2012年度3,914機関と増加していたが、2015年度2,862機関・2018年2,998機関と減少している。2006年度調査比2018年度調査は581機関、約16.2%減少している。

　学習者においても2006年度910,957人・2009年度964,014人と増加していたが、2012年度840,187人に2009年度調査比53,057人、約12.8%減少、2015年度556,237人、2012年度調査比約33.8%減少、2018年度も531,511人、2015年度調査比約4.4%減少している。2006年度調査比2018年度調査は379,446人、約41.6%減少している。

　教師数においては2006年度7,432人から2009年度6,577人に約11.5%減少し

ていたが、2012年度は17,817人に2009年度調査比約170％増加、2015年度は14,855人に2012年度調査比約16.6％減少した。2018年度は15,345人、2015年度調査比約3.3％増加している。2006年度調査比2018年度調査は約106％増加している。教師数の増加は「その他の教育機関」における教師数の増加に因るものである[3]。

２．初・中等教育における日本語教育の現況

韓国における日本語教育の現況をより詳しく調べるため、教育段階別日本語教育機関数・教師数・学習者数を比較するが、今回参考にした資料「海外の日本語教育の現状」は発行年度別に調査の方法に相違があり、2015年度調査の場合、初・中等教育における日本語教育の機関数と教師数を示しておらず、2018年度は教育段階別区分をしていない。

＜表３＞初・中等教育機関（2006・2009・2012・2015）の年度別比較

	2006年度調査	2009年度調査	2012年度調査	2015年度調査
機関数	2,473機関	2,828機関	2,767機関	
	2003年度比 54機関（2.1％）減	2006年度比 355機関（14.4％）増	2009年度比 61機関（2.2％）減	
教師数	3,619人	3,903人	3,729人	
	2003年度比 108人（2.9％）減	2006年度比 284人（7.8％）増	2009年度比 174人（4.5％）減	
学習者数	769,034人	871.200人	695,829人	453,053人
	2003年度比 11,539人 （1.5％）減	2006年度比 102.166人 （13.3％）増	2009年度比 175,371人 （20.1％）減	2012年度比 242,776人 （34.9％）減

＊国際交流基金「海外日本語教育の現状」2007年度調査報告書（2006年度調査分）・2011年度調査報告書（2009年度調査分）・2013年度調査報告書（2012年度調査分）・2017年度調査報告書（2015年度調査分）・2019年度調査報告書（2018年度調査）
＊2003年度調査分：機関数2,527機関、教師数3,727人、学習者数780,573人。

＜表３＞の通り、2006年度の初・中等教育の日本語教育機関は2,473機関であったが、2009年度は2,828機関に約14.4％増加している。2012年度は2009年度に比べ61機関減少した2,767機関で日本語教育を行っていた。上記＜表２＞において、韓国全体の日本語教育機関数における初・中等教育の日本語教育機関数の年度別割合は2006年度約69％、2009年度約73％、2012年度

3　「その他の教育機関」において、教師数は2006年度は2,020人、2009年度は1,173人であったが、2012年度には12,203人に2009年度調査比11,030人増加、増加率940.3％にも上る。

約70% を初・中等教育機関が占めている。

　教師数も2006年度3,619人から、2009年度は3,903人に7.8% 増加、2012年度は3,729人に4.7% 減少、2006年度比2012年度は約3% 増加している。韓国全体の日本語教育教師数における初・中等教育の教師数の年度別割合は2006年度約49%、2009年度59.3%、2012年度は21% を占めている。2012年度の割合が大幅減少しているのは上述の通り「その他の教育機関」における教師数が増加したことに因る。

　学習者数は2006年度調査は769,034人、2009年度調査は871,200人で、2006年度調査比約13.2% 増加している。その後減少に転じ、2012年度は695,829人、2009年度調査比約20.1% 減少、2015年度調査では453,053人と再び減少、減少率は2012年度調査比34.9% である。

　「海外の日本語教育の現状（2015：23）」は、2006年から2010年に実施された「英語教育活性化5カ年総合対策」をはじめ、公教育制度の変遷の中で英語教育の早期化・重点化が図られてきた一方、2011年の中等教育の教育課程改定において日本語を含む第二外国語が必修科目から外されたこと、また少子化により学生数自体が減少していることが学習者減少の原因であると述べている[4]。

　中等教育における日本語学習者減少は高等教育における日本語学習の需要減少に繋がる可能性が高い。韓国全体の日本語教育学習者数における初・中等教育の学習者数の年度別割合は2006年度約84%、2009年度約90.3%、2012年度約82.6%、2015年度約81.2% を初・中等教育の学習者が占めており、このような学生が高等教育に進学し、日本語学習を続ける人が多いためである。

3．高等教育における日本語教育の現況

　「OECD 教育指標（2019：236）」によると、OECD 加盟国の2017年度高等教育段階別最初入学率の平均は短期高等教育課程（Short-cycle tertiary）が15%、学士課程（Bachelor's level）が53% であるが、韓国の場合は短期高等教育課程32%、学士課程57% であるため、OECD 加盟国の平均より高等教育入学率

4　実際、＜表9＞の通り2011年以降、第二外国語選択者数が急減し、2010年度（2009年度11月実施）大学修学能力試験における全体受験者比第二外国語選択者数の割合は約16.9%、2011年度（2010年11月実施）は約15.8%、2012年度（2011年11月実施）は約17.4% と増減を繰り返していたが、2013年度（2012年11月実施）約16.1%、2014年度（2013年11月実施）は約13.3% と減少しつつある。

が多いと言える[5]。

<表４>高等教育機関（2006・2009・2012・2015）の年度別比較

	2006年度調査	2009年度調査	2012年度調査	2015年度調査
機関数	398機関	406機関	476機関	
	2003年度比 129機関（48%）増	2006年度比 8機関（2%）増	2009年度比 70機関（17.2%）増	
教師数	1,793人	1,501人	1,858人	11,827人
	2003年度比 493人 （37.9%）増	2006年度比 292人 （16.3%）減	2009年度比 357人 （23.8%）増	2012年度比 9,969人 （536.5%）増
学習者数	58,727人	59,401人	57,778人	51,963人
	2003年度比 24,787人 （29.7%）減	2006年度比 674人 （1.1%）減	2009年度比 1,623人 （2.7%）減	2012年度比 5,815人 （10.1%）減

＊国際交流基金「海外日本語教育の現状」2007年度調査報告書（2006年度調査分）・2011年度調査報告書（2009年度調査分）・2013年度調査報告書（2012年度調査分）・2017年度調査報告書（2015年度調査分）・2019年度調査報告書（2018年度調査）
＊2003年度調査分：機関数269機関、教師数1,300人、学習者数83,514人。

　韓国の高等教育における日本語教育の現況は＜表４＞の通り、2006年度は398の機関で日本語教育を行っていたが、2009年度は406機関に8機関、2006年度調査比約2%増え、2012年度は476機関に2009年度調査比70機関、17.2%増えている。2006年度と2012年度調査を比較すると78機関、約20%増えていることになる。2015年度からは国際交流基金の「海外の日本語教育の現状」の調査方法が変わり、高等教育における機関数を提示しておらず、2018年度は高等教育段階別区分をしていない。

　一番変化が多いのが教師数である。2006年度教師数は1,793人、2009年度は1,501人で2006年度調査比292人、約16.3%減少しているが、2012年度は1,858人で2009年度調査比357人、23.8%増加しており、2015年度には11,827人に急増、2009年度調査比8,869人、約536.5%も増加している。これは、日本語授業の多様化と少人数化、教育課程の改訂なども考えられる。しかし、高等教育機関の非常勤講師の場合、いくつかの教育機関で同時に授業を受け持っている場合が多いが「海外の日本語教育の現況（2015：63）」は機関別の教師数（常勤・非常勤・ティーチングアシスタントを含む）を人数のみ調査しており、一人の

5　上記数値は留学生を除いた平均数値である。留学生を含む OECD 加盟国の2017年度高等教育段階別最初入学率の平均は短期高等教育課程17%、高等教育課程58% で、韓国の場合は短期高等教育課程32%、高等教育課程58% であった。

教師がいくつの機関で授業しているのかは把握していない。ただ2012年から
2015年の間、韓国において結婚移民ビザを取得した日本人の割合が急増してい
ることは注目できる。2012年結婚移民のビザ取得者は26人であったが、2013
年5,023人、2014年5,907人、2015年6,078人と急増している。結婚移民によっ
て韓国に定着した日本人配偶者が韓国の高等教育機関で日本語授業を始め、教
師数増加に影響しているとも考えられる。（統計で見る日本：国籍別出国外国
人の在留資格2012年〜2015年資料、検索日：2020年4月16日）。

　学習者数は2006年度58,727人から2009年度は59,401人、2006年度調査比
674人、約1%増えたが、2012年度には57,778人に2009年度調査比1,623人、
2.7%減少し、2015年度は51,963人に2012年度調査比5,815人、約12%減少し
ている。2011年東日本大震災を経て、韓国では震災や放射能に対する恐怖か
ら日本語研修や留学が取り消されるなど不安が募っていたことが学習者減少
に影響を及ぼしたと考えられる。また2013年以降短期大学における日本語学
科数の減少や入学定員縮小といった教育環境の変化なども高等教育における
日本語学習者減少の要因であろう。

1）短期大学

　少子化による大学の定員割れは数年前から予想され、多くの大学は存続を
かけて対策に追われている。さらにNCS教育の導入、融合型人材の育成、理・
工系学科育成、大学力量評価に基づく定員縮小などの教育環境の変化も重な
り、学科定員縮小、学科統合・廃止が行われた結果、短期大学の日本語学科
により深い傷跡を残す形となった。

　2006年韓国の大学数は352校（短大152/大学175/教育大11/産業大14）で、
そのうち日本語学科を設けている大学は165校（短大70/大学95）であった[6]。

　2006年から2019年まで短期大学における日本語学科の学科数を比較すると
2006年70校・2007年76校・2008年71校・2009年77校・2010年73校・2011年

6　＜表4＞の国際交流基金の「海外の日本語教育の現況」は韓国の高等教育における日本語
　教育機関数を2009年度406期間、2012年度476機関とした。「海外の日本語教育の現況」は高
　等教育機関調査時、調査項目を大きく3つに分けており、①日本語専攻の「短期大学・専
　門学校、大学、大学院、その他」、②非日本語専攻の「短期大学・専門学校、大学、大学院、
　その他」に加え、③課外活動として「機関内部対象の日本語研究会」まですべて含めて集
　計している。しかし、①日本語専攻と②非日本語専攻における「その他」の部分と「専門
　学校」、また③課外活動の「機関内部対象の日本語研究会」は対象を特定することが曖昧で
　あるため、本稿は高等教育の対象機関を短期大学と大学、大学院に絞ることにする。

<表５＞短期大学の日本語学科、観光学科の推移

年	専攻	学科数	入学定員	志願者数	年	専攻	学科数	入学定員	志願者数
2006	日本語	70	2,385	13,280	2013	日本語	66	1,612	11,288
	観光	179	8,575	34,749		観光	199	7,635	80,499
2007	日本語	76	2,244	16,635	2014	日本語	59	1,383	9,130
	観光	168	7,705	39,702		観光	203	7,900	92,279
2008	日本語	71	2,331	17,674	2015	日本語	54	1,134	9,587
	観光	166	7,835	43,053		観光	215	7,258	93,237
2009	日本語	77	2,481	15,981	2016	日本語	50	1,143	8,730
	観光	187	7,205	34,851		観光	212	7,047	92,114
2010	日本語	73	2,505	17,013	2017	日本語	46	897	9,195
	観光	195	6,939	43,689		観光	209	7,082	112,395
2011	日本語	73	2,380	18,541	2018	日本語	43	848	8,384
	観光	188	7,303	65,764		観光	206	6,949	109,072
2012	日本語	76	1,867	13,386	2019	日本語	40	738	7,399
	観光	192	7,235	73,519		観光	217	7,006	116,478

＊韓国教育統計サービス（https://kess.kedi.re.kr）＞教育統計＞大学統計＞学科系列別＞専門大学課程＞学科系列別学科数＞人文系列＞言語・文学及び社会系列＞観光（検索日：2019年11月16日）
＊日本語は日本語科、観光日本語科、実務日本語科などすべての日本・日本語関連学科を含む。

73校・2012年76校・2013年66校・2014年59校・2015年54校・2016年50校・2017年46校・2018年43校・2019年40校に減り、2006年比2019年は30校、約42.9%減少している。

　入学定員は2006年2,385人から2007年2,244人に約5.9%減少、2008年は2,331人に2007年比約3.9%増加、2009年は2,481人に2008年比6.4%増加、2010年は2,505人に2009年比約1%増加している。しかし、2011年は2,380人に約5%減少、2012年は1,867人に2011年比約21.6%減少、2013年は1,612人に2012年比約13.7%減少、2014年は1,383人に2013年比約14.2%減少、2015年は1,134に2014年比約18%減少、2016年は1,143人に2015年比約0.8%減少と他の年より減少率が低いが、2017年は897人に2016年比約21.5%減少、2018年は848人に2017年比約5.5%減少、2019年は738人に2018年比約13%減少している。2006年比2019年は2,385人から738人に1,647人、約69.1%減少し、日本語学科の入学定員も年々減少しつつある。

　志願者数は2006年13,280人から2007年16,635人に2006年比約25.3%増加、2008年は17,674人に2007年比約6.2%増加、2009年は15,981人に2008年比約9.6%減少している。2010年は17,013人に約6.5%増加、2011年は18,541人に

約9％増加していたが、2012年は13,386人に2011年比約27.8％減少、2013年は11,288人に2012年比約15.7％減少、2014年は9,130人に2013年比19.1％減少、2015年は9,587人に2014年比約5％増えたが、2016年は8,730人に2015年比約8.9％減少している。2017年は9,195人に2016年比約5.3％増えたが、2018年は8,384人に2017年比約8.8％減少、2019年は7,399人に2018年比約11.7％減少している。2006年比2019年は13,280人から7,399人に5,881人、約44.3％減少し、日本語学科の志願者数も年々減少しつつある。

ただし入学定員比志願者数の割合をみると、2006年は約557％・2007年741％・2008年758％・2009年644％・2010年679％・2011年779％・2012年717％・2013年700％・2014年660％・2015年845％・2016年764％・2017年1,025％・2018年989％・2019年1,003％である。入学定員比志願者数の割合は2008年以降減少傾向にあったが、2015年から増加に転じ、2019年は1,003％に増加している。このことから短期大学における日本語学科数・入学定員は大幅に減少しているが、日本語学習希望者、つまりニーズはそれほど減っておらず、さらに言うと、入学定員比志願者の割合の増加により短期大学の日本語学科入学が狭き門となり優秀な生徒が集まっていると言えるだろう。

一方、観光学科の場合、2006年学科数179校・2007年168校・2008年166校・2009年187校・2010年195校・2011年188校・2012年192校・2013年199校・2014年203校・2015年215校・2016年212校・2017年209校・2018年206校・2019年は217校に増え、2006年比2019年は11.3％増加、入学定員は8,575人から7,006人に約18.3％減少、志願者数は34,749人から116,478人に約235.2％も増加している。

一方、観光学科は入学定員は減少しているが、学科数及び志願者数は増加している。特に志願者数が約235.2％増加していることからその人気が実感できるが、観光学科の人気の背景には融合型人材育成政策や教育風潮、訪韓観光客の多国籍化により産業界の求める人材像の変化、本人の適性より将来の就職を重んじる学習者の傾向が反映された結果と考えられる。

2）大学

上述の通り、短期大学の日本語学科は2012年以降減少しつつあるが、大学における日本語・文学学科数は2006年から2017年まで増加傾向にあり、同時期の入学定員の減少率も短期大学ほど大きくない。

＜表６＞大学の日本語・文学学科、観光学科の推移

年	専攻	学科数	入学定員	志願者数	年	専攻	学科数	入学定員	志願者数
2006	日本語・文学	95	2,497	15,600	2013	日本語・文学	112	2,984	20,399
	観光	79	3.948	21,862		観光	94	5,071	27,363
2007	日本語・文学	99	2,584	19,992	2014	日本語・文学	117	3,006	20,652
	観光	79	3,437	27,053		観光	91	4,850	31,592
2008	日本語・文学	100	2,824	22,504	2015	日本語・文学	120	2,379	18,216
	観光	80	3,495	32,549		観光	102	5,087	34,056
2009	日本語・文学	101	2,903	25,045	2016	日本語・文学	122	2,239	17,300
	観光	78	2,857	22,468		観光	100	4,988	34,600
2010	日本語・文学	105	3,039	28,343	2017	日本語・文学	122	1,889	15,781
	観光	82	3,054	27,791		観光	111	5,159	43,041
2011	日本語・文学	117	3,261	32,838	2018	日本語・文学	106	1,731	15,126
	観光	95	5,018	30,946		観光	107	5,187	42,728
2012	日本語・文学	115	3,115	28,546	2019	日本語・文学	109	1,719	15,379
	観光	98	5,393	34,320		観光	113	4,977	44,912

＊韓国教育統計サービス（https://kess.kedi.re.kr）＞教育統計＞大学統計＞学科系列別＞大学課程＞人文系列＞言語・文学及び社会系列＞観光、検索日：2019年11月16日
＊日本語・文学学科は日本語関連学科は勿論、日本学科、日本留学学科、日本地域専攻など日本語・日本関連のすべての学科を含む。

　大学における日本語・文学学科の学科数は2006年95校・2007年99校・2008年100校・2009年101校・2010年105校・2011年117校・2012年115校・2013年112校・2014年117校・2015年120校・2016年122校・2017年122校と2006年から2017年までの間徐々に増える傾向にあったが、2018年106校に減り、2019年109校に2018年比3校増えている。2006年比2019年の学科数は14校、約14.7％増加している。

　入学定員は2006年2,497人から2007年2,584人に約3.5％増加、2008年は2,824人に2007年比約9.3％増加、2009年は2,903人に2008年比約2.8％増加、2010年は3,039人に2009年比4.7％増加、2011年は3,261人に約7.3％増加しているが、2012年は3,115人に2011年比約4.5％減少、2013年は2,984人に2012年比約4.2％減少、2014年は3,006人に2013年比約0.7％微増するが、2015年は2,379人に2014年比20.9％減少、2016年は2,239人に2015年比約5.9％減少、2017年は1,889人に2016年比約15.6％減少、2018年は1,731人に2017年比約8.4％減少、2019年は1,719人に2018年比約0.7％微減している。2006年と2019年の入学定員を比較すると2,497人から1,719人に約31.2％減少し、日本語・文

学学科の入学定員も減少しつつある。

　志願者数は2006年15,600人から2007年19,992人に約28.2％増加、2008年は22,504人に2007年比12.6％増加、2009年は25,045人に2008年比11.3％増加、2010年は28,343人に2009年比13.2％増加、2011年は32,838人に約15.9％増加しているが、2012年28,546人に2011年比約13.1％減少、2013年は20,399人に2012年比約28.5％減少、2014年は20,652人に2013年比約1.2％増加、2015年は18,216人に2014年比約11.8％減少、2016年は17,300人に2015年比約5％減少、2017年は15,781人に2016年比約8.8％減少、2018年は15,126人に2017年比約4.2％減少、2019年は15,379人に2018年比約1.7％増加している。2006年と2019年の志願者数を比較すると15,600人から15,379人に約1.4％減少している。

　ただし入学定員比志願者数の割合を比較すると、2006年約625％、2007年774％、2008年797％、2009年863％、2010年933％、2011年1,007％、2012年916％、2013年684％、2014年687％、2015年766％、2016年773％、2017年835％、2018年874％、2019年895％である。入学定員比志願者数の割合は2012年から2014年まで一時減少していたが、2015年から回復しつつある。このことから大学の日本語学科の入学定員は減少しているが、日本語学習ニーズはまだ高く、入学定員の減少により日本語・文学学科の入学が狭き門となり、優秀な学生が集まっていると解析できる。

　一方、2006年と2019年の観光学科を比較してみると、2006年79校から2019年113校に約43％増加、入学定員は3,948人から4,977人に26.1％増加、志願者数は21,862人から44,912人に約205％増加している。短期大学の観光学科と大学の観光学科はいずれも学科数、志願者数が大きく増加している。

　以上のように大学における日本語・文学学科の学科数は2006年から2017年まで増加傾向にあったが、2018年産業大学における日本語学科廃止を始め減少に転じている。その背景には政府が理・工系学科育成[7]に重点を置き、結果的に人文・社会・体育系学科の統・廃合が行われたことや大学力量評価の

7　2016年教育部と韓国研究財団は2020年まで理・工系学科、医・薬学学科の定員を2万人増やすことを目標としてPRIME（PRogram for Industrial needs - Matched Education）事業を実施した。PRIME事業とは学齢人口の減少、青年失業率の増加、産業分野別人材のミスマッチ解消に政府と大学が協力して大学の構造改善に取り込み、大学が自律的に未来社会の需要を反映して定員縮小などの構造改革と共に学生の専攻能力や進路に対する力量を高めることを目的としている。2016年から2018年まで実施されたこの事業に21の大学が事業対象として選定された（教育部資料、検索日：2020年4月18日）。

結果に基づく定員縮小がその根底にあると言える。その反面、観光学科は2008年から徐々に増加し始め、特に2006年から2019年までの間志願者数が205%も増加している。融合型人材を求める教育・社会・政策の後押し、観光関連知識のみならず、英語、日本語、中国語といった多言語を身につけ、多方面で対応できることは志願者にとって大きな魅力であろう。

　しかし、高等教育における日本語学科の志願率の増加など、日本語学習希望者は近年増えつつあるため、我々は日本語教育拡大のための政策提言をしていくと共に、従来の日本語教育が日本語コンピテンシーのみ重視してきたことを反省し、隣接学問と融合を通して日本語を主軸としたダブルメジャー履修モデルを構築し、「融合型学習システム」の確立に乗り出すべきである。

3）その他の教育機関

　その他の教育機関は私設の語学学校、大学の公開講座、平生教育院（日本における生涯教育機関）、企業内の語学研修などに当たる。

＜表7＞その他の教育機関機関（2006・2009・2012・2015）の年度別比較

	2006年度	2009年度	2012年度	2015年度
機関数	708機関	565機関	671機関	
	2003年度比 171機関 (31.8%) 増	2006年度比 143機関 (20.2%) 減	2009年度比 106機関 (18.8%) 増	
教師数	2,020人	1,173人	12,203人	
	2003年度比 861人 (67.8%) 増	2006年度比 1,907人 (41.9%) 減	2009年度比 11,030人 (940.3%) 増	
学習者数	83,196人	32,856人	86,580人	51,221人
	2003年度比 53,152人 (276.9%) 増	2006年度比 50,340人 (60.5%) 減	2009年度比 53,724人 (163.5%) 増	2012年度比 35,359人 (40.8%) 減

＊国際交流基金「海外日本語教育の現状」2007年度調査報告書（2006年度調査分）・2011年度調査報告書（2009年度調査分）・2013年度調査報告書（2012年度調査分）・2017年度調査報告書（2015年度調査分）・2019年度調査報告書（2018年度調査）
＊2003年度調査分：537機関、教師数：1,204人、学習者数：30,044人。

　その他の日本語教育機関は2006年度708機関から2009年度は565機関、2006年度調査比20.2%減少していたが、2012年度は671機関と2009年度調査比106機関、約18.8%増加している。

　教師数は2006年度2,020人から2009年度には1,173人に2006年度調査比

41.9% 減少しているが、2012年度には12,203人に2009年度調査比11,030人増加、増加率は940.3% にも上る。教師数の急増に、まず調査方法や分類方法の変化を調べるべく、2009年と2012年の「海外の日本語教育の現状」の調査方法を比較したが、変化は見当たらなかった。しかし、非常勤教師は複数機関においていくつか授業を受け持っている場合も多いので、一部重複されている可能性がある。

さらに本稿は教師数増加の背景として同時期韓国において「教授・会話指導・研究・在日韓国人・永住権者」のビザ取得者の変化と日本において「教授・研究・教育・留学生・日本永住権者」ビザで滞在していた韓国人の帰国者数の変化に注目した。2009年韓国において「教授・会話指導・研究・在日韓国人・永住権者」の資格でビザを取得した日本人と在日韓国人は2009年6,415人、2010年7,068人、2011年7,778人、2012年9,268人と年々増加傾向にあり、特に2012年は2011年に比べ1,490人も増加している（出入国外国人政策本部：統計年報2009年〜2012年資料、検索日 :2020年4月16日）。さらに日本で「教授・研究・教育・留学生・日本永住権者（特別永住を含む）」の資格でビザを取得していた韓国人帰国者は2009年242,857人、2010年248,082人、2011年274,949人、2012年277,842人であり、2011年は2010年と比べ26,867人増加、2012年は2010年比29,760人増加している（統計で見る日本：国籍別出国外国人の在留資格2009年〜2012年資料、検索日 :2020年4月16日）。

このことから2011年の東日本大震災後、韓国で就労できるビザを取得した日本人や日本で活動していた韓国人帰国者が日本語教育の方に進出し、教師数の大幅な増加に影響している可能性が考えられる。

学習者数は、2006年度調査では83,196人であったが、2009年度調査では32,856人に約60.5% 減少、2012年度調査では86,580人と2009年度調査比163.5% 増加した。しかし、2015年度調査では51,221人と2012年度調査比40.8% 減少し、増減を繰り返している。

第3章　学習者減少の要因

１．少子化による学齢人口の減少

　<表８>は少子化による学齢人口の減少の例として、2007年度から2020年度まで大学修学能力試験の総志願者数と総受験者数を示したものである。

＜表８＞大学修学能力試験の志願者数と受験者数

実施年度	実施年	総志願者数（人）	総受験者数（人）
2007	2006	588,890	551,884（93.7%）
2008	2007	584,890	550,588（94.1%）
2009	2008	588,839	559,475（95.0%）
2010	2009	677,834	638,216（94.2%）
2011	2010	712,227	668,991（93.9%）
2012	2011	693,631	648,946（93.6%）
2013	2012	668,522	621,336（92.9%）
2014	2013	650,747	606,813（93.2%）
2015	2014	640,621	594,835（92.9%）
2016	2015	631,187	585,332（92.7%）
2017	2016	605,987	552,297（91.1%）
2018	2017	593,527	531,327（89.5%）
2019	2018	594,924	530,220（89.1%）
2020	2019	548,734	484,737（88.3%）

＊総受験者の％は総志願者比総受験者の割合。（韓国教育課程評価院報道資料、検索日2019年12月26日）

　<表８>の通り、大学修学能力試験の志願者数は2011年度の712,227人（総受験者数668,991人）をピークに年々減少し、2020年度の大学修学能力試験の総志願者数はピーク時の2011年に比べて約23%減少した548,734人、そのうち、実際試験を受けた総受験者数は484,737人と過去最低を記録している。2019年の大学の定員が短期大学183,047人、大学405,645人で合計588,692人であることを考えると2020年から大学は定員割れにより打撃を受けることは明白である。

２.大学修学能力試験における第二外国語選択者の偏重

　<表９>は少子化により大学修学能力試験の志願者数が減少したことで大学修学能力試験における第二外国語部門の選択者数も減少していることが予想されたため、年度別第二外国語選択者の割合を纏めたものである。

<表９＞大学修学能力試験における第二外国語／漢文選択者数（％）

年　度	実施年	ドイツ語	フランス語	スペイン語	中国語	日本語	ロシア語	アラビア語	ベトナム語	漢　文	合　計
2007	2006	7.2	6.2	1.7	17.5	41.8	0.9	5.6		19	90,843
2008	2007	5.1	5.4	2.2	15.7	35.1	1.4	15.2		19.8	89,197
2009	2008	3.9	4.3	2.5	13.5	27.5	1.9	29.4		17	99,693
2010	2009	2.9	3.5	3.1	10.5	21.2	2.7	42.3		13.9	120,817
2011	2010	2.7	3.2	3.1	9.3	18.6	3	45.7		14.4	107,377
2012	2011	2.9	3.6	3.7	9.1	17	4.2	45.8		13.7	86,575
2013	2012	3.4	4	4.2	10.6	17.2	5.7	41.1		13.8	90,277
2014	2013	2.9	3.3	3.1	19.6	13.1	2.9	16.6	38	10.5	79,533
2015	2014	2.8	2.8	2.9	7.8	11.2	1.8	20	42.4	8.3	84,044
2016	2015	2.2	2.3	2.4	6.2	9.1	1.5	51.6	18.4	6.3	90,752
2017	2016	1.9	1.9	2	5.5	8.3	1.4	69	5.5	4.5	94,358
2018	2017	1.89	1.82	1.99	5.33	8.59	1.44	71.42	3.1	4.42	92,831
2019	2018	2.03	2.03	2.28	5.67	9.41	1.32	69.02	3.71	4.53	92,471
2020	2019	2.0	2.05	2.25	5.85	8.79	1.28	70.77	2.54	4.48	89,410

＊試験実施年度は大学修学能力試験が行われた年を表す。（韓国教育課程評価院報道資料、検索日2019年12月26日）

　2020年度大学修学能力試験志願者に選択された第二外国語を順番に並べてみると、１位はアラビア語で全体の第二外国語志願者の70％以上を占め、他の言語を引き離して一番多い。２位日本語8.79％、３位中国語5.85％、４位漢文4.48％、５位ベトナム語2.54％、６位スペイン語2.25％、７位フランス語2.05％、８位ドイツ語2.0％、９位ロシア語1.28％であった。

　まず日本語の場合、2006年度の41.8％から徐々に減少し、2016年度大学修学能力試験からは10％を下回るほど志願者が減少しているが、2017年度8.59％、2018年度9.41％、2019年度8.79％と徐々に回復している。

　ベトナム語の場合、2014年度大学修学能力試験から第二外国語科目として加えられたが、2014年度38％・2015年度42.4％と多くの志願者がベトナム語を選択していた。しかし、2016年度から減少に転じている。

　その反面、アラビア語選択者の割合は2014年度16.6％・2015年度20％であったが、その後急激に増加し、2016年度51.6％・2017年度69％・2018年度71.42％・2019年度69.02％・2020年度の場合も70.77％で１位を維持している。

　アラビア語の選択理由は、アラブ圏に対する認識の変化も影響していると思われるが、‘今後の就職に役立てるため、将来に役立つと思って’などの実

用的動機[8] が強く、それ以外にも大学修学能力試験において他の外国語より問題が簡単と言われ、50点満点の試験で、大体40点以上の点数を取れば第二外国語部分の1級になれることから、大学受験に有利に働くことが要因として挙げられる。

3．日本語の需要変化

　ここでは観光分野において日本語の需要が減少しているのかどうかを確認し、これからの日本語教育の在り方を模索することにする。

＜表10＞日本からの訪韓観光客数

年度	合　計		日　本		
	観光客総数	増減率	観光客数	増減率	割合
2006年	4,364,651	0.4%	2,256,445	-3.7%	51.7%
2007年	4,388,434	0.5%	2,158,533	-4.3%	49.2%
2008年	4,641,804	5.8%	2,302,360	6.7%	49.6%
2009年	5,685,292	22.5%	2,978,948	29.4%	52.4%
2010年	6,366,966	12%	2,945,647	-1.1%	46.3%
2011年	7,203,093	13.1%	3,206,659	8.9%	44.5%
2012年	8,656,818	20.2%	3,423,218	6.8%	39.5%
2013年	9,075,688	4.8%	2,633,959	-23.1%	29%
2014年	10,927,480	20.4%	2,173,166	-17.5%	19.9%
2015年	10,135,489	-7.2%	1,742,531	-19.8%	17.2%
2016年	13,932,925	37.5%	2,213,099	27.0%	15.9%
2017年	10,415,594	-25.2%	2,223,214	0.5%	21.3%
2018年	12,414,348	19.2%	2,864,110	28.8%	23%
2019年	13,184,938	6.2%	2,930,643	2.3%	22.2%

＊2005年の訪韓観光客－合計：4,347,214人、日本：2,342,666人。
＊2005年~2019年観光目的入国のみ集計。(www.tour.go.kr＞入国観光統計、検索日：2020年3月2日)
＊割合は訪韓観光客総数対日本人観光客の割合を表す。

8　大学修学能力試験においてアラビア語選択と学習動機に関する研究論文は概観の限り見あたらないが、김세원(2014) によると、大学生を対象に英語・日本語・中国語・ロシア語・アラビア語・フランス語の6つの言語を取り上げて第二外国語の学習動機を調べた結果、「将来いい職に就くために該当外国語を頑張って勉強する」の項目でアラビア語選択者は77.8%で英語の81．3％に続いて2位であった。Choi, Jin-Young（2010）はアラビア語専攻の大学生と非アラビア語専攻の大学生を対象にアラビア語の学習動機を分析した結果、アラビア語専攻者の学習の理由は自己満足より就職の機会拡大や単位取得といった実用的目的にあり、その反面非アラビア語専攻者の学習動機は実用的目的より自己満足のため勉強していることを明らかにした。공지현(2010: 9) は国内11の大学で教養科目としてアラビア語を受講している学生299人（男性：121、女性：178）を対象にアラビア語の学習動機を調査しているが、299人の応答者のうち、大学修学能力試験でアラビア語選択者は28名（9.4%）であり、大学修学能力試験でアラビア語を選択した学生がその後続けて学習する確率は高いとは言い難い。

　＜表10＞のように日本からの観光客数は2006年から減少傾向にあったが、2008年は2007年比6.7％、2009年は2008年比29.4％増加した。2010年延坪島における北朝鮮のミサイル発射事件が発生、安全に対する懸念から訪韓観光客数は2009年比1.1％減少していたが、2011年から2012年に持ち直している。しかし、2013年慰安婦問題による韓日の関係悪化の影響で再び減少に転じ、訪韓観光客数は2012年比23.1％減少している。2015年両国が慰安婦被害者財団を設立することに合意したことで2016年は訪韓観光客数が2015年比27％増加している。2017年は慰安婦少女像（慰安婦像）を巡る問題で両国の関係が再び悪化するが、訪韓観光客数は2016年比0.5％増加している。2018年は北朝鮮との南北会談、米朝会談による韓国国内の安静、日本国内のk-popや韓国コスメの人気による新韓流ブームに後押しされ、訪韓観光客数が2017年比28.8％増加、2019年所謂徴用工問題で再び両国の関係が悪化しているも、観光客数は2018年比2.3％増加している。

　これまで両国の間に歴史や政治を巡るトラブルが起こったときは日本国内で反韓や嫌韓が広まり、韓国旅行を憚る傾向があり、訪韓観光客数も減少していたが、2017年・2019年の例から近年は国同士の関係と個人の旅行をある程度分けて考える認識が見られる。

　総訪韓観光客のうち日本からの観光客の割合は2006年までは50％以上を占めていたが、2014年約19.9％・2015年約17.2％・2016年約15.9％・2017年約21.3％・2018年約23％・2019年約22.2％と大幅に減少している。しかし、これは日本からの観光客が2006年より減少していることを意味することではなく、訪韓観光客が多国籍化されると共に全体の訪韓観光客数が2006年を基準に3倍以上増加したことに因る[9]。それで関連産業界において多言語ができ、観光知識を身につけて多方面に対応できる融合型人材が求められるようになったのである。また、従来の観光は団体客の方が多かったと考えられるが、近年はIT技術の発達によりマップや翻訳アプリが普及され、個人旅行へ観光スタイルにおいてパラダイム・シフトが起ったことは否めない。

9　＜表10＞の通り2006年日本からの訪韓観光客数は2,256,445人であったが、2019年の訪韓観光客数は2,930,643人であり、2006年比2019年は674,198人、約29.9％増えていることも日本人観光客が決して減少していないことを裏付ける。

結論

　本稿は韓国における日本語学習者の減少を少子化による学齢人口の減少、教育機関における教育環境の変化、日本語需要の変化に分けて考察した。

　近年日本語学習希望者が増えてきているが、現状では日本語教育の機関数や学習者数が減少しつつあることに鑑み、そして韓国社会のみならずグローバル社会におけるリーダーが備えるべき要件として、教育・社会・政策の面において融合型人材が求められていることを重く受け止めたい。一方で従来の日本語教育が日本語コンピテンシーのみ重視してきたことも率直に反省しなくてはなるまい。この大きなパラダイムシフトすべき時点に立っていると自覚しつつ、日本語教育を主軸とした隣接学問分野との融合型カリキュラムの導入による「養成する人材像」を明確にし、さらには学科の壁を越えたダブルメジャー履修モデルを構築することで制度的に「融合型学修システム」を確立することも、将来の日本語教育が歩むべき新たな方略の一つである。

◆参考文献◆

교육부・한국교육개발원 (2019)『OECD 教育指標』

김세원 (2014)「언어별 불안과 학습 동기에 대한 연구 - 영어, 일본어, 중국어, 러시아어, 아랍어 그리고　프랑스어 학습자를 대상으로 -」,한양대학교 교육대학원 석사학위논문

공지현 (2010)「대학생들의 아랍어 학습동기와 아랍인 및 아랍문화에 대한 인식 연구 - 교양 과목으로서의 아랍어 학습을 중심으로 -」,『아랍어와 아랍문학』14-1, 아랍어아랍문학학회,pp1-32

蔡京希（2018）「韓国における日本語教育の現況と展望」『比較日本学』第43輯、漢陽大学校日本學国際比較研究所 pp55-74

酒井真弓（2010）「韓国における高等学校日本語教育の実態」『日本語教育研究』18、韓国日語教育学会、pp81-102

国際交流基金『海外の日本語教育の現状』2006年分・2009年分・2012年分。2015年分・2018年分

Choi, Jin-Young（2010）"Motivation in Arabic Language Learning among Korean Students: The Role of Arabic Cultural Elements"『한국중동학회논총31-2』, 한국중동학회 ,pp119-135

観光知識情報システム https://www.tour.go.kr（検索：2020年3月2日）

教育課程評価院 http://www.kice.re.kr/main.do?s=kice（検索：2019年12月26日）

教育統計サービス https://kess.kedi.re.kr/index（検索：2019年11月16日）

教育部 https://www.moe.go.kr/main.do?s=moe（検索：2020年3月2日，2020年4月18日）

国際交流基金 https://www.jpf.go.jp/j/project/japanese/survey/result/index.html（検索：2019年11月20日）

統計でみる日本 https://www.e-stat.go.jp/stat-search?page=1&query（検索：2020年4月25日）

法務部出入国外国人政策本部 http://www.immigration.go.kr/immigration/index.do（検索：2020年4月16日）

The Divergent Trajectories of South Korea and Japan in the Twenty-First Century:

A View from Popular Music, or Girls' Generation vs AKB48

John Lie

(University of California, Berkeley)

Popular music is just popular music, but it can offer an illuminating window onto larger culture, society, and even political economy. By comparing two representative girls' groups in Japan and South Korea – AKB48 and Girls' Generation – I suggest relatively recent but profoundly divergent trajectories of the two countries.

Popular music is ephemeral and superficial but its almost essential transience and insignificance serve as useful barometers of the here and the now, or knowledge of the present. Although both AKB48 and Girls' Generation are doomed to be forgotten and to be consigned as answers to future trivial questions about the 2010s in Japan and South Korea, there is no denying their indelible footprints in everyday life of contemporary Japan and South Korea. Future scholars will demand footnotes; today it is mere commonsense that each group is immensely popular within its respective country. What do they tell us about the two countries?

Comparisons

It is a truth universally acknowledged that Japan and South Korea are different countries. If nothing else, the very existence of the two countries almost demands that they be distinguished. And it would be facile to add yet another empirical example to the discourse of national distinction. After all, AKB48 and Girls' Generation are patently unlike each other, through and through[1]. The girls of AKB48 are chosen by fans who purchase CDs: one bought CD, one vote. In contrast, the talent agency SM Entertainment assembled and trained Girls' Generation. The Japanese group seems to be structured from bottom up; the South Korean group appears to be shaped from top down. The sort of music that AKB48 peddles, such as "Heavy Rotation," is a subspecies of J-pop, a hint of 1980s light American pop music overlaid with Japanese jingles. In contrast, Girls' Generation, in hits such as "Mr. Taxi," features much more contemporary U.S.-influenced hip-hop and techno-pop beats and rhythms. Girls' Generation hews closely to the contemporary US norm, whether in the hint of backbeats or faster rhythm, in contradistinction to the more traditional and slower music of AKB48. A prototypical dancing routine of AKB48 is simple and amateurish in contrast to the professional sheen of Girls' Generation choreography. It is not an insult to say that AKB48 members are amateurish; they pride themselves on their less-than-stellar singing and dancing skills, which in turn prove their authenticity and sustain their popularity. AKB48 members are also shorter than Girls' Generation performers – almost five inches in the early 2010s – and they seem like races apart, for instance in the uniformly shoulder-length black hair of AKB48 in contrast to the varied hair colors and lengths of Girls' Generation. It does not take much familiarity, much less immersion, to identify and differentiate the two groups.

The discourse of national distinction lends itself to simple cultural reductionism. In this line of thinking, AKB48 somehow exemplifies something about Japanese culture, as does Girls' Generation about South Korean culture. I don't think that's necessarily the case. Both countries are complex hybrids, with

---

1 The literature, especially in Japanese, is extensive. For AKB48, see inter alia Tanaka Hideomi, AKB48 no keizaigaku, Tokyo: Asahi Shinbun Shuppansha; Murayama Ryōichi, AKB48 ga hittoshita 5tsu no himitsu, Tokyo: Kadokawa Shoten, 2011; and Akimoto Yasushi and Tahara Sōichirō, AKB48 no senryaku! Tokyo: Asukomu, 2013. On Girls' Generation, see among others, Aidoru Kenkyūkai, Pocket Shōjo Jidai, Nishinomiya: Rokusaisha, 2011; Miura Fumio, Shōjo Jidai to Nihon no Ongaku Seitaikei, Tokyo: Nihon Keizai Shinbun Shuppansha, 2012; and Fukuya Toshinobu, Shokuminchi Jidai kara Shōjo Jidai e, Tokyo: Taiyō Shuppan, 2013.

numerous subcultures of taste and disposition[2]. Even in the realm of popular music, for every book on J-pop there are probably several on jazz, classical music, and traditional music in contemporary Japan. Neither country is as homogeneous as some commentators claim. Popularity, in any case, does not denote representativeness; neither is AKB48 an essential expression of contemporary Japanese culture nor is Girls' Generation a symptom of South Korean cultural propensity. Rather, each represents a major stream of the cultural industry that caters predominantly to youths who are the primary consumers of popular music[3].

The point I wish to stress is that the sort of popular music that girls' groups instantiates popular music as commodity or industry. That is, rather than expressing an aesthetic ideology, each group seeks after its fashion to sell its songs and associated products. If the influential modern European idea about art elevated it as an expression of autonomy – autochthonous and autotelic – that sought to express something deep about an artist for the sake of art itself, then popular music as part of the culture industry is anything but autonomous[4]. Rather, in an almost anti-Romantic fashion, it seeks to cater to the demands of the marketplace: to give what the customers want. And what the youthful audience – at least a substantial element of the diverse market in music – in both countries wanted was some sort of idol music.

Business over Art

Why do I stress the anti-Romantic ideology of the culture industry, or of

---

2 By the 1980s it was widely agreed that Japanese popular culture had diversified greatly in numerous genres. For some initial attempts to make sense of Japanese subcultures, see Miyadai Shinji, Ōtsuka Akiko, and Ishihara Hideki, Sabukaruchā shinwa kaitai, Tokyo: PARCO Shuppan, 1993; and Nakagawa Hideki, Sabukaruchā shakaigaku, Tokyo: Gakuyō Shobō, 2002. In contrast, popular-culture diversity came later and remains much less developed in South Korea. Even initial attempts tomake sense of it remain less than cognizant of the full range of contemporary South Korean popular culture. See for instance Kim Ik-ki, Tong Asia munhwakwŏn esŏ ŭi Hallyu, Kwach'ŏn: Chininjin, 2014; and Kyung Hyun Kim and Youngmin Choe, eds., The Korean Popular Culture Studies, Durham: Duke University Press, 2014.

3 I do not mean to ignore the considerable following that AKB48 has generated among men of certain age. Certainly, I repeatedly encountered men in their 40s and 50s when I was at AKB48-related events in Japan. Similarly, Girls' Generation has numerous fans who are not teenagers.

4 For elaboration, see John Lie, K-pop: Popular Music, Cultural Amnesia, and Economic Innovation in South Korea, Oakland: University of California Press, 2015, chap.2. The inevitable starting point of analyzing the cultural industry remains the writings of the Frankfurt School. See Max Horkheimer and Theodor W. Adorno, Dialektik der Aufklärung, Frankfurt am Main: Fischer, 1988 (orig. 1944).

money over art? The answer is clear if we trace the masterminds behind the two girls' groups.

As Akimoto Yasushi, the inventor and producer of AKB48, famously said, he is "not a poet." [5] Akimoto began as a lyricist for traditional-sounding enka music, whether in composing the final hit song of the queen of enka, Misora Hibari, or in promoting a curiosity like the African-American singer Jero. With enka clearly in decline, Akimoto moved to the new genre of folk pop, such as Alfie, in the 1980s. His initial great success came with his embrace of idol music, which was very much in the mainstream of Japanese popular music in the mid 1980s. He produced a sensation, Onyanko Kurabu, then and thereafter has promoted primarily idol pop music. The runaway popularity of Akimoto has made him into something of a corporate guru, dispensing advice on business management and strategy[6].

The same, aesthetically inconsistent trajectory can be seen in the case of Lee Soo Man, the producer of Girls' Generation[7]. Majoring in agricultural studies at the prestigious Seoul National University, he was very much in the mainstream as an anti-government activist and a folk singer. Fleeing the authoritarian regime, he ostensibly studied computer science in southern California but was smitten by the new wave of popular music in the United States, especially hip hop, and more importantly the nascent revolutionary medium: the music video. Initially he sought to import U.S.-style hip hop to South Korea but facing an unwilling public he switched to Japanese-style popular music and especially idol music. He proved to be remarkably successful with the export of BoA and Tongbang Singi, in the 1990s and 2000s especially to

---

5 See the discussion with Kuroyanagi Tetsuko in 2002, available at: http://www.h2.dion.ne.jp/~kinki-bc/cont/guest2002/h14-7-22.html. To be sure, Akimoto's success has retrospectively cast him as a profound poet. See e.g. the special issue on Akimoto in Bessatsu Kadokawa 374, 2011.

6 Beside the book with Tahara cited above, see e.g. NHK "Shigotogaku" no Susume Seisakuhan, ed., Akimoto Yasushi no shigotogaku, Tokyo: NHK Shuppan, 2011; and Akimoto Yasushi, Tenshoku, Tokyo: Asahi Shinbun Shuppansha, 2013.

7 See John Lie and Ingyu Oh, "SM Entertainment and Lee Soo Man," in Fu-lai Tony Yu and Ho-Don Yan, eds., Handbook of East Asian Entrepreneurship, pp.346-352, London: Routledge, 2014. It is symptomatic that there are very few print publications on Lee Soo Man; the contrast to the case of Akimoto is startling and is indicative of the distinct worlds of publishing in the two countries. Furthermore, it is puzzling how few South Koreans seem to be cognizant of the agency's acronym with obvious and deviant sexual connotations.

Japan[8]. Thereafter, he has steadfastly promoted K-pop as a genre of idol music.

Akimoto and Lee did not converge on idol music because of aesthetic preferences or principles. They certainly canvassed distinct musical trajectories before they arrived at a successful genre and formula. To the extent that one can discern aesthetic consistency, it is that they embraced whatever was current and popular at the time and the place. Enka and folk are disparate genres but each was in its own fashion extremely popular in Japan and South Korea, respectively, in the 1970s. With change in fashion, they both moved to the mainstream of youth-oriented popular music. The point is that they heeded less their musical origins and their youthful aesthetics but rather pursued popular audience and eager consumers. The destination was the same: idol music.

Idol Music

Popular music has a curiously truncated history [9]. It seems almost impossible to think of a past without popular music but much of human history survived without it. Music is probably a cultural universal and "folk music" seems ubiquitous but music as a relatively autonomous activity hardly existed in pre-industrial societies or among non-elites. There were no technological means of ready reproducibility until the very late nineteenth century, save for live performance. Few could summon or afford trained musicians to play for them, leaving almost everyone at the mercy of the talent and training of neighbors, friends, family members, or themselves. In any case, music was reserved largely for special rites and events. Popular music as something relatively ubiquitous depended critically on the technological advances

---

8 It is difficult to imagine K-pop without the influence of Japan, either as a market for South Korean popular-music export or as a source for idol music. The transformation of SM Entertainment into a major force in South Korean music scene cannot be told apart from the initial and explosive success of Tongbang Shingi, geared at first for the Japanese market. For an indication of the significance of Japanese fandom, consider that at least two books were published in 2015 to commemorate the tenth anniversary of Tongbang Singi's debut in Japan, when the group has all but been forgotten in South Korea. See Ueda Sara, Watashi ga Tōhō Shinki wo ōensuru riyū, Tokyo: Saizō, 2015; and Ōno Toshirō, Soredemo Tōhō Shinki wa yuruganai, Tokyo: Saizō, 2015.

9 See e.g. David Brackett, ed., The Pop, Rock, and Soul Reader, 3rd ed. New York: Oxford University Press, 2013; and Larry Starr and Christopher Waterman, American Popular Music, 4th ed., New York: Oxford University Press, 2014.

in musical amplification and reproducibility as well as the social preconditions of leisure society [10]. It is not surprising, therefore, that most historians trace the origin of popular music in Japan to 1914 – with a song performed entr'acte in theater – and in the Korean peninsula to 1926[11].

Popular music has always been something of idol music. Good looks always sold well, whether in live theater or on broadcast television. Popular-music magazines, bromides, and posters disseminated seductive images of popular-music performers from the onset of popular music. As a culture industry geared toward profit making, the emphasis has always been on seductive sheen rather than aesthetic finesse and prowess. Yet the stress shifted even more to the visual with the arrival of television. While popular music appreciation rested fundamentally on sound – transmitted by radio or record – before the advent of television, the small screen accentuated the visual element of performer and performance.

Underlying the technological transformation is an equally profound social change: the rise of not only mass leisure society but also of younger consumers or teenagers. Whatever one's notion of tradition, it is clear that tradition suggests a time when children or juniors were very much in the thrall of parents and seniors. More pressingly, young people had neither the autonomy to own nor choose means of musical production or reproduction. Even in the affluent United States in the 1950s – a country always at the forefront of popular music's advance – there would usually be only one television per household and the right to choose usually did not rest with children[12]. The rise of teenagers – led by the post-World War II United States with legions of fans screaming at Elvis or the Beatles – turned out to be a truly transnational phenomenon[13]. We find the initial outpouring of young, good-

---

10 On the relationship among popular music, commerce, and technology, see inter alia David Suisman, Selling Sounds, Cambridge: Harvard University Press, 2009; Mark Katz, Capturing Sound, rev. ed., Berkeley: University of California Press, 2010; and Susan Schmidt Horning, Chasing Sound, Baltimore: Johns Hopkins University Press, 2013.
11 See Lie, K-pop, chap.1.
12 See e.g. Lynn Spigel, Make Room for TV, Chicago: University of Chicago Press, 1992, chap.2. The shape of things to come manifests itself in the 1960s; see Aniko Bodroghkozy, Groove Tube, Durham: Duke University Press, 2001.
13 See Daniel Laughey, Music and Youth Culture, Edinburgh: Edinburgh University Press, 2006; Adrian Horn, Juke Box Britain, Manchester: Manchester University Press, 2009; and many others.

looking singers around 1970 in Japan – the so-called "Hana no Chū-san torio," or Yamaguchi Momoe, Mori Masako, and Sakurada Junko, along with their male counterparts[14]. The same sort of phenomenon emerged in the mid-1980s in the case of South Korea, with the rise of the Madonna of South Korea, Kim Wan-son, and the boy group Sobangcha. Needless to say, the particulars of the teenage infatuation differed across national cultures but in general the same sort of age group found their youthful longings in the visages and voices of popular music performers. Idol music is central to the global pop music industry[15].

Popular music, like music and culture in general, operates in a realm of change[16]. Romantic nationalists imagine folk songs – the music of the people, soul music, and other expressions of völkisch essentialism – to be coeval with the creation of the people but there is nothing sempiternal in human life. "Haru no umi" was long considered a quintessential Japanese song but it is a modern composition, and western-inspired to boot[17]. "Arirang" is widely regarded as the soul music of the Korean peninsula except for the rather inconvenient fact that it achieved the status only in the twentieth century. Be that as it may, there is no denying that the onset of idol music truncated and accelerated generational transition. No longer were youths interested in their parents' music, and increasingly not even in their older siblings' music. It is symptomatic that there is such a rapid turnover of stars and hits in both Japan and South Korea in the twenty-first century. In this regard, idol music is a quintessential consumption good that seeks to appeal to a narrow slice of the youth market. It verges on the miraculous for an idol singer – usually

---

14 For Japan, see inter alia Ōta Shōichi, Aidoru shinkaron, Tokyo: Chikuma Shobō, 2011; and Kitagawa Masahiro, Yamaguchi Momoe → AKB48, Tokyo: Takarajimasha, 2013. For South Korea, see Lie, K-pop, chap.1.

15 Sakai Masayoshi, Aidoru kokufuron, Tokyo: Tōyō Keizai Shinpōsha, 2014.

16 Music, especially popular music, and politics often march hand in hand and scholars have described and analyzed the tangled relationship between music and social movements. See e.g. Ron Eyerman, Music and Social Movements, Cambridge: Cambridge University Press, 1998; and Rob Rosenthal and Richard Flacks, Playing for Change, London: Routledge, 2012. However, in this section, I mean more the generic change in the music marketplace where stars, songs, and genres emerge and disappear in seemingly ever accelerating cycles. Here first-hand and journalistic accounts are extremely clear on the urgency of the new and the rapid replacement of the hit cycle. See Frederick Dannen, Hit Men, New York: Crown, 1990; and John Seabrook, The Song Machine, New York: Norton, 2015.

17 For this and the following example, see Lie, K-pop, chap.1

derisively called teeny boppers, jari tare, and the like – to survive as a star for more than five years. As I suggested, idols and songs that dominate a particular place and time are virtually meaningless beyond that culture and period. Obsolescence is built into idol music in particular and popular music in general, which may accentuate the particularistic identification but vitiates any possibility of transposition or translation beyond the particular here and now.

Nevertheless, there is one trend worth stressing. It is a general rule that idol music in its inception partakes of heroization or even deification. That is, the initial stages of idol music, whether Elvis in the United States or Yamaguchi Momoe in Japan, generate admirers and followers and stars become icons and fetishes. The semi-sacred character of early idols renders them as heroes and even divinities fit for worship: witness any number of teenagers' rooms strewn with posters and even shrines to their idol[18]. Over time, however, there is something akin to secularization and the beginnings of iconoclasm. Even as they attract legions of fans, the stars themselves become secular entities. The contrast is most striking when one compares the worshipful respect that Yamaguchi Momoe engendered – she was something of a bodhisattva – in striking contrast to AKB48 members who experience cynical reports and embarrassing scandals[19]. Yet it is precisely secularization, or postmodernization, that is at the forefront: the ordinariness that makes AKB48 so attractive to their fans. Superstars, at least in the case of AKB48, are the proverbial girls next door.

Innovation and Disruption

In the world of business management and strategy, the idea of disruptive innovation has become something of a secular religion[20]. Our globalized,

---

18 See e.g. Hirooka Masaaki, Yamaguchi Momoe wa bosatsu dearu, complete ed., Tokyo: Kōdansha, 2015.
19 See Honjō Reiji, Nakeru AKB48 menbā hisutorī, Tokyo: Saizō, 2011; and Tōdō Kōki, AKB48 kaitai hakusho, Nishinomiya: Rokusaisha, 2013. To be sure, I may be in danger of exaggerating the secularization of pop idols (a problem common enough with any theory of secularization). Consider, as counterevidence, the deification of Maeda Atsuko, who was said possibly to transcend Jesus: Hamano Tomoshi, Maeda Atuko wa Kirisuto wo koeta, Tokyo: Chikuma Shobō, 2012.
20 See the takedown of the thesis by Jill Lepore, "The Disruption Machine," New Yorker, June 23, 2014, available at: http://www.newyorker.com/magazine/2014/06/23/the-disruption-machine.

entrepreneurial economy seems to require constant innovation to and occasional disruption of the status quo. Whatever the merits of the argument in the world of semiconductors or automobiles, it seems to characterize the world of idol music in Japan and South Korea. Both AKB48 and Girls' Generation exemplify major innovation in the national market of idol music.

What makes AKB48 innovative? As noted, the group's utter ordinariness and amateurism make it authentic and real. That is, precisely because they are not truly outstanding singers, dancers, or even beauties – any impressive attribute would "threaten" their fans, according to my informants – they seem so eminently approachable and likable as the proverbial girls next door. As one ardent fan in his 50s expatiated after I asked him why the member who seemed most beautiful to me didn't do well in the annual election: "It's not good to be beautiful. It's disturbing to fans. That's not AKB48." As secularized idols, they must not only be approachable, but also authentic. Authenticity has been a key motif in popular music for some time – the rise of rock or folk music, for instance, valorized authenticity as part of generational conflict and rebellion – but it is also one of the key values of modernity tout court [21]. As Charles Taylor has influentially argued, an inward turn of the self and the affirmation of ordinary life constitute the modern self. Although it may seem hyperbolic to equate the modern self with AKB48 fandom, it is not an accident that it is precisely in Japan – not only an affluent, leisure society but also a post-theistic one – should an amateurish and therefore authentic girls' group should serve as contemporary idols.

Secondly, AKB48 exemplifies participatory fandom. AKB48 members and would-be members are like garden-variety politicians engaged in grassroots campaigning. Although the principle of AKB48 elections is in fact capitalist – one CD, one vote – its concrete practice is close to the Japanese political campaign norm of waving and handshaking [22]. The non-threatening girls of AKB48 are not merely

---

21 For popular music, see Hugh Barker and Yuval Taylor, Faking It, New York: Norton, 2007. In general, see Charles Taylor, Sources of the Self, Cambridge: Harvard University Press, 1990.

22 The sheer media saturation of annual AKB48 election makes it a much more discussed event than "real" political elections. More disturbingly, voters for AKB48 seem better informed about whom they vote for than are most voters for "real" elections. One would hope for a one-volume guide to candidates that are as informative as the one for the most recent AKB48 election: AKB48 Gurūpu, AKB48 sōsenkyo kōshiki gaidobukku, Tokyo: Kōdansha, 2015. See also Sawayaka. AKB48 shōhō wa nandattanoka, Tokyo: Taiyōsha, 2013.

to be seen on television or in a large concert stage but up close and personal, whether performing in small venues or appearing in person for chitchats or handshaking. The demotic character of AKB48 is in part the secret of the democratic success. The democratic or demotic character of AKB48 goes hand in hand with its amateurishness and authenticity. As the wild popularity of "American Idol" or "America's Got Talent" demonstrates, democratic participation in idol selection is nothing new or unique to Japan. Yet Akimoto's inspiration was precisely to extend the insight of participatory popular culture into the very constitution of the pop-music idol group.

Finally, the ordinary performers and their demotic and democratic constitution transmogrify into a large-scale and ongoing reality television show. As I noted, it is not the vocal prowess or the dancing agility that captures the fans' imagination but rather their ordinariness, which includes their quotidian lives replete with seemingly insignificant details – what each member likes to eat for breakfast or her zodiac sign – and occasionally sordid scandals – such as how one member engaged in an "affair" (romantic relationships are proscribed for AKB48 members) or how another's family members were on welfare. These picayune details constitute endless gossip and sustain ongoing fascination, whether in discussions among fellow fans, in real life or in cyberspace, or in television shows and magazine articles. Put simply, AKB48 is the most successful reality television show in contemporary Japan, providing fodder for endless conversations and speculations. In modern, complex society with no obvious foci of discussion – such topics as religion and politics are widely considered inappropriate, if not "private" and therefore taboo, in contemporary Japanese society – AKB48 presents an anodyne, yet endlessly interesting, topic of everyday conversation.

Girls' Generation presents a striking contrast to AKB48. In contradistinction to the avowed amateurism of the Japanese group, Girls' Generation exemplifies professionalism and perfectionism. Unlike AKB48 members, Girls' Generation received extensive training that lasted five to nine years: voice training, dance lessons, language classes, and other aspects of the entertainment business. The production company SK Entertainment outsources virtually every aspect of the extensive division of musical labor. So, for example, a song maybe composed by a

Swede, its dance routine choreographed by a Japanese, and costume designed by an Italian. It is therefore not surprising that the polished sheen of a Girls' Generation music video stands in stark opposition to the "reality television" presentation of an AKB48 production. In short, Girls' Generation represents one terminus of manufactured popular music.

Secondly, as democratic politics remains perforce bound by national borders, AKB48 operates almost exclusively in the Japanese cultural sphere. In contrast, Girls' Generation consciously seeks to transcend South Korean national borders [23]. Put simply, the South Korean group is intended to appeal beyond South Korea. SK Entertainment intentionally placed two members who are fluent in English, Japanese, and Chinese, in order to enjoin fan support in these linguistic spheres. Indeed, many music videos are produced in four languages. In contrast, AKB48 remains insistently monolingual, save for occasional English phrases that are part and parcel of global pop music lexicon. Girls' Generation therefore represents a new chapter in popular music. While earlier acts operated largely within the national-cultural sphere – and their transnational popularity was an unintended afterthought – Girls' Generation and K-pop embody a consciously transnational or global strategy [24].

Finally, if AKB48 embraces television – the representative medium of the last half of the twentieth century – Girls' Generation relies on the Internet and the social media. In general, K-pop has sought to participate in the post-thing economy. In part because of weak copyright protection within South Korea and the relatively small size of the South Korean market, Girls' Generation in particular and K-pop in general have marketed themselves actively via cyberspace. Whereas AKB48 relies on CD sales and television appearances, Girls' Generation has focused on digital downloads and music videos, and even more on non-musical sources, such as advertising, endorsement, and performance [25]. It is symptomatic in this regard that

---

23 It is true that the concept of AKB48 is modular and eminently transposable, as we have seen in copycat groups within Japan as well as some abroad. Yet AKB48, precisely because of its stress on the ordinary, is unlikely to appeal to fans outside of Japan because ordinary girls are not only ubiquitous but the conception of the ordinary differs from culture to culture.

24 Lie, K-pop, chap.2. See also Euny Hong, The Birth of Korean Cool, New York: Picador, 2014.

25 K-pop in general embodies the close nexus between popular music and brand promotion. See Nicholas Carah, Pop Brands, London: Routledge, 2012.

when AKB48's "Heavy Rotation" became the most downloaded Japanese YouTube video, the production company promptly took it down by claiming copyright infringement [26]. In stark contrast, SM Entertainment and other K-pop agencies rely heavily on the free promotion afforded by YouTube and its ilk. Girls' Generation songs and videos are intended to generate profit, but their new digital business strategy makes them virtually free for many listeners and viewers [27].

Stationary Society Japan

I have argued that both AKB48 and Girls' Generation seek commodification and consumption – put polemically, they don't exist to create art or express their self or soul but rather to achieve popularity and to make money – but they diverge in their modes of presentation and innovation. In summary, Akimoto looks inward and promotes AKB48 almost exclusively in Japan (and thereby adopt traditional practices), whereas Lee looks outward and produces Girls' Generation for external consumption (and thereby adopt new practices). These differences are symptomatic of larger Japanese and South Korean political economies, which have pursued divergent trajectories in the past two decades or so.

Post-World War II economic growth in both Japan and South Korea is usually characterized as export-oriented [28]. Export reliance made Toyota and Sony household names in much of the world, just as Samsung and Hyundai are well known around the globe today. Given their entangled relationship that culminated in colonial domination, it is not altogether surprising that the two countries' political-economic models closely resembled each other in the second half of the twentieth century. Certainly, Park Chung-hee – the chief engineer of export-oriented South Korean economy – sought to emulate prewar Japanese political

---

26 The valorization of copyright in contemporary Japan is remarkable. Whereas South Korean cyberspace, which is politically censored, is replete with copyright violations, the same cannot be said for Japanese cyberspace, which has very little political censorship. See in general Noguchi Yūko, Dejitarujidai no chosakuken, Tokyo: Chikuma Shobō, 2010.

27 See in this regard Stephen Witt, How Music Got Free, New York: Viking, 2015. Cf. Timothy D. Taylor, The Sounds of Capitalism, Chicago: University of Chicago Press, 2012.

28 See John Lie, Han Unbound: The Political Economy of South Korea, Stanford: Stanford University Press, 1998.

economy of militarized economy and society, heavy and chemical industrialization, and repressive population control. The regional division of labor under the U.S.-led capitalist world economy – in which South Korea inherited much of Japanese production technology and its markets in the 1960s and beyond – also facilitated a close convergence of the two economies and the two political-economic models.

Nevertheless, a major divergence can be seen in the past quarter century. The proximate source of Japanese turn is the puncture of the property bubble in the early 1990s [29]. The resulting period of stagflation and stationary economy led not only to an introversion of economic activities but also of cultural orientation. Although exports perforce continued, the general orientation of the economy shifted from foreign markets to the domestic. It used to be a common refrain among Japanese politicians and business people that Japan is a small country with inadequate domestic demand, but the new commonsense was that Japan is remarkable for having a large and homogeneous consumer base. The consequence is the Galapagos Syndrome. Like the eponymous island associated with unique flora and fauna, the Japanese archipelago became a land of products that could not be found anywhere else in the world, whether ultra-portable laptops or super-sophisticated toilet seats [30]. The rapidly aging society and the corresponding diminution of young people merely accentuate the relative stability and immobility, as well as the inward orientation, of the Japanese economy.

The involution of Japanese political economy manifests itself most clearly in the dominant cultural orientation. The period of rapid economic growth, associated with the dankai generation (akin to baby boomers in the United States), was broadly an era of external orientation and vaunted ambition. People dreamed of traveling abroad, climbing Mount Everest, or wining and dining in Paris, and seeking unvarnished success, whether in the baseball field or in scientific laboratories. "Japan as number one" was at once a fulfillment of a post-World War II fantasy and the beginning of a decade-long irrational exuberance. When the property bubble burst – at its height, hyperbolic claims, such as that the property value of the Imperial Palace

---

29 See for instance Noguchi Yukio, Sengo keizaishi, Tokyo: Tōyō Keizai Shinpōsha, 2015.

30 For an early articulation, see Miyazaki Tomohiko, Garapagosuka suru Nihon no seizōgyō, Tokyo: Tōyō Keizai Shinpōsha, 2008.

was greater than that of the total real estate value of the United States, proliferated – so did the exorbitant hubris and fantasies of Japanese greatness. In its stead emerged a culture of contentment based on stability and simplicity. Instead of exaggerated ambitions people rediscovered virtues in small things: no longer the desire to conquer the world but to enjoy the quotidian and the ordinary. In an ambivalent mode, many Japanese are wont to call it a "world of lukewarm bath": comfortable enough so as not to want to get out into the cold, competitive world, but somehow not entirely satisfying. Stationary society is one terminus of modernity with its stress on the authentic and the ordinary. We see its manifestation in everything from the decline in study abroad to the desire to export products.

Stationary society Japan is not born merely of a reconfigured cultural orientation but also from creeping conservatism in production and distribution. Consider in this regard the competition between Sony and Samsung [31]. In 1985 when I was conducing research in Tokyo, Sony reigned supreme as an innovative, high-quality brand, probably nonpareil in the global electronics industry. When I interviewed several Sony executives about the inception of Samsung Electronics that year, their reactions ranged from condescending smile to outright derision. Needless to say, the decades since have not been kind to Sony. Thirty years later, one would have to search far and wide to find people who would confidently declaim the superiority of Sony over Samsung; indeed, the exact opposite is the conventional wisdom. One critical element in Samsung superseding Sony was the latter's slow adaptation to the coming digital revolution. Samsung, in contrast, embraced it wholeheartedly. With the introduction of mp3 players and the dominance of the Internet, including YouTube, it was clear that the two decades between 1985 and 2005 showed clearly which side was triumphant. The story of Samsung vs. Sony is repeated not only in electronics but also in other industries in which Japan previously was the acknowledged world leader.

The same sort of story can be told about distribution and marketing. Although Japan was quick to adopt some online marketing platforms, its post-World War II system of marketing and distribution was slow to change. The complex

---

31 See e.g. Sea-Jin Chang, Sony vs Samsung, Singapore: Wiley, 2008.

system has its virtues but it can only survive against global competition via outright or informal protectionism. To give one example, a typically popular CD album in Japan costs three or four times the going rate in the United States (for the same exact physical product). The flip side is that Japanese producers and managers don't have much incentive to export their products abroad. As some of them told me, they find the process riddled with difficulties – including the necessity of speaking English or another foreign language and dealing with cumbersome export and import regulations – and they would prefer simply to make money in the profitable domestic market. Confident of the received system of copyright protection and product distribution (including elaborate packaging and exceptional service), Japanese popular-music industries continue to reproduce the post-World War II system of records and CDs, but they have been very slow to adapt to the new commercial cyberspace. As I noted, AKB48's most popular music video was yanked off in the name of copyright infringement. Japanese popular music, in other words, is resistant to the early twenty-first century world of YouTube and other digital media.

The nature of marketing in Japan requires additional commentary. Given the extreme complexity and sophistication of marketing in Japan, almost all would-be exporters must hew closely to the regnant Japanese norm about marketing and distribution. This is no less true for popular music than for electronic goods or beauty products. Indigenization is very much the norm, whether in having songs translated into Japanese or producing elaborate packaging, with gifts, for consumers. Japan was about the only OECD country in which "Gangnam Style" failed to become a mega hit [32]. The truth is that Psy's producers were ready to release "Roppongi Style" – a Japanese adaptation of "Gangnam Style" – when other forces, including the runaway hit of "Gangnam Style" around the world, stymied its launch.

There is a truism that popular music experiences a major innovation every time a new, or revolutionary, technological medium is introduced. In the case of Japan, the last such innovation occurred with CDs and the genesis of J-pop as a distinct genre. From Anzen Chitai to Southern All Stars, from Itsuwa Ayumi to Amuro Namie, numerous creative acts and songs ringed throughout the

---

32 John Lie, "Why Didn't 'Gangnam Style' Go Viral in Japan?" Cross-Currents 9, 2013, available at: https://cross-currents.berkeley.edu/sites/default/files/e-journal/articles/lie.pdf.

Japanese archipelago and well beyond it to across East Asia [33]. Yet it would not be exaggerated to conclude that J-pop has ceased to be an innovative force. J-pop superstars of the past decade, whether Utada Hikaru or Arashi, do not sound all that different from their counterparts a decade or even two decades ago [34]. In turn, their staid sound and slow rhythm mark them as off the dominant global trends that incorporate hip hop, techno pop, and other influences. It is not just once or twice that young Japanese students were left speechless when I told them that virtually no one in the United States or Europe has heard of Utada or Arashi.

In summary, Japan has become a stationary society that is profoundly involuted. Its cultural conservatism and inward orientation make Japan a mature society, somewhat akin to the conventional western European national imaginaries of themselves. In this context, J-pop has become aesthetically ill-adapted to the U.S.-dominated global pop music trends and norms.

Post-IMF Crisis South Korea

South Korea also experienced a major economic crisis in the 1990s. In the wake of the Asian currency crisis, the South Korean economy was embroiled in a full-fledged financial crisis in 1997. The resulting IMF rescue package generated what in South Korea came to be known as the IMF Crisis. In brief, the myth of continuing economic growth was shattered and for the first time since the late 1960s South Koreans faced mass lay-offs and faced a future clouded with uncertainty [35].

The modal South Korean response to the IMF Crisis was to intensify its faith and reliance on export-oriented economic growth. Although the developmental state was far from eclipsed, state economic policy was geared to heighten competition and to promote entrepreneurship. The new Kim Dae-jung regime proposed a series of anti-monopolistic and pro-competition legislation. Just as significantly, the state sought to invest heavily in the new digital economy and other potentially leading

---

33 Ugaya Hiromichi, J poppu to wa nanika, Tokyo: Iwanami Shoten, 2005.
34 For a rare criticism from Japan, see Makitasupōtsu, Subete no J-poppu wa pakuri dearu, Tokyo: Fusōsha, 2014.
35 Lie, K-pop, interlude. See also Donald Kirk, Korean Crisis, New York: Palgrave Macmillan, 2000.

edges of economic innovation. In short, South Korea became more competitive and even more export oriented after the 1997 IMF Crisis.

South Korean culture, in contrast to Japanese, became more oriented to global and external trends. In part it is the intended consequence of a series of internationalization and globalization policy of successive South Korean regimes [36]. In contrast to Japan, there is very little sense that South Korea has "arrived"; rather, dissatisfaction with the status quo was manifest and widely aired in the post-IMF Crisis South Korea. One visible upshot is the continuing desire to emigrate abroad, whether for relatively short spell as students or missionaries or for long-term or even permanent diasporic peregrination. Japan, too, had its moments of mass migration but in South Korea it became something of a boom in the 1960s and 1970s when Japanese had ceased to dream of mass migration. Even after political democratization and economic growth, the diasporic desire has hardly been sated in South Korea, fueled in turn by transnational networks of South Koreans abroad. While young Japanese people are reluctant to venture abroad, their South Korean counterparts strive seemingly ceaselessly to do so.

South Korean manufacturers remain committed to export-oriented industrialization. In part the South Korean market is smaller than that of Japan: fewer people and less disposable income. Yet the maniacal stress on export is a cultural reflex and a hegemonic economic belief, as if to say: export or die. In this regard, the export orientation is not a matter just of giant conglomerates such as Samsung and Hyundai but also of entertainment agencies, such as SM Entertainment. Here Kim Dae-jung's anti-monopolistic measures made possible the inception and growth of entrepreneurial firms in the late 1990s [37]. It is not an accident that the three giants of K-pop – SM, JYP, and YG – were all established in a few years of each other in the 1990s. These entertainment entrepreneurs take advantage of state policy – still powerful, with bountiful incentives – that promote export via subsidies, tax breaks, and other measures.

Marketing and distribution depart from the Japanese norm. As noted, South

---

36 John Lie, "Global Korea," in Michael Seth, ed., Handbook of Korean History, London: Routledge, 2016.

37 Lie, K-pop, chap.2.

Korean economic institutions are hardly reified and recalcitrant; the principle of creative destruction is deeply entrenched in policymakers and business people. The advantage of backwardness showed itself in the South Korean embrace of the digital revolution. As I suggested, state policy promoted the cyberspace economy but the darker side of the South Korean economic legislation is the relatively weak enforcement of copyright protection (befitting an emerging economy, which in most South Koreans' mind it remains). Hence, SM Entertainment and their competitors were some of the first popular-music companies to seek profit not in CD sales but via others means. They aggressively marketed their products using the social media. That is, they were something of pioneers in navigating the brave new world of social media and post-thing economy.

Thus, in striking contrast to J-pop, K-pop is a relatively recent phenomenon that grew up with the new technological media of the Internet and the social media. The global reach of K-pop is inextricably intertwined with the global presence of the Internet. Whereas J-pop aficionados will have to search long and hard to gain access to J-pop music videos, K-pop fans are saturated by them. Here, too, South Korean state policy of soft power has sought to facilitate worldwide popularity of South Korean popular culture. In Japan, "cool Japan" remains very much a grassroots affair and culturally conservative bureaucrats remain resistant to what are truly popular about Japanese culture in the world, such as manga and anime.

In summary, most of the dominant forces of the twenty-first century – whether old, such as the state, or new, such as the Internet – work to accentuate South Korea's export and external orientation. The contrast to Japan is clear and profound.

Conclusion

By considering two popular girls' groups, I have sought to explain some of the recent divergences in the culture and political economy of Japan and South Korea. They are trends, however, and hardly inevitable. In addition, there are other factors that are salient, such as the regnant gender relations and romantic ideals in the two countries [38]. It is also worth remarking that there is nothing inherently terrible about Japan as a stationary society, as in a world of environmental constraints and economic stability, it is well nigh impossible to reproduce the rapid economic growth of the immediate post-World War II decades. Indeed, it may even be possible to see a prototype of a sustainable society of the future in contemporary Japan. The paper is an exercise in cultural and social analysis; it would be remiss to dismiss pop music as just pop music, separated from the serious world of political economy.

38 See John Lie, "Obasan and Kanryū," in Jason Karlin and Patrick Galbraith, eds., Convergence in Japanese Media Culture, forthcoming.

あとがき

　本書は、九州大学松原孝俊名誉教授のご指導の下で、日本・韓国・中国・アメリカ・カナダの研究者の研究成果をまとめたものである。したがって、本書の名を『東アジアとの対話―国境を越えた知の集成』としており、目的は、他地域・他大学から様々な発想と問題意識の持つ研究者の多様な視点からの掲載することによって、国や地域、組織を超えた連携研究、教育活動への羅針盤を与えることです。

　山下達也先生（明治大学）、全京秀先生（ソウル大学＆前貴州大学）、Hyung Gu Lynn 先生（University of British Columbia）、金斑実（商丘師範学院＆九州大学）、李鎭漢先生（高麗大学）、John B. Duncan 先生（UCLA）、鄭美京先生（福岡大学）、武藤優先生（北海道大学）、朴明圭先生（ソウル大学＆光州科學技術院）、朴泰均先生（ソウル大学）、朴素瑩先生（韓国学中央研究院）、岩渕秀樹先生（文部科学省）、呉先珠先生（培花女子大学）、John Lie 先生（University of California, Berkeley）に再度ご感謝申し上げます。また、松原孝俊教授の定年退職八年を迎えている今日、松原教授のさらなるご活躍とご健康を心より祈念申し上げます。

　出版に当たり、ご支援を惜しまなかった九州大学の郭俊海教授、国際部の窪田理恵子氏、吉田範恵氏と田江悠莉氏、花書院の中村直樹氏と二本木一哉氏には全面的にご協力を賜りまして、感謝を申し上げようもないほどです。

　今後も「東アジアとの対話―国境を越えた知の集成」に関して継続して研究活動を実施していく予定です。本書でカバーできていないところは、今後の研究の発展を期し、更なるご協力・ご指導を賜りますようお願い申し上げます。

　2023年3月

金　斑実

プロフィール

【監修プロフィール】

松原　孝俊（MATUBARA Takatoshi、まつばら たかとし）

九州大学・名誉教授＆令和健康科学大学・教授

＜主な研究業績＞

『朝鮮通信使易地聘礼交渉の舞台裏―対馬宗家文庫ハングル書簡から読み解く』共著、九州大学出版会、2018

『満洲及び朝鮮教育史―国際的なアプローチ―』監修、花書院、2018

『日韓が共有する近未来へ』共編著、本の泉社、2013

【編者プロフィール】

金　斑実（JIN Tingshi、キン テイジツ）

商丘師範学院・副教授＆九州大学留学生センター訪問研究員

＜主な研究業績＞

『満洲間島地域の朝鮮民族と日本語』（九州大学：比較社会文化叢書32）、単著、花書院、2014

『東アジアの社会変動―アジア大陸の少数民族の移動―』共編著、花書院2017など

呉　先珠（OH Sun-ju、オ ソンジュ）

培花女子大学・助教授

＜主な研究業績＞

「韓国における日本語教育の現況と展望―教育段階別推移と学習者数減少の要因を中心に―」,『日本文化研究』東アジア日本学会、75、2020

「일본어 전문（傳聞）표지의 모달리티 연구 : 일본어 통 · 번역 수업과의 연계 방안 중심」『외국어교육』외국어교육학회、24（4）、2017など

【執筆者プロフィール】（編者を除く）

山下　達也（YAMASHITA Tatsuya、やました たつや）

明治大学文学部・准教授

<主な研究業績>

『植民地朝鮮の学校教員―初等教員集団と植民地支配―』単著、九州大学出版会、2011

『学校教員たちの植民地教育史―日本統治下の朝鮮と初等教員―』単著、風響社、2022など。

全　京秀（CHUN Kyung-soo、전 경수）
서울大學校名譽教授, 前貴州大学東盟研究院特聘教授
<主な研究業績>

「鹿野忠雄の学問の展開過程から学ぶ『移動』と帝国日本：台湾から東南アジアまで」『白山人類學』21、2018

「渋沢敬三の『全体』と『自民俗誌』―アチック学派の提言」『歴史と民俗』37、2021など

Hyung Gu Lynn
University of British Columbia, Professor; Editor – Pacific Affairs
<主な研究業績>

Bipolar Orders: The Two Koreas Since 1989 (London: Zed Books, 2007).

Critical Readings on the Colonial Period of Korea, 1910-1945, 4 volumes (Leiden: Brill, 2012) など

李　鎭漢（Lee Jin-han、이 진한）
高麗大学校韓国史学科・教授
<主な研究業績>

『高麗時代 宋商往來 研究』景仁文化社、2011

『고려시대 무역과 바다』경인문화사、2014など

John B. Duncan
University of CA Los Angeles, Professor (ret.)
<主な研究業績>

The Origins of the Chosôn Dynasty, Seattle: University of Washington Press, 2000

Rethinking Confucianism: Past and Present in China, Japan, Korea, and Vietnam, co-edited with Benjamin Elman and Herman Ooms, Asia and Pacific Monograph Series, UCLA, 2002など

鄭　美京（Jeong Mi-kyoung、チョン ミギョン）
福岡大学・非常勤講師
＜主な研究業績＞
「新聞小説『胡砂吹く風』に描かれた朝鮮」『韓国言語文化研究』11号、2006
『日本における韓国古典小説の受容』（比較社会 文化叢書23）、単著、花書院、2012など

武藤　優（MUTO Yu、むとう ゆう）
北海道大学大学院メディア・コミュニケーション研究院・学術研究員
＜主な実績業績＞
「『皇国臣民誓詞之柱』と李王職雅楽部―朝倉文夫制作による『朝鮮雅楽』ブロンズレリーフを手がかりに」『韓国朝鮮の文化と社会』（韓国・朝鮮文化研究会、第21号）、風響社、2022
「『朝鮮雅楽』の公開演奏―朝鮮神宮例祭における奉納の事例を中心に」『韓国朝鮮の文化と社会』（韓国・朝鮮文化研究会、第18号）、風響社、2019など

박 명규 (朴 明圭、Park Myoung-kyu)
서울大學校 名譽教授, 光州科學技術院 (GIST) 招聘碩學教授
＜主な研究業績＞
『남북경계선의 사회학』창비、2012
『국민 , 인민 , 시민』소화、2014
『사회적 가치와 사회혁신』한울、2018 など

朴　泰均（Park Tae-gyun、박 태균）
서울대학교국제대학원・교수
＜主な研究業績＞
『한국전쟁 , 끝나지 않은 전쟁 , 끝나야 할 전쟁』단저、책과함께、2005
『베트남 전쟁 , 잊혀진 전쟁 , 반쪽의 기억』단저、한겨레출판、2015
『버치문서와 해방정국』단저、역사비평사、2021など

朴　素瑩（Park So-young、パク・ソヨン）
韓国学中央研究院・責任研究員
＜主な研究業績＞
「일본 지리교과서 삽화에 표상된 조선 ― 근대시기 소학교・중학교 교과서를 중심으로―」『동북아문화연구』동북아시아문화학회 (61)、2019
「전시기 일본 국정 지리교과서에 나타난 세계관의 재정립―탈아입구의 해체와 아시아 중심주의 정립과정을 중심으로―」『일본문화연구』동아시아일본학회 (76)、2020など

岩渕　秀樹（IWABUCHI Hideki、いわぶち ひでき）
文部科学省勤務
＜主な研究業績＞
『韓国のグローバル人材育成力　超競争社会の真実』単著、講談社現代新書、2013
「グローバル競争を勝ち抜く韓国の科学技術」共著、丸善プラネット、2012
「日本を含む地域枠組みによる科学技術・高等教育政策―欧州との比較から―」『STI Horizon』Vol.7, No.4、科学技術・学術政策研究所、2021など

John Lie
University of California, Berkeley, Professor
＜主な研究業績＞
Japan, the Sustainable Society: The Artisanal Ethos, Ordinary Virtues, and Everyday Life in the Age of Limits, University of California Press, 2021
Zainichi（Koreans in Japan）: Diasporic Nationalism and Postcolonial Identity, University of California Press, 2008など

監修
松原孝俊　九州大学名誉教授
　　　　　＆令和健康科学大学教授

編者
金班実　　商丘師範学院外語学院副教授
　　　　　＆九州大学留学生センター訪問研究員
呉先珠　　培花女子大学助教授

東アジアとの対話
—国境を越えた知の集成—

2023年3月28日　初版発行

監　修 —— 松原孝俊
編　者 —— 金班実・呉先珠
発行者 —— 仲西佳文
発行所 —— 有限会社 花 書 院
　　　　　〒810-0012 福岡市中央区白金2-9-2
　　　　　電　話 （092）526-0287
　　　　　ＦＡＸ （092）524-4411

振　替 —— 01750-6-35885
印刷・製本 — 城島印刷株式会社
ISBN 978-4-86561-291-2 C3037